中华泰山文库·古籍书系

泰山风景名胜区管理委员会　编

〔清〕马大相 编
王玉林
赵　鹏 点校

灵岩志

山东人民出版社·济南

图书在版编目（CIP）数据

灵岩志/(清)马大相编；王玉林，赵鹏点校；--济南：山东人民出版社，2019.3
（中华泰山文库·古籍书系）
ISBN 978-7-209-10812-6

Ⅰ．①灵… Ⅱ．①马… ②王… ③赵… Ⅲ．①佛教－寺庙－介绍－济南 Ⅳ．①K928.75

中国版本图书馆CIP数据核字(2018)第274014号

项目统筹 胡长青
责任编辑 刘娇娇
装帧设计 武 斌 王园园
项目完成 文化艺术编辑室

灵岩志
LINGYANZHI
〔清〕马大相 编 王玉林 赵 鹏 点校

主管部门 山东出版传媒股份有限公司
出版发行 山东人民出版社
出 版 人 胡长青
社 址 济南市英雄山路165号
邮 编 250002
电 话 总编室（0531）82098914
市场部（0531）82098027
网 址 http://www.sd-book.com.cn
印 装 山东新华印务有限责任公司
经 销 新华书店

规 格 16开（210mm×285mm）
印 张 18.5
字 数 235千字
版 次 2019年3月第1版
印 次 2019年3月第1次
印 数 1—1000
ISBN 978-7-209-10812-6
定 价 260.00元

立岱宗之弘毅

——序《中华泰山文库》

一生中能与泰山结缘，是我的幸福。

泰山在中国人民生活中有着广泛而深远的影响，人们常说“重于泰山”“泰山北斗”“有眼不识泰山”……在中国人心目中，泰山几乎是“伟大”“崇高”的同义语。秉持泰山文化，传承泰山文化，简而言之，主要就是学做人，以德树人，以仁化人，归于“天人合德”的崇高境界。

自1979年到现在，我先后登临岱顶46次，涵盖自己中年到老年的生命进程。在这漫长岁月里，纵情山水之间，求索天人之际，以泰山为师，仰之弥高，探之弥深。从泰山文化的博大精深中，感悟到“生有涯，学泰山无涯”。

我学习泰山文化，经历了一个由美学考察到哲学探索的过程。美学考察是其开端。记得在20世纪80年代，为给泰山申报世界文化与自然遗产做准备，许多专家学者对泰山的文化与自然价值进行了考察评价。当时，北京大学有部分专家教授包括我在内参加了这一工作。按分工，我研究泰山的美学价值，撰写了《泰山美学考察》一文，对泰山的壮美——阳刚之美的自然特征、精神内涵以及对审美主体的重要作用，有了较深的体悟。除了理论上的探索，我还创作了三十多首有关泰山的诗作，如《泰山颂》：

高而可登，雄而可亲。
松石为骨，清泉为心。
呼吸宇宙，吐纳风云。
海天之怀，华夏之魂。

这是我对泰山的基本感受和认识。这首诗先后刻在了泰山的朝阳洞与天外村。

我认为泰山的最大魅力在于激发人的生命活力。我对泰山文化的学习，开端于美学，深化在哲学。两者往往交融在一起。在攀登泰山时，既有审美的享受，又有哲学的启迪（泰山自然景观和人文景观的结合，体现了一种天人合一的艺术境界）。对泰山的审美离不开形象、直觉，哲学的探索则比较抽象。哲学关乎世界观，在文化体系中处于核心地位，对人的精神影响更为深沉而持久。有朋友问我：能否用一个词来概括泰山对自己的最深刻的影响？我回答：这个词应该是生命的“生”。可以说，泰山文化是以生命为中心的天人之学，其内涵非常丰富，可谓中国文化史的一个缩影。泰山文化包容儒释道，但起主导作用的是儒家文化，与孔子思想有千丝万缕的联系。《周易·系辞下》中讲“天地之大德曰生”，天地生育万物，既不图回报，也不居功，广大无私，包容万物，这是一种大德。天生人，人就应当秉承这种德行，对于人的生命来说，德是其灵魂。品德体现了如何做人。品德可以决定一个人的人生方向、道路乃至生命质量。人的价值和意义离开德便无从谈起。蔡元培先生讲：“德育实为完全人格之本，若无德，则虽体魄智力发达，适足助其为恶，无益也。”

“天行健，君子以自强不息；地势坤，君子以厚德载物。”这两句话深刻地体现了“天人合德”的思想。学习泰山文化要与时代精神相结合。泰山文化中“生”的精神对我影响很大，近四十年，我好像上了一次人生大学，感到生生不已，日新又新，这种精神感召自己奋斗、攀登，为人民事业做奉献。虽然我已经97岁，但生活仍然过得充实愉快，是泰山给了我新的生命。

泰山文化是中华民族优秀传统文化的主要象征之一，是我们民族文化的瑰宝。在这方面，历史为我们留下了浩瀚的资料，亟待整理。挖掘、整理泰山文化，是推动中华优秀文化遗产的创造性转化、创新性发展的迫切需要。

日前，泰山风景名胜区管理委员会的同志来舍下，告知他们正在编纂《中华泰山文库》。丛书分为古籍、著述、外文及口述影像四大书系，拟定120卷本，洋洋五千万言，计划三到五年完成。我听了非常振奋！这是关乎泰山文化的一件大事，惠及当今，功在后世，是一项了不起的文化工程。我对泰山风景名胜区管理委员会领导同志的文化眼光、文化自觉、文化胆识和文化担当，表示由衷钦佩；对丛书的编纂，表示赞成。我认为，编纂《中华泰山文库》丛书，将其作为一个新的文化平台，重要意义在于：

首先，对于泰山文化的集成，善莫大焉。关于泰山的文献，正所谓“经典沉深，载籍浩瀚”（刘勰《文心雕龙》）。从大汶口文化时期的象形符号，到文字记载的《诗经》，再到二十五史，直至今天，在各个历史阶段都不曾缺项。一座山留下如此完整、系统、海量的资料，这是任何山岳都无法与其比肩的，在世界范围内也具有唯一性。《中华泰山文库》的编纂，进一步开拓了泰山文化的深度和广度，对于古今中外泰山文化资料及研究成果的发掘、整理、集成、保存，都具有无与伦比的综合性、优越性和权威性，可谓集之大成；同时，作为文化平台，其建设有利于文化资源和遗产共享。

其次，对于泰山文化的研究，善莫大焉。文献资料是知识的积累，是前人智慧的结晶，是文化、文明的成果。任何研究离开资料，都是无米之炊。任何研究成果都是建立在资料的基础上。同时，每当新的资料出现，都会给研究带来质的变化。《中华泰山文库》囊括了典籍志书、学术著述、外文译著、口述影像多个门类，一方面为学术研究提供了所必需的文献资料，大大方便了研究者的工作；另一方面，宏富的文献资料便于研究者海选、检索、取舍、勘校，将其应用于研究，以利于更好地去伪存真、去粗取精，提高研究效率和研究质量。

再次，对于泰山文化的创新，善莫大焉。文化唯有创新，才会具有更强大的生命力。所以说，文化创新工作永远在路上。新时代泰山文化的创新，质言之，泰山文化如何引领新时代的精神文明，服务于新时代的精神文明建设，是一个重大课题。就其创新而言，《中华泰山文库》丛书的编纂本身就是一种立意高远的文化创新。它有目的、有计划、有系统地广泛征集、融汇泰山文献资料，集腋成裘，聚沙成塔，夯实了泰山文化的基础，成为泰山文化创新的里程碑。另外，外文书籍的编纂，开阔了泰山走向世界、世界了解泰山的窗口，对于泰山更好地走向世界、融入世界，具有重要的现实意义。而口述泰山的编纂，则是首开先河，把音频、影像等鲜活的泰山文化资料呈现给世人。《中华泰山文库》的富藏，为深入研究泰山的文化自然遗产，提供了坚实的物质保障。

最后，对于泰山文化的传承，善莫大焉。从文化的视角着眼，随着经济社会的发展变革，亟须深化对优秀传统文化重要性的认识，以进一步增强文化自觉和文化自信；通过深入挖掘优秀传统文化价值内涵，进一步激发其生机与活力；着力构建优秀传统文化传承发展体系，使人民群众得到深厚的文化滋养，不断提高文化素养，以增强文化软实力。毋庸讳言，《中华泰山文库》负载的正是这样一个优秀传统文化传承发展体系。如上所述，集成、研究、创新的最终目的，就是为了增强泰山文化的生命力，祖祖辈辈传承下去，延续、共享这一人类文明的文化成果。这是一个民族兴旺发达的源泉所在。《中华泰山文库》定会秉承本初，薪火相传，继往开来。

更为可喜的是，泰山自然学科资料的整理和研究，也是《中华泰山文库》的重要组成部分，无论是地质的还是动植物的，同样是珍贵的世界遗产。

中国共产党第十九次全国代表大会报告中指出："文化自信是一个国家、一个民族发展中更基本、更深沉、更持久的力量。必须坚持马克思主义，牢固树立共产主义远大理想和中国特色社会主义共同理想，培育和践行社会主义核心价值观，不断增强意识形态领域主导权和话语权，推动中华优秀传统文化创造性转化、创新性发展，继承革命文化，发展社会主义先进文化，不忘本来、吸收外来、面向未来，更好构筑中国精神、中国价值、中国力量，为人民提供精神指引。"这是我们编纂《中华泰山文库》丛书工作的指南。

编纂《中华泰山文库》丛书是一项浩繁的文化系统工程，要充分考虑到它的难度、强度和长度。既要有气魄，又要有毅力；既要正视困难，又要增强信心。行百里者半于九十，知难而进，迎难而上，才能善始善终地完成这项工作。这也是我的一点要求和希望。

值此《中华泰山文库》即将付梓之际，泰山风景名胜区管理委员会的同志嘱我为之作序，却之不恭，写下了以上文字。我晚年的座右铭是："品日月之光辉，悟天地之美德，立岱宗之弘毅，得荷花之尚洁。"所谓"弘毅"，曾子有曰："士不可以不弘毅，任重而道远。仁以为己任，不亦重乎？死而后已，不亦远乎？"故而，名序为：立岱宗之弘毅。

杨辛

2018年7月

目　录

灵岩志卷之三

灵岩志卷之四

灵岩志卷之五

灵岩志卷之六

序

泰岱之麓绵亘数百里，奥室精蓝所在都有。其西北隅烟云迤逦，结成绀宇者为灵岩，相传竺法师朗公卓锡处。余自癸酉春三月，游岱岳归一至焉。爱其林壑幽邃，香泉白云出没松涛竹色间，访朗公石之奇，睹铁袈裟之幻，唐碑宋碣林立，摩挲久之不能去。亟向山僧借志书一观。旧志毁于兵燹，新志刻逾半未竟，手为披阅，觉叙次稍冗蔓。因思司鹾间，署也无守土责，倘簿领偶暇，另为编辑，付剞劂以供游人把玩，亦成韵事，遂携之归。

是年冬，适卧病浃旬。嗣后屡奉宪檄，捕蝗有令，缉奸有遣，以及摄署臬篆，采办军需，数年来疲形劳神，寝食都废。即欲再命巾车，续揽兹山之胜，已杳不可得。又何暇启箧，衍发旧编，一寓目乎！余既未得竟厥志，山僧又索之迫，仍检原稿归之。

夫寺之兴废，由于地之盛衰，金碧琳宫化为沙砾，樵夫牧竖之所蹂躏，鼪鼯猿狖之所啸聚，而悲吟古来名刹沉沦湮灭者，曷可胜纪。乃兹山之寺始于晋，盛于唐，历宋元明至国朝，千百余年不废，游人车马杂沓，吟咏联翩者，数代如一日也。岂非山川有以勃其灵，而金仙默为佑助欤！是乌可以无志?

兹编虽微嫌冗蔓，然志沿革，志建置，志名胜、古迹、碑铭、诗赋、古文、辞令，阅者爽然心目，得以搜奇抉奥，一吐胸中所有，亦足传矣。独怪余纂辑未竟厥志，山灵有知，应笑余为善不卒，而踵事增华者之难。其人又未尝不叹余频年多事，浮湛软红间，楮墨尘封劳劳，且未有定为可惜也。

时康熙丙子夏五端阳后一日。

银城李兴祖慎斋氏题于历下之鹾署。

山东盐法道副使李兴祖、济南府知府孟光宗鉴定。

长清县知县巴柱朝参阅。

教谕王弘任叙次。

训导马大相编辑。

历下韩毓桐、清邑卢治巳较正。

里人王昕采辑。

男奉祀生资善、敦善阅梓。

寺僧永泰、普润、永持、清瑁、永禄、永昶、洪代、清震、清玉、清注、宗智、永瑞、演奇、净瑞商订。

凡例六则

一、山左名胜，泰岱固为五岳之宗，灵岩亦占四绝之首，皆大观也。旧有《岱史》《岩志》二书，明季被兵火焚毁。《岱史》重刻，《岩志》独缺，艺文散失，芳躅泯灭，殊非盛世所宜。是故不揣愚陋，谨按旧志详加考订，录旧增新，校正成书，以表章前贤遗韵，抑以为山灵重开生面也。

二、旧志止载艺文，余概略而不道。然灵岩名重天下，非他刹可比，其封域、建置、古迹、人物、杂述诸则，皆宜采入。今志一图六纲，二十四目，诸凡胜概，披卷了然。

三、姑苏、雁宕、西安诸处，皆有以灵岩名寺者。旧志所载唐人诗，如"馆娃宫畔山头望，海雁塔龙池郢路"，泰川之句，乃题彼寺之诗，与兹寺无涉，今尽删之，惟志其实耳。

四、寺碑林立，多为塾师俚笔、山僧杜撰、荒唐难以取信者，概不收入，恐其鱼目混珠也。

五、艺文所志，宁严毋滥。凡世代莫考、诗章太陋者，不敢概录，防厌观也。

六、兹刻志板，贮于本寺公所，专僧监守。凡遇远近游人，愿得书者，便于就寺印刷，以广其传。

灵岩志目录

灵岩志卷之一

图引

图与书相表里者也，开卷了然，可知大概。旧图十二景，佛宇过半，嫌其香烟太浓。今但于奇峰、秀壑、清泉、白石，天然最韵者，标为八景，并二古迹。余悉删去，总图仍旧焉。

灵岩总图

甘露泉　灵岩名泉有六，惟甘露最胜。盖去寺渐远，俗尘渐清，源发大士座下，伏流穿垣而出，绕甘泉亭，可流觞其中，呼为清凉境界，品为景之第一。

朗公石　石类老僧伛立之状，在昔朗公石畔说法，听者千有余人。共见石为点头。惊以告公，公曰："山灵也，无足怪。"灵岩之名盖始于此。

铁袈裟　世传定公建寺时，有铁自地涌出，高可五六尺，重可数千斤，天然水田纹，与袈裟无异，故名。

巢鹤岩　兹寺泉石秀丽固甲海右，但松岚四塞不能远眺，于游人之豪怀弗畅耳，斯岩高可千仞，三面斗绝，登则蹑云而上，眼界颇宽，四时皆佳，惟秋尤胜。烟树云山，黄花红叶，鸟鸣谷应，心旷神怡，觉得别是乾坤。

绝景亭 亭为钦公创建，所谓绝景有四：曰群峰献秀，曰甘泉漱玉，曰松舟挺翠，曰岩花啼鸟。今则亭虽就圮而景尚依然，来游者必选胜于此，爱其景之绝也。

明孔山　山居崇兴桥正南，近上一孔大如车轮，南北相通。当午能透日色，亦山之奇特者也。

凌霄峰　苏长公醉游之黄茅岗正西，一峰特耸峙，凌霄汉宛若擎天玉柱然，真奇观也。

滴水崖 崖最幽僻，游迹罕到，上临削壁，下接清溪，状如抱厦，石涧水滴，淋漓如雨，而泠泠之声堪清俗耳，兼之鸟语花香，清韵宜人。

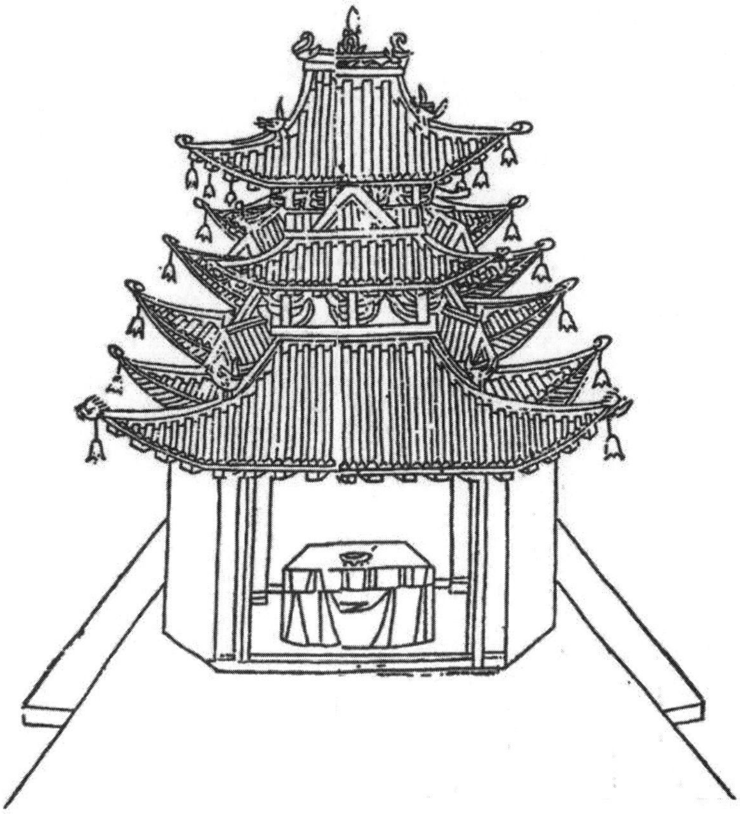

五花殿 殿为宋嘉佑中琼环长老所建，架阁两层，龟首四出，俱极精工。前人称为天下第一。但岁月既深，风雨摧残，不无今昔之感。因绘图以志古意，使异日有所考据云。

摩顶松　大可数围，内空外窍，老干尽枯而孙枝愈盛，翠色如滴。苍古可爱，数千年物也。

灵岩志卷之二

封域志

或曰：灵岩一寺耳，何必志封域哉？不知灵岩有寺田三十五顷，四境各有前朝敕立界牌，至今不税，以供香火之需，尺地寸土莫非王封，况如许之多耶。但沿革名号古今不一，故探讨胜概作封域志。

沿革

灵岩寺在方山下，即《水经》：玉符山，乃泰山西北麓之一岩也。苻秦[①]时改名昆仑山金舆谷，盖重其人而神其地也。时朗公住此说法。属泰山郡山茌县。元魏太武帝太平真君七年，诏诛天下沙门，毁佛寺，革昆仑金舆之名，仍名曰方山，至今因之。

元魏孝明帝正光初，法定禅师先建寺于方山之阴，曰：神宝。后建寺于方山之阳，曰：灵岩。唐武德初，寺属齐州济南郡山茌县。天宝元年改山茌县曰丰齐县。元和十五年自丰齐入长清，此寺属长清县之始。宋属京东东路济南府长清县。真宗景德中改名曰：敕赐景德灵岩禅寺。后仍去景德字，复名灵岩禅寺。英宗治平中升齐州曰：兴德军济南府，省仍京东东路，县仍长清，寺仍灵岩。金属山东东路济南府长清县。元初属山东东西道济南府长清县；至元中县改隶泰安州。明属山东济南府长清县；宪宗成化四年改名曰：敕赐崇善禅寺；世宗嘉靖中赐敕仍名曰：灵岩寺，至今因之。

① 苻秦：原作“符秦”，今改。下同。

疆界

按：金明昌中，明成化、万历中，皆见有敕立碑记可考。寺界东至棋子岭，南至明孔山，西至鸡鸣山，北至神宝寺。寺境东西二十里，南北十里，西北至本县九十里，北至省城一百二十里，南至泰安州九十里，西至肥城县六十里，正东折而北，由山川仄径至省城止八十余里，但车骑不能行耳。南至江南省会一千七百里，北至京师一千里。

星野

春秋运斗枢，曰：虚、危之精，流为青州，分为齐国。女须，虚也；玄枵，危也。

《晋天文志》曰：济南，入危一度。唐太行山河两界，图曰：南纪之东，河为北河，江为南河。北河下流，南距泰山为三齐；南河下流，北距泰山曰邹鲁；皆负海之国，货殖之所阜也。与山河首尾相连，邻颛顼之墟，其地为南河之北，北河之南界。自岱宗至于东海，《齐乘》云：观两河之象，与云汉之所终始，而分野可知已。寺居济南南境，泰山北界，入危一度之初。

山川

方山 凡山之顶皆圆，惟此山顶方，故名。

狮山 即方山。连左右一带北山，合而名之山曰狮子山，象其形似也。

香山 在方山西南，亦名绣球山。

朗公山 在寺东南，亦名朗公寨。在昔，朗公于此说法，故名。

明孔山 在寺西南，昔人遇乱，曾此避兵，顶有灵光亭，亦佳境也，今废。

珠山 寺前。

灵山 在方山狮尾之南，朗公寨之北，峭拔穹窿，秀冠群山。

象山 寺南，形如卧象，故名。

鸡鸣山 寺西十里。昔有群盗，夜过此山，忽闻鸡鸣，奔回，夜尚未半，聚而复回，又闻鸡鸣，如是者三。方知为山灵警觉，皆回心向善，故名鸡鸣山。

黄岘山 在明孔山西。

黄茅冈 在寺南五里许。

老虎窝 一在明孔山西，一在方山之北，俗传，定公开山时，有二虎驮经之异。

巢鹤岩 在证盟龛西南，亦名蹲狮岩，僧家呼为亮经石，亦有呼亮经台者。

朗公岩 一名朗公石，在朗公山前。

拂日岩 即凌霄峰，在黄茅冈西。又有名小西天者，亦称拂日岩，在证盟龛西十余步，与方山之东，灵山之北，名东天门者相照应。两峰夹立，如雄关状。

仙人岩 在铜钟楼正东，岩有石棚，乃古仙人栖隐之处。

快活岩 在寺南五里许，南北往来者，至此必一歇足，故名曰快活岩。

半室崖 即可公床，在大石棚西。

滴水崖 在寺西南四五里，水自悬崖滴滴乱洒如雨下，汇成溪西流而去。又西南上，可里许，名曰水屋。泉水盈中，出注石池，溢而北下，皆佳境也。

虎溪 在山门内。在昔，高僧卓锡送客不出山门，至此溪而止。效远公庐山故事。立桥溪上，扁曰：虎溪。其水西下，即饮马沟。

北溪 寺内诸泉之水合入此溪，由饮马沟西流。

南溪 东南一带，山川野泉之水合入此溪，长流而西。

大溪 南北二溪及诸壑之水，至大石桥西南统入此溪，西流十五里入长清之北沙河，折北宛曲而流百余里入大清河，即济水故道，东北入于海。

甘露泉 在寺东北里许。源发大士座下，伏流穿垣而出，绕甘泉亭，下石池，委蛇而去。

卓锡泉 亦名锡杖泉。世传为佛图澄锡杖卓出者，故名。流三四步入大石池内，合寺皆汲于此，名曰镜池，亦曰功德池。

白鹤泉 亦名双鹤泉。二泉相并，在卓锡泉东十余步。

独孤泉 在转轮藏东路南。昔有隐者姓独孤，结茅泉侧，后人以姓名泉也。明万历中，刘公岩退休林下，于此构面壁斋，恶独孤之名，改名曰印泉。

石龟泉 在铁袈裟迤东，泉由石龟腹而出。

黄龙泉 亦名黄龙池。在寺西南里许。

卧象泉 在黄龙泉西南数十步。

上方泉 在证盟龛西北十余步，亦名虎跑泉。其泉津滴甚微，仅足煎茶，供佛待客耳。

华严泉 在华严寺南百步余。

朗公泉 在朗公寨发源南下，清凉最佳，但游人罕至耳。

神宝泉 在神宝寺西山石间，近小寺庄。凿井不能得水，土民于泉源凿池蓄水，遇秋泉旺，则溢出成溪。

观彩泉 在寺东二里许，野径幽壑之内，流入寺中，由虎溪桥下西流而去。

野泉 寺境出泉甚多，其无名者，均以野泉呼之。

麻衣洞 在鸡鸣山南里许，乃宋麻衣先生李坚栖隐处。

白云洞 在大石棚西。

观音洞 在巢鹤岩南崖下，内有佛像。二门相通，架木为栈而进。今木朽，惟望见之矣。

鲁班洞 在辟支塔南，初开山僧朗公墓也。

黑云洞 在巢鹤岩东崖下。

函云洞 在面壁斋，即独孤泉发源处。

朝元洞 在寺之西北山中。

田产

赡寺地三十五顷。隋唐以前无碑可考，宋免差徭，止纳税粮。金元明皆奉旨粮徭全免，至今不税，其籽粒以供本寺香烛之需。至于土产，寺属长清县境内，其五谷疏果花木禽畜之类，详见邑乘。兹惟志其一二异于他产者。

花椒 表赤里白，其味清香。医家用之，以代川椒。寺境之外，则表赤里黄，其味辛烈，为常椒矣。

白果 校之他产，大而味佳。

柏 兹寺桧柏弥山，其木心大而色赤味香，寺境之外则不类矣。

檀 大者数围，臃瘇虬屈，奇怪可爱，而铁袈裟殿前崖下，根蟠石隙者，尤堪入画。

上水石 产于滴水崖前。

风俗

灵岩脉络岱宗，山明水秀，地灵人杰，理固然也。代出高僧，一心悟道，纤尘不染。无故不轻出山门，终身不一入城市。居则蒲团默坐，风幡不能动其心；行则藜杖优游，威武不能屈其节。名重朝野，赐紫赐号者，不一其人。而法派皆彬彬然，有释氏之风焉。其尤可重者，阖寺皆无密室，长老不设门禁，戒德清高以防物议，又高出寻常丛林万万者也。在昔皆然，今则鲜矣！

兹寺士夫登临览胜者时至，香客斋僧建醮者云集，亦与他刹有异。头等僧奉[①]经诵咒，礼佛祝釐，专心于戒律，无争于人情，是为戒僧；二等僧习成随时经卷，演就管钹乐章，呼为高工。或与香客拜忏建醮，或与士民荐拔诵经，亦能谨慎荤酒，不失僧家局面，是为应付僧；三等僧开设店房，安下香客，呼为门头。将本图利，虽非西来面目，殷勤应世，亦属本分生涯，是为接待僧。

灵岩僧流三等，由唐宋而下其来远矣。慨自寇乱之后，主教者不得其人，戒规尽弛，垄[②]断相持，蜗角生而风俗颓矣。若有人钦和尚其人者出，必能一变，而复昔日之宗风也。

建置志

灵岩，名肇于晋，知于苻秦，兴于元魏，盛于唐宋金元，至明犹盛于

---

① 奉：原作“捧”。

② 垄：原作“龙”。

万历以前，而衰于天启以后，际国朝渐生色矣。其始末经营不可不知也，作建置志。

殿阁

考诸碑记，在昔希有如来居此证道，岩栖露止，未有室庐。石赵时，神僧佛图澄亦曾来此一游，未尝久留。苻秦永兴中，竺僧朗卜居于此，始建精舍数十区。元魏太武用崔浩言，诛天下沙门，毁佛寺时，前之精舍，鞠为茂草矣。至孝明帝正光初，法定禅师始建寺，为开山第一祖。原建之寺，在今寺东北甘露泉正西。唐贞观初，三藏和尚陈玄奘[①]，曾在此译经，故惠崇长老改迁今寺。宋景祐中，琼环长老，更拓广之，殿阁廊庑愈宏壮矣。

千佛殿 唐宋时，名大雄宝殿，为寺之大殿也。明万历中，德王重修。

五花殿 在弥勒殿南，摩顶松左。宋嘉祐中，琼环长老创建，架阁两层，龟首四出，备极壮丽，亦名灵岩阁。明正统五年，至珍长老重修。

献殿 为礼拜五花殿之前殿也。明正德中，鲁王捐资塑大佛像三尊于内，而五花殿反为所障，竟以此殿称灵岩之大殿矣。

金刚殿 即山门。

天王殿 即二门。

伽蓝殿 在山门外路东。

般舟殿 在千佛殿北，法僧祖居重修。有记，见《艺文志》。

弥勒殿 在五花殿后，乃历代讲堂旧基也。僧人明然改建。

韦驮殿 在献殿东，国初寺僧超然重建。

龙王庙 在卓锡泉南。

御书阁 在弥勒殿北崖上。唐贞观三年，陈玄奘译经于此。太宗赐以手敕，因建此

---

① 玄奘：原作“玄装”，今改。下同。

阁。至宋太宗、真宗、仁宗、徽宗，皆赐有御书，奉于阁上。金贞祐中，寺遭兵燹，御书尽毁，惟空阁存焉。明万历中，寺僧塑大悲菩萨像于内，崇祯中改塑玉皇像，皆失其名阁之意矣。

藏经殿 在千佛殿西。

转轮藏 即梵王宫，在献殿东南路北。明嘉靖中，德王重修。

孔雀殿 在转轮藏后。

白衣殿 在转轮藏路南。

维摩庵 在白衣殿东，即面壁斋。

接引佛殿 即西方境，在维摩庵东南崖上。

思议佛殿 在山门外南崖上。

药师王佛殿 在思议殿西。

五祖母殿 在伽蓝殿后东崖上，即香灯菩萨，今废。

十王殿 在五花殿西。

将军堂 在大石桥西、双槐树东，今废。

监斋殿 在五花殿东。

常住大禅堂 在千佛殿前路西。

卧佛堂 在塔北崖上，颇幽雅，不亚甘泉之胜。

松风阁 即卧佛堂前小阁也。守道王公纪游此，爱之，题曰松风阁。

后土殿 在御书阁东。

祖师殿 亦名定公堂，在后土殿东，今废。

达摩[1]殿 即袈裟殿，在祖师殿东北崖上。

出山像观音殿 亦名五气朝元殿，在达摩殿东。

观音殿 在达摩殿正东，去寺可里许，乃甘露泉发源处，清幽可爱。自此则折而北上为绝景亭，再北上为大石棚，贴西为可公床，再西为小石棚，西北上则白云洞，向西由青壁

① 达摩：原作“达磨”，今改。下同。

仄径至观音堂，折而东即。

证盟功德龛 内有释迦佛大石像，乃唐人所造者，亦名功德顶。

公署

察院 即咨竹轩，原默照堂。前朝有屯院巡历山东，例不进省，定例灵岩。一案考察济属官吏，今废。

守道公署 在定公堂北。不知建自何朝，但署中有元碑尚在，盖其来亦已远矣。

巡道公署 贴守道公署之西。前朝部院临寺，则司道陪巡，三司及学道或至或不至，而守巡两道乃必至者，故皆设有公署，今俱废。

亭榭[1]

甘泉亭 泉水自石龙口而出，由小石沟绕亭北西流，折南旋东入亭下石池内，东出折南，转西沿溪流去，其亭下之池覆以石桌[2]，围以石墩，凡游灵岩选胜者，必以此为最。

绝景亭 僧家呼为抱灵亭，宋仁钦和尚建。

灵光亭 在明孔山寨巅，以灵岩诸景尽见于此，故名。今废。

超然亭 在御书阁北，今废。

津梁

聚善桥 在山门内，三桥相连，东曰虎溪桥，西曰接引桥。置寺时建，明嘉靖中重修。

新石桥 桥下即饮马沟，明天启中，长老园桂所建。

小石桥 在龟背石西，乃寺僧迎客处。

崇兴桥 即大石桥，亦名崇福桥，在寺西五里许。宋大观二年，仁钦和尚所建，功程最大，今将六百年矣，而依然坚固。

---

① 底本脱“亭榭”二字。

② 石桌：原作“石卓”。

村庄

刘李庄 在鸡鸣山下，双槐树南。

第四峪庄 在明孔山下，崇兴桥南。

野老庄 在东天门下，华严寺北。

小寺里 在神宝寺西北界上。

以上四庄皆隶寺，为僧家佃户所居。

人物志

灵岩山明水秀，最足撩人，隐士栖迟，高僧卓锡，代有巨迹，皆当志之，以为山林之光。

隐逸

晋张忠，字巨和，中山人。避永嘉之乱，隐岱麓，与竺僧朗结林下交。道义相孚，清虚服气，饵石餐芝。苻坚闻其贤，征至长安，以野服见坚。坚曰："先生独善之策有余，济世之功未足。今远屈先生，将以齐尚父期之。"忠对曰："昔因丧乱，避地泰山，与鸟兽为俦侣，尚父非敢拟也。愿还余齿，归岱宗足矣！"坚贤之，仍以安车送还。道径华山下，辄尸解而去。谥曰安道先生。见《神仙传》。其故居在寺东三里许，今犹呼为野老庄云。

金陈寿恺，济南人。自幼聪慧，博学强记，倚马成文。不求显达，徜徉自放。及其老也，游灵岩，爱泉石之胜，遂卜居焉，与云公和尚解释禅旨，悉入精奥，即戒坛老衲亦谢不敏，三十年不出山，寿九十有五。

元杜仁杰，字仲梁，号止轩，一号善夫，长清人。德行文章冠冕南北。元世祖闻其贤，与大臣议，以翰林承旨授公，累征不就，乃优游于灵岩、五峰两名胜而终焉。武宗追谥曰文穆。

明刘亮采，号公严，济南才子也。侏儒滑稽，长诗词，善绘画，调笑怒骂皆成文章。中万历进士，授户部主事。不乐仕进，退闲林下，徜徉山水间。爱灵岩泉石最胜，遂□僧家地，构面壁斋，诗酒自放。士大夫闻风而造庐，与游者接踵焉。

高僧

晋竺僧朗，按《高僧传》：朗，京兆人，少而游方，问道长安，专当讲说。尝与数人赴请，行至中途，忽告同辈曰："君等，寺中衣物似有窃者！"如言即返，果有盗焉。朗蔬食布衣，志耽人外。以苻秦皇始元年，移卜泰山中。与隐士张忠为林下契，每共游处。忠后为苻坚所征，行至华阴而卒。朗乃于金舆谷昆仑山中别立精舍，犹是泰山西北之一岩也。峰岫高险，水石宏壮，朗创筑房室。制穷山，美内外，屋宅数十余区。闻风而造者百有余人，朗孜孜训诱不倦。秦主苻坚钦其德，素遣使貺遗。坚后沙汰众僧，乃别诏曰：朗法师戒德冰霜，学徒清秀，昆仑一山，不在搜例。及姚秦兴，亦加叹重。燕主慕容德钦朗名行，给以二县租税，其为时君所敬重如此。

此谷中旧多虎灾，人常执杖结群而行。及朗居之，猛兽遁伏。晨行夜往，道途无滞，人皆咨嗟称神。凡有来诣朗者，先期逆知人数多少，使弟子为具饮食，必如言果至。卒于山，年八十有五。又按《神僧传》：朗公和尚说法泰山北岩，下听者千人，石为之点头。众以告，公曰：此山灵也，为我解化，他时涅槃，当埋于此。传衣钵者记取。数百年后，能使一切学人来观仰焉！此灵岩所本来也。辟支塔南，俗呼为鲁班洞者，朗公墓也。听法点头之石，今犹在焉。

元魏法定，景城人，圣僧也。其二虎、双鹤、青蛇、白兔、黄猿之异备见。陈寿恺记中：元魏正光元年，来游方山，爱其泉石，可建宝刹，先于方山之阴建神宝寺，后于方山之阳建灵岩寺，是为开山第一祖。

唐陈玄奘，三藏和尚。贞观初，降锡灵岩，译诸经典。今之御书阁及摩顶松遗迹俱在也。

惠崇，贞观中高僧也。灵岩寺旧在甘露泉西，崇移置于御书阁处，规模宏壮，与定公功相侔矣。经营于贞观中，涅槃于天宝初，寿近百岁。葬于寺西高原，墓塔尚在，乃西序僧之第一祖也。

宋重净，号琼环。景祐中，重建五花殿，颇极精丽。嘉祐中，复修千佛殿，极其庄严。前后功程费逾万金，皆公卿士庶所乐施者，泛常僧能如是乎？

仁钦，闽人，精诗文书篆。大观初，赐紫并赐号静照大师。宣选住持灵岩，创建绝景亭，以宴宾客；重修崇兴桥，以通往来。士大夫咸爱与之游焉。

金宝公，皇统中，巩国公完颜笃化叔。疏请开堂演经，掌教灵岩，整饬戒律，宗风大振。

元福公长老，元初，蒙哥皇帝福荫里宣授都总统，疏请住持灵岩，开堂掌教。自贞祐南迁之后，戒坛事务几于尽废，赖公主持戒坛，整饬禅规焉。

明普照长老，济宁人。永乐三年，卓锡灵岩时，当兵火之余，日夜拮据，不惮勤苦，整理残刹，恢复山林，功莫大焉。

至珍，号古奇，香河人。住持灵岩，任事练达，功果颇多。正统中赐紫。内颁大藏经典，敕称戒坛宗师，命其护藏。成化中赐敕升右觉义，仍主寺事，且能文善诗，士大夫多敬重之。一日浴毕，袒紫端坐，合掌而寂，寿九十有二，为重开山第一代祖。

真可长老，东吴人。精戒善诗，名重朝野。万历初，赐紫。尝谓寺众曰："我辈既入不二法门，须要认定心即是佛，时时刻刻返光内照，无愧于心，便无愧于佛，亦无愧于天人矣。若恃此紫衣，藐视同袍，尚气贪得，叫做阿鼻狱公案，老僧不敢为也。尔众法眷亦要谨守五戒，同修净业，勿犯禅规。虽不能成佛作祖，亦要求来去明白，免遭恶趋。至于宾客览胜而来。慎勿淡其游兴，须效取远公待渊明，佛印待子瞻故事。如此名胜之地，我辈岂可独擅哉？”遐迩闻之，无不景仰。后奉朝命，赐号达观大师。

古迹志

寒山一片石，南北称之；铜雀一片瓦，古今珍之。兹寺有唐文皇之篆，开元之碑，宋王临之飞白，蔡卞之楷书，校之寒山石、铜雀瓦，殆尤过焉。兼诸胜概，表而出之，可见兹山不忝四绝之名矣。

石刻

唐太宗御篆　唐僧陈玄奘建阁，尊奉御书于阁上。贞观三年，太宗复赐御篆“御书阁”三大字为阁额，至今在焉。

唐开元碑　在寺西北五里许，神宝废寺右侧荆棘中，沙淤过半矣。乃北海太守李邕之文，但磨灭不能读耳。

宋飞白字碑　在崇兴桥西路北，碑阴乃尚书兵部郎中王临所书“灵岩道场”四大字，亦世不多见者，但奈居道旁荆棘中，埋没已久。邑侯辽阳李公见而爱之，远近士夫始有求榻之者，盖字之遇也。

蔡京[①]字　在御书阁前，左右计四叶，乃宋人蔡京所书《圆通经》。灵岩名笔固多，皆为石工所败，惟此字独佳。明嘉靖初，学士方豪临观，叹曰：“呜呼！岂可以人废书乎！”

大观碑　在崇兴桥西路北。大观二年，仁钦长老重修此桥，碑记字体颇仿兰亭笔法。但去寺远，未见知于人耳。

灵岩观音道场摩崖[②]大书　在证明龛贴西，政和中，张励题。

---

① 蔡京：原碑作“蔡卞”。

② 摩崖：原作“磨崖”，今改。下同。

金党学士碑额篆 在献殿前，明昌六年，翰林学士党怀英篆。

元大灵岩寺碑 在献殿前。至正初，按察使文书讷书。

明透灵碑 在五花殿东北。嘉靖中，南京工部左侍郎徐陟题。

佛岫仙峰 在天王殿前。

珠树莲台、名山胜水 在五花殿后，俱嘉靖中巡按御史沁州张鹏题。

仙人岩 在铜钟楼东。嘉靖中，隐士李松书。

灵岩大书碑 有二，俱在弥勒殿前。一为嘉靖中，巡抚都御史天水胡缵宗书；一为万历初，云南副使盱江罗汝芳书。

活水源头　大书 在甘露泉亭北。嘉靖中巡抚都御史彭黯题。

千崖、万壑　二碑 在山门外，左右字大如轮。嘉靖中参政通判张钦书。

甘泉亭大书 嵌亭东壁上。

绝俗、持戒　大书 嵌山门后左右。俱隆庆中巡按御史李复初题。公，号对霍。

东山奇胜碑 在弥勒殿前。隆庆中巡按御史刘翾题。

双鹤泉碑 在泉左。

象岭、狮峰　二石 俱在证明顶已上，俱隆庆中吏部尚书杨博题。

别是乾坤 在巢鹤岩盘石上，字大如升，深可寸许，鲁海春题。

巢鹤、蹲狮岩　隶字 俱在巢雀岩盘石上，其字甚工，亦大如升。

更上 在白云洞最峻处。

须上 近功德顶三四步。

留云、拂日岩 在小石棚西摩崖大书已上。俱万历中兖州太守石九奏题。公，号四如。

灵山第一泉 在甘露泉。字大如斗，碑亦坚致。

名山石室　大书 在大石棚内。

灵山一派① 在大石棚西。

青壁万寻 亦在大石棚西，皆摩崖大书已上。俱万历中巡按御史陶钦皋题。公，自号

① 派：原题刻作“脉”。

吾庐子。

真境　大书 在弥勒殿西壁外，四明沈教民题。

狮峰　大书 汤绍思题，狮峰字重出。

龙藏　大书 在袈裟殿西。万历中聊城九岁童子傅尔赓书。

达摩面壁碑 在面壁斋碑之前。后背像、面像各一。万历中户部主事刘亮采亲笔。

十里松 在饮马沟北崖石壁上。亦刘户部书，号称印泉。

最上 在大石棚西，摩崖大书。万历中布政司叶梦熊书。

壁立万仞 在青壁。摩崖大书，河东史学迁题，不知何代何职。

卧象泉　大书 在泉侧石上。姓氏莫考。

日观近可攀、蓬莱 俱在大石棚西。摩崖大书，年代姓氏，皆磨泐不能辨矣。

遗概

灵岩寺旧址 在甘露泉西，其形胜校今寺处尤佳。

神宝寺 在寺西北，逾岭三里许，乃定公初建者。后为灵岩下院，今废。

华严寺 在寺东，逾岭五里许，世传华严在前，灵岩在后。前朝为灵岩下院，今废。

铁袈裟 在寺东北，或云达摩自西域来，面壁九年，道成而去，弃袈裟于此。又云定公建寺时自地涌出者。

辟支塔 唐天宝中建，宋嘉祐中重修，元又重修。

慧崇塔 在寺西百余步。唐天宝中葬惠崇者。

摩顶松 在五花殿右。唐三藏和尚陈玄奘将往西域，寺有小松，以手摩其顶曰："我西去求佛，汝可西长。"及去后，枝果西指，约长数尺。一年，其枝忽转而东，弟子曰："吾师回矣！"迎之果还。其树至今犹存，大可数围。内空外窍，老干尽枯，孙枝独茂，翠色欲滴，苍古可爱，真不老物也。

汉柏 在五花殿北。明万历中，长清令王之士有纪，碑在其下。

饮马沟 在山门外迤西。宋徽宗幸灵岩寺，御马见沟中流水，衔勒骄嘶，控者解鞍卸辔，以饮于此。马方入水，则见水中有一青螭，鼓鬣而游，识者以为马之精神形现云。

晋隐士故居 在寺东，逾岭五里许，古疃一处，名野老庄，乃晋人张忠隐居处也。

龟背石 寺西里许，道傍一石，状如龟背，故名。僧徒接客者，聚于此。

无生地 袈裟殿北上百余步，有平坡净地一方，可二三亩，世传希有如来安禅礼佛处也。佛家以无生为上乘。灵岩松柏弥山，独此地不生树木，世语虽未必然，但事亦异也。

千岁檀 灵岩古檀最多，虬屈臃瘇。皆千百年物，堪供图画。惜乎变乱，后摧作薪矣。仅有存者袈裟殿前，根蟠石隙，状若游龙者，尚可观焉！

灵岩志卷之三

艺文志一

朗公说法肇启灵岩，迄今千三百有余载焉。帝主公卿高士文人来游者众矣。第时移物换，当日风流不可得而见也。而翰墨之遗犹可仿佛羹墙。嗟彼山僧知音者寡，不独书之纸上者，惟付之糊窗粘壁。即镌之金石者，亦不能无叠垣铺阶之毁，良可叹惜！隋唐以前不能考矣，宋元以后尚可识也。岂忍古人芳躅任其湮没乎？因从荒草乱石中，搜求断碑沕碣，次序集之以告知音。庶可使文播久远，而山川生色也夫。

敕诏

旧志不载，似未尽善。今录数道，增入《艺文志》首，以表丝纶之美，山林之盛。

苻秦诏略曰：朗法师戒德冰霜，学徒清秀，昆仑一山，不在搜例。苻秦敬重佛法，师事道安，喜高僧而恶庸髡。甘露五年，下诏沙汰天下沙门，特重兹山，故赐此别诏云云。

金世宗诏略曰：推恩天下，山泽以赐贫民，任其樵者薪之，匠者材焉。惟灵岩同五岳，留护灵脉，不在赐例，采伐者仍治以罪。大定六年

元武宗诏略曰：宣谕长清县有的灵岩寺住持的古岩长老，圣旨与了也。这寺院里房舍使臣休安下者，铺马只应休拿者，商税地税休与者，寺院里休断人者，但属寺院里的田地水土，不拣甚么差发休要者，告：天祝寿者，

这和尚每无体例的勾当休做者。大德十一年十月二十一日元旨存者尚有八道，盖蒙古风俗淳朴，言语不尚浮华，大率相同，特录其一。

明英宗敕曰：朕体天地保民之心，恭成皇曾祖考之志，刊布大藏经典，颁赐天下，用广流传。兹以一藏安置山东济南府长清县灵岩禅寺，永充供养。听所在僧官僧徒看诵赞扬，上为国家祝禧，下与生民祈福，务须敬奉守护。不许纵容闲杂之人私借观玩，轻慢亵渎，致有损失。如有违者，必究治之。特谕。正统十年

明宪宗敕曰：朕惟佛氏之教以空寂为宗，以普度为心。上以阴翊皇度，下以劝善化俗，功德所及无间幽显，故崇奉之者亦无远近间也。山东济南府长清县崇善禅寺，自正统年来相继修造，又颁赐《大藏经》，并敕书于内，以为祝禧之所。其界东至朗公山野老庄石门，西至鸡鸣山，南至明孔山，北至神宝寺。山园椒竹土产，递年买办香烛，足充供养。近被军民人等牧放牛马，斫伐竹木，作践祠垣，殆非妥明灵之意。御马监太监钱喜具悉以闻，特降敕护持之。升戒坛宗师至珍为僧录司右觉义，仍于寺住持，领众焚修祝赞，为多人造福。今后官员军民诸色人等，不许侮慢欺凌。一应田地山场园林所产，诸人不许侵占骚扰作践。敢有不遵朕命，故意生事，侮慢欺凌以沮其教者，悉论之以法，故谕。成化十五年

明神宗敕曰：敕谕山东济南府长清县护国灵岩寺住持及僧众人等，朕惟自古帝王以儒道治天下，而儒术之外，复有释教相翼并行。朕以冲昧嗣承大统，迄今廿有七祀，天下和平，臣民乐业，仰思天眷祖德洪庇，良由大公同善之因。况国初建置直录司职掌厥事，盖仁慈清静其功德不殊，神道设教于化诱为易，祖宗睿谟意深远矣。佛氏藏经旧刻六百三十七函，我圣母慈圣宣文明肃皇太后续刊四十一函。朕既恭序其端，而又因通行印施

序其前。后敕谕护持，所以锡孝类流慈恩也。兹者，朕嘉善道之可依，念传布之未广，爰命所司印造全藏六百七十八函，施舍在京及天下名山寺院，永垂不朽。庶表朕敬天法祖之意，弘仁普济之诚，使海内共享无为之福。先民有言：一念善，斯和风庆云；一念不善，灾星历气。夫善念以有感而兴，无感而懈，是以皇极敷言不厌谆恳，圣诰所贵善与人同，古今相传其揆一也。且善在一人，尚萃一家和气；若亿兆向善，岂不四海太和。此经颁布之处，本寺僧众人等。其务斋心礼诵，敬奉珍藏，不许亵玩，致有毁失。特赐护敕，以垂永久。钦哉，故谕。万历二十七年

请疏

请僧开堂之疏，虽与文艺无涉，亦不可不拈出一二，以见大臣忠君爱国之心，无所不尽其诚敬者也。

金左平章政事劝请涤公长老住持济南府十方灵岩禅寺，为国焚修，开堂演经，祝延圣寿者。伏以达摩不西来，孰能荐祖？庐公既南度，始见分枝。虽无毛发于人，要在承风助证，例开法施，各踞名坊。厥有济南灵岩佛寺，利洽邹齐，襟吞兖鲁，二百年[①]业林浩浩，三千里香火憧憧。飞阁莲宫，粹容金界，不期伟匠，焉振宏纲。伏惟涤公长老，守文三代，接武四禅，应历下之机缘，续方山之胜蹈。遂使白莲真迹，无根而郁郁腾芳；青社余光，不镜而绵绵昭世。正好高提祖印，独步大方。祝吾皇万载之昌图，继古佛一乘之慧寿。谨疏。大定二十三年九月

又

元宣政院劝请月庵海公长老住持大灵岩禅寺，为国焚修，祝延皇帝圣

① 二百年：《岱览》《泰山志》均作“一百年”。

躬万寿者。无徇无私，护惜千年之常住；有心有力，匡持四绝之灵岩。必假其人承当此事。伏惟月庵海公长老，忠心振领，壮志提纲，秉佛祖机秘，具衲僧巴鼻。轻扇炉鞴，休辞接物利生；重下钳锤，莫惮摧邪显正。伤嗟默照虚闲，可叹方山枯淡。要与复庵出口气，合来祖刹用些心。好个因缘休教蹉过，为人说法当酬西祖之千年；报国焚香仰祝南山之万寿。谨疏。大德二年

碑记游览附

齐州景德灵岩寺记

〔宋〕张公亮庆历中长清尉，至和中官至秘书省著作佐郎

泰山西北址，群山拥翼，连属百余里。摩空千云，秀拔万状。曲如列屏，削如立壁，矗如攒剑，锐如植圭。炜愰掩映，城堡环绕。虎兕奔突，龙蛇盘屈。鉴为岩谷，岈为洞穴。断为溪涧，引为林麓。峰卓岭耸，峦跳巘叠。翠木荫蔚，飞泉激越。中有川焉，厥土衍沃。齐鲁通道，出于其间。左一山峙起，曰鸡鸣，缘北麓绝涧循谷口上，东北走二十里，险尽地平，山势围抱，四面峭绝如堵墙。苍岩之下，绀殿崛起。峻塔贯云，宝楼结瑶，高门嵯峨，长廓连延，远而望若画图中物，即是寺也。

按《图经》，本希有佛出现之地。后魏正光元年，法定师始置寺，有青蛇白兔、双鹤二虎之异。我朝景德中，方锡今额。先是，旧制质略，率意缔构，因地任材，行列不次。景祐中，主僧琼环者，即众堂东架殿两层，龟首四出。南向安观音像，文楣藻拱，颇极精丽。设簴刻鲸，以警昏晓。后主事者，复植殿之两楹。辟正门，叠石填涧；为回廊，庭除显厂，乃为大壮。寺有石三门，千佛殿、般舟殿、壁支塔，皆古刹。塔西长松状若偃盖，背有一峰耸起百丈。北望正方青壁，削成如碧玉。中有石龛，金容俨然。西尖峰可登，下视深谷千仞。前有洞，东西南三门相通，中设罗汉像。西南望，一山壁穴如车轮。午达，晴日在南，飞光透彻。讲堂东石壁下，

一泉曰锡杖；又东五步，二泉曰白鹤。一见一伏。又东北二百步，一泉曰甘露；寺门西百步，一泉曰黄龙。皆为绝景。太宗章圣尝赐御书，琅函凤篆，辉映岩谷。皇上复降御篆飞白为赐，天文炳焕，云日相昭。寺之殿堂、廊庑、厨库、僧房，间总五百四十。僧百，行童百有五十，举全数也。每岁孟春迄首夏，四向千里，居民老幼，匍匐而来，散财施宝，惟恐不及。岁入数千缗，斋粥之余，羡盈积多。以至计司管榷，外台督责；寺僧纷扰，应接不暇。大违清净寂寞之本教。

庆历、皇祐间荐饥，旧供者千百，无一二至。僧徒解散，仅有存焉。职是官禁亦弛，虽财货所殖，非复曩时之盛。而方袍圆顶，得以宴坐。噫！天其或者俾释氏徒复其本欤？老氏谓：祸兮福所倚。斯可见矣。

东北崖上土平处，古堂殿基宛然。石柱础、铁像下体尚存，盖法定始置于此，为后来者迁之也，今其屋尚在。僧之辟谷者、讲习者居之，以远喧杂。川中有一易之田，十夫，屋千楹，岁租月僦，以足经费。唐相李吉甫纂《十道图》，以润之栖霞，台之国清，荆之玉泉，合兹寺为“四绝”。庆历三年，予为长清尉。寺居封内，周览绝景，不知属厌，余三则未之见也。尔后十二年之官，道复过寺，主僧重净以记见，假他日因具道山水奇伟，经始肯构盛衰本末，附勒于石，或模之远方，俾未游者见之，一览如目击，且使知灵迹巨丽，信为一绝，得以校雄胜于三者云。

游灵岩记

〔宋〕卞育 济阴人，元祐中济南郡从事

齐有灵岩寺，居天下四绝之一。海岱间山水之秀，无出其右者。仆为郡从事，被檄屡到焉。长廊大厦，其制甚雄。击石鸣金，其徒甚众。断基坏址，古殿石阙，五季之遗迹，往往具在。

山僧引导而悉观之。涉溪之东，双峰插天，巍然对峙，穹窿似可通行。山僧指之曰：“此东天门也。”天门之西，一峰特高，其平如席，寺之基址，正居其下。山僧指之曰："此方山也，有证盟像焉。"具杖履而遍登之，羊肠鸟道，萦迂盘曲，且进且却，攀缘而上者不知其几千仞也。既升绝顶，三峦之形尽可俯瞰。若断若续，若驻若驰，屏列栉比，周环四合。珍禽异兽，古木怪石，千类万状，靡不睹焉。心目恍然，殊不知居天地尘埃之间而已之有躯也。山僧又指曰："东有朗公石，西南有明孔、鸡鸣二山。"但能引望，非人迹可到者耳。由山之西宛转而下，至半岩得泉于石窦间，味甘如醴，停杯而激之，清韵琳琅，珠玑乱迸，坐待久之，醒人毛骨。山僧曰："此甘露泉也。下有锡杖、白鹤二泉，举类此矣。"顾谓同行者取酒藉石以竟日。幽禽噪晚，烟霭四合，岩月亭亭，松风索索。山僧曰："可以还舍矣。"山腰岩腹，幽亭奇榭，经从而尽览焉。其乐何可既耶？

於戏！智者劳心，愚者劳形。劳心者殆，劳形者疲，曾不知云霞栖心息形，自在地也。仆方衮衮于簿书间，不能同茈蒻[①]，众诵贝叶文，优游周旋于此，良可愧怍。解后有期，心游目赏殊未厌之，不知异日之来又何时也？将出山，砻石而志之，庶几使劳形劳心者，睹此一悟云尔。

灵岩开山祖师像图记

〔金〕陈寿恺济南人，皇统中方山隐者

云公禅师住持灵岩，未越三载宗风大振，向风而远近归之。一日，谓济滨老人陈寿恺曰：夫灵岩大刹，昔自祖师观音菩萨托相，梵僧曰法定禅师于后魏正光元年始建道场，兴梵宫，居天下四绝，境中称最，而世鲜知其由。

我祖师其始西来，欲兴道场于兹也。前有二虎负经，青蛇引路，扪萝策杖，穷绝壁而不可登。乃徘徊于南山之巅。面石之久，感日射巅峰成穴，透红光于数里，师乃躅光而下，美其山林秀蔚，可居于众。道遇樵夫，亦

① 茈蒻：清道光《长清县志》作"苾蒻"。

异人也，顾师而言曰：师岂有意于兹？患其无水耶。回指东向：不数里间，双鹤鸣处可得之矣。师既徐行，则有黄猿顾步，白兔前跃，俄惊双鹤飞鸣，其下涓涓，果得二泉。又击山涡，随锡杖飞瀑迸涌。

遂兴寺宇，逮今八百余岁。凡祈求应感而福生民，莫可胜纪。然为我祖师发扬显圣迹之状，蔑闻其人，良可太息。乃命工敬图其像而刊诸石，庶广其传，普劝遐迩，永同供养。

灵岩寺记

〔金〕党怀英泰安人，明昌中翰林学士

名山胜境，天地所以储灵蓄秀，非福力浅薄者所能栖止也。必待仙佛异人建大功德，以为众生无量福田。泰山为诸岳之宗，其峰峦拱揖，溪麓回抱，神秀之气尤钟于西北。而西北之胜，莫胜于方山。

昔人相传，以为希有如来于此成道，今灵岩是其处。云后魏正光初，有梵僧曰法定，杖锡而至，经营基构，始建道场。定之至也，盖有青蛇前导，两虎负经，四众惊异，檀施云集，于是穷崖绝谷化为宝坊。历隋至宋，土木丹绘之工，日增月葺，庄严为天下之冠。四方礼谒，委金帛以祈福者，岁无虑千万人。佛事益兴，而居者益众，分而为院者凡三十有六。趣向既异，遂生分别。主僧永义律行孤介，以接物应务为劳，力辞寺事。时开封僧行详，方以圆觉密理讲示后学。众共推举，可以住持，乃更命详实来代义。仍改甲乙，以居十方之众，熙宁庚戌岁也。越三年癸丑，仰天元公禅师以云门之宗始来唱道，自是禅学兴行，山林改观，是为灵岩初祖。尔后法席或虚，则请名德以主之，而不专一宗。暨今珍公禅师二十代矣，其传则临际商也。

师至之日，属山门魔起，窥夺寺田。四垣之外，皆为魔境，大众不安其居。师为道勇猛，卒以道力摧伏群魔。山门之旧，一旦还复，众遂安焉。师以书属怀英曰：吾寺之名著于诸方旧矣。由希有至于定公则不可计其岁月。由定至于今七百年中更衰，则历朝刊纪，断泐磨灭荡然无余。而佛祖之因地建置之本末，与夫禅律之改革，宗派之承传，后来者鲜或知之。念无以启信心镇魔事，虽然佛法坚固如虚空等，而魔者如浮云，浮云弹指变灭，而虚空无有穷尽，何忧乎魔事，惟是著述铭勒。佛氏中门旧所不废，幸为我一言。余报之曰：诺已。乃叙师之所欲言者，书以遗之。

若夫山川光怪，灵迹示现，山中老宿，皆能指其所而详之，此不复道也。

题大灵岩寺碑阴

〔元〕僧家奴蒙古人，至正初山东东路都转运盐使

长清治之东南，余二舍许，镇曰中坞。又东入山峪，有大刹曰灵岩，实山东一大壮观也。山川峻秀，殿宇雄杰，碑述已详。而有大阙者，纪寺之名未有一言者焉。

今山东宪副双泉公，至正三年夏，分道益都谳狱路次其中，迤逦周览。徐焉，长老定岩言曰：名寺之揭，犹有所遗。为求名公能书者，当以书请。长老合掌而言曰：非小僧之幸，佛教之大幸也！于是日留于心，为事倥偬，弗暇及焉。

秋，复按之郡邑，实所隶欲酬前日之语。地僻又乏能书者，试自为之操笔一挥，深中其规而骨力老健。虽古之善名家者，未知谁先后也。谓自古迄今殆几千百年，名卿巨儒游憩于斯，诗文题于壁石之间，曷可弹数，而于此略不加省，岂将有所待而然耶！又谓公素未曾书，援笔而成，岂启人之聪明者在于是耶？不然，若以一念之诚，有所感于彼，而彼亦以诚应，有以阴相之耶，是未可知。

盖天以一理赋于人，而宪副父御史中丞夏国襄愍杨公，一心王室，勋载史册，天之报施其子，又迈前人，因摭其实而书之。

公西夏世家，名文书讷，字国贤，双泉其号也。

灵岩寺重建五花殿记

〔明〕王裕临川人，正统初御史

灵岩，济之名刹也。居泰山西北之麓，冈峦环抱，林木阴翳，崖壁峭拔，岩谷深窈，真栖禅之地也。后魏正光初，有梵僧法定乐其形胜，遂驻锡于此。乃有蛇导、虎驯、鹤止、泉涌之异，土俗目其神。构丈室以居之，演教授徒，日滋月盛，遂为开山初祖。历隋暨唐，以迄宋元，堂殿门庑，斋室庖湢，悉有就绪。雄美宏壮，甲于他处。浮屠云集，动以千百。

宋太平兴国中，乃建五花殿于法堂之前。重檐叠拱，上峙三级，下施四楹，丹垩彩藻，为天下第一。历年既久，上风旁雨，遂尔倾圮。正统改元之初，寺僧志昂念昔人创制之由，乃图重建。于是悉心其事，鸠工庀材，经始于是年七月，至五年庚申春，始复其旧规，画绘事有加于昔。既成，予适按行诸郡，经过其地，见其山溪幽胜，殿宇宏壮，始信为齐之名刹也。昂拜而请曰：五花之废也十有七年矣。前后主于此者凡四僧，而吾饱食暖衣无补于时，幸逢世道之泰，襄助者日至，所以克成是事，敢乞文以记之。

嗟夫！佛氏本西方之教也。汉明帝时始入中国，由是通都巨邑，名山大川皆建寺以阐其教，而后世宗之者何其盛焉！若灵岩者诚齐地之佳胜，向非法定之开创，神异著闻于遐迩，又焉知不为樵牧之区哉？於戏！殿之重建，僧之用心，可谓无负于其教矣。四方之人游于此者，无有不俨然起敬，施财布金以征福利。所以寺僧能成其功者良以此也。佛氏之教益彰，而人益信矣。灵岩之名愈久而愈著矣，殿宇云乎哉？

东游记

〔明〕王宗沐字诏甫，临海人，隆庆中山东左布政使，官至工部侍郎

隆庆五年八月十日，沐偕宪伯连江吴公文华、少参潞安宋公守约有事济上。还，道过泰安州，肃衣冠上谒岱宗，斋币丰洁，牲肥酒香，骏奔有加焉。

山东累岁饥，兹适大稔，舆行野中，登获遍场。男妇嘻舞，报饮熙然。

而余三人守土，适蒙兹贶，非岱岳神休是籍耶，而敢不虔也。方谒而天日晴霁，登高望远，指顾齐鲁之郊，东尽海上，南望沂泗，西北尽燕赵。皇封圣迹，溯秦汉唐宋之遗，若风肃然来焉。还下御帐，抚秦松，掬水流觞于清泉白石间。

明日，西行六十里许入灵岩寺，则月之十五日也。登高阁以望群山，翠围逼合漱玉泉、转轮藏，摩铁袈裟。夜还，置酒台上。月色初朦胧，少顷澄鲜。当午临照，山空影落，波光浸人。飞觞方半，命僧人以梵乐登塔顶奏之，声闻数十里，如钧天广乐玉帝辇下，侍朱幡火铃，霓裳羽奏。又如诸天庄严来谒佛所，而陵迦螺贝法鼓相参发也。时顿忘身在人间。稍寻竹径休焉。吴公执爵属沐曰：余与君长藩臬，宋公以才署数道，故事俱不得辄舍所司他适，而今得恣游山水禅寺中，又适月在中秋之望，自有山来，如余辈游又与月会，闻妙高音者凡几，公其可无志乎？余曰：志于楮不如石，石不如口。今见居寺，余请为佛语，令僧人习诵之，足志兹游不忘，且知余三人游有进于是者。

游灵岩记

〔明〕王世懋字敬美，号麟洲，太仓州人，万历初太常寺少卿

万历丁丑秋闰八月壬子，朝于京师。归，并故道返于闾井。路经长清，闻新擢南中藩参舒、陈两公，尚留灵岩寺，亟以一力邀之共游。无何，陈公以刺来迎，日暮抵崮山铺。夜大风寒，晨起蹑霜而趣。舒公刺迎者亦来，知两公能为我留，甚幸！

入山可三里许，始为驰道，陟壑中断，石梁跨之甚雄。遥望诸山，围列鳞次，天设屏障，梵宇浮屠，拥出翠微间，真天下奥区也。入门礼大士毕，即往舒、陈二公所，口占一诗谢其见迟，二公已设素食相留矣。

饭毕，具软舆，二僧导而前，凡山所名胜处，率一至焉。东岩下垂一石，人立而向者，朗公石也。石沼渟泓，亭而覆之，涓涓出于佛足，复汇

为外沼，而漫流山麓间，已忽伏而不见者，甘露泉也。别院曰达摩，旁涌出一铁，高可五尺，阔杀其一，背偻面拗，天为[①]级缕作水田状者，铁袈裟也。已稍扪历而上，至一亭而止，度其上不可登，仰视绝顶，下有平壤，草水荫映，绛宇出焉。有庐其旁者，一僧一行居之。时上下取水，如是者五寒暑矣。意其人修头陀行者，恨不一见，瞻眺久之而下。时舒公小剧顿泉亭相待，予与陈公迤逦而下，从之返舍，视僧房竹苍翠数百竿，山以东所无也。

小憩后，出讲堂前，摸宋碑数道读之。步入香积厨，见复沼一泉，盎而不溢，其旁滮滮细流环之。问之，僧云：又一脉也。厨之后复有白鹤二泉，盎如厨泉而细。大都兹山以泉胜，其泉或盎、或流、或伏、或见、或交、或断，僧亦不能尽名也。

寺当天下四绝名刹，像构宏丽，殿阁三重峙其前，浮屠七级标其右。予与陈公据阁巅而望焉，浮屠不尽四级而止，其山四围故不能远眺也。下浮屠而南为鲁班洞，洞上缘倾崖周甃以石，而成二石门，内犍不可入，似为开山僧埋骨地云。于是山之胜几尽，独所谓道明核者[②]未之见。僧云：出山二里外，可望而窥也。予兄元美尝谓予言：灵岩是泰山背最幽绝处，游泰山而不灵岩不成游也。予兄所题处得二碑，皆手书诗，皆十二韵，凡经再游而得者，去今二十年矣。是夜饭毕各就寝，因得排律一首，韻如家兄数，晨起书石，付山僧去。南行泰安，仍共岱宗之游。

透灵碑记

〔明〕徐琳万历庚寅山东运同

透灵碑者，乃先大夫题之灵岩寺者也。自嘉靖丙寅，迨今二十有五年

---

① 天为：清道光《长清县志》作“天然”。

② 道明核者：清道光《长清县志》作“通明窃者”。

矣。时先大夫以南司空赴都试，道经灵岩，慰仁知之乐，意者见此碑莹然如镜，一照而彻灵岩，故名透灵也。

於乎！先大夫往矣，手泽如生，令不肖琳见之，能不痛哉？且先大夫好题咏，又辄厌弃不复诒稿，即不肖琳兄弟竭搜拮丐请之力，至今尚未得什之二二。乃以一时承乏之暇，睹手泽于兹寺，岂灵岩之灵透于碑之灵，而先大夫之灵又凭于灵岩之灵？故假不肖琳于山东，又假不肖琳于此游，而聊以遂无穷之思乎？又安得随遇随适而睹手泽如今日也！则不肖琳讵忍使之泯泯朽壁间哉？故摹勒别石而识之。如此，庶几后之见之者，亦有感于不肖之私而勿毁云。

游灵岩记

〔明〕王在晋大名人，万历末巡抚山东，官至兵部尚书

余从泰山下平麓[①]，大参程君、李君、都阃丁君，相迓入州城，曰：岱之北麓最胜者灵岩也，而又为入者之轵道，请以诘旦相期于灵岩之下。

盖距岱九十里，而余循涂造焉。岩之西为鸡鸣山，石台高耸当山口，夜闻有鸡声。灵岩寺在方山下，方山南接岱宗，北带龙洞。山围绵亘，嵯峨玮拔[②]。巑岑对峙，郁垒周环。团如垣墉，坚如营堡，削如峭壁，丽如錝屏[③]。龙蜒盘曲，狮象蹲伏。壑中一路，土囊撅壤，块轧通明，商飙未可漂山，谷风不能乘条，盖广莫之委巷，而昆岫之层城也。佛图澄飞锡之地，辟支塔存焉。塔高特孤，骞破云标，霞丰隆軯，其霆震列缺。掖其[④]照夜，龙昂鳌抃。泰山绝顶，相与澄晖回景，觉天路之匪隔矣。

余抵山，而学宪梅君亦至，四君邀余上岭。岭之阿有殿，崇奉铁袈裟，

---

① 平麓：清道光《长清县志》作“平陆”。

② 玮拔：清道光《长清县志》作“伟拔”。

③ 錝屏：清道光《长清县志》作“锦屏”。

④ 掖其：清道光《长清县志》作“烨其”。

生铁为衣，高五尺，缝纹如织，法定禅师兴构刹宇，袈裟自地涌出。或曰：达摩西来面壁九年，道成而去，弃袈裟于此。循岭而上，访六泉：曰石龟、曰独孤、曰黄龙、曰卓锡、曰双鹤、曰甘露，在灵岩东北。泉至甘，水从石龙口流绕各僧厨，由山门西沟出。盖是山为岱宗之析支，回龙结局，风气周密，景色闲都，而寒泉湛澈渟泓，喷玉潆碧，有引池分席之胜。班荆列坐，流觞于穷石堆崎之间。斜照崦嵫，山鸟傍人，寻宿而归。云翮泄容容，霄塄宵露霔霬，沾沾衣袂。

于是，牵薜荔以下嶕峣，掩柴扉而对荒月，萧然一榻于问竹亭之精舍，东方筤筜绝罕而是山有竹。新笋迎风，解箨石旁，高下参差。有此君相伴，可与共良宵。夜半月移，竹影透入，绮疏风乱，松涛淅飒。枕箪消客愁而清尘梦，一片野心任白云而飘泊矣。

侵晨，绕佛堂访绝景亭，无可觅。亭为宋僧仁钦所修，以寓观览，景有四：曰群峰献秀，曰甘泉漱玉，曰松舟挺翠，曰岩花啼鸟，今废矣。灵光亭在明孔山西，鲁班洞在寺，饮马沟在灵岩右，宋徽宗解鞍卸辔浴马，有青螭鼓鬣而游，皆所经行地。出殿门，读唐开元梁升卿碑，字多剥泐不能辨。山麓十余里，古松参天，谓之十里松。按《水经》所称玉符山，说者谓即灵岩而是。

灵岩纪游

〔明〕郭永昌号太薇，崇祯初山东屯院监察御史

不佞宦游十载，如天台、雁宕、虎丘、锡泉诸名胜，亦多足迹所经。然皆未尝蹑双屐于顶上，留只字于壁间，盖不敢以风尘面目辱山灵也。岁癸酉冬孟，以视屯入二东，过灵岩寺，夜宿咨竹禅堂。竹籁如雷，犬声若豹，拥衾独睡，万虑都息，遂有身在此山之想。无奈漏鼓才下，而马首又嘶，向岱宗矣。

守道康公虽殷勤召饮，而喝道看山，殊觉形秽，未知何年遂衲衣证也，

来得随蹲虎、飞鹤，饮卓锡下一滴泉也。阄韵未成，都为王程逼迫。片言寄赠，以为异日归山左券。未敢曰终，不落姓字人间也。

国朝重修般舟殿碑记

〔清〕施闰章号愚山，宣城人，顺治中山东学道，官至翰林侍讲

灵岩为泰山北麓诸山之望，林谷邃密，多洞壑崖泉之美。考《志》及《水经注》，沙门僧朗居其地，大起殿舍，魏太祖遣使致礼。今寺东南有石竦然人立，犹称朗公石云。宋张公亮碑则谓始建寺者魏正光中法定师也。寺所从来最久，而寺宇之最胜者曰般舟殿，望之若璇宫瑶阙焉。余至灵岩，其殿倾圮坏漏，瓦砾狼藉，怪寺僧无募修者久之。僧祖居以募请，且曰：曩之莫敢任者，病役之烦也。今所以请者，感公之言也。余喜曰：有志者事竟成。若勉之矣。

时三司诸公及州邑闻之，各竭其力告助于巡抚，右副都御史耿公而祖居拮据万状，不及期落成。山下有大木二，购之不与，寻感异梦而施之。其事儒者所不道，而好事者惊相传以为神。匠氏之属，畚锸之役，皆若有所慕而乐为，有所畏而不敢怠，故其直廉而佣者众，其时速而成功多。掊地得唐宋碑碣如山，累为屏壁，鳞次而绣错，凡一百一十通。僧来请记，余谓佛刹遍天下，不可亿万计，一寺之成毁，于佛氏无损益，而般舟又灵岩之一殿也，何记之有。

然寺始于魏，盛于唐宋，有屋数百间。天子驻跸，缙绅士大夫来游者踵接。而其僧亦多通晓禅律，如珍公辈，能与士大夫唱酬。为所尊礼，故游咏碑碣甚多。

浮屠氏兴起金元之间，行省候挚驻兵，嗣为张汝楫等所据，兵燹绎骚，荡为荆榛。明兴三百载，始理其什二三，而末年复以乱残，僧徒散亡，至今稍集。于是有般舟之役，盖事之盛极而衰，废极而兴，固其所也。般舟之兴，吾将以卜灵岩之复盛焉，遂刻之。

游灵岩记

〔清〕王纪号泊园，沁水人，分守济南道

康熙壬寅首夏既望，仆自省旋岱，路经靳庄，变服策蹇，托名访馆先生，免滋骚扰，一观灵岩之胜。行至石径之半，南望山腰云烟缥缈处，茅屋十许，傍壑依崖，欹斜无次，颇有吾家摩诘笔意。俄闻鸣吠之声，恍若云中鸡犬，山阴道上无此致也。

进山，寓东廊下。主僧慈舟，一老瞿昙也。揖客甚恭，呼其法侄超然导观诸胜。如汉柏唐松、古殿名泉、怪石幽壑、荒亭废榭，率一览焉。所最可爱者为巢鹤岩，三面陡绝，高可千仞，颇有凌云之势。岩顶盘石，大类虎丘山之千人石，而雄伟过之，于眺览为宜。南望岭头，乱石纵横，黄茅萋菲，依稀苏长公醉游时风味者，黄茅冈也。追思我公旷世之文章事业，止博得黄州、惠州、琼州，惟留得千古名耳。临风吊古，泪为之下。西眺则远山如黛，烟景迷离，令人神怡心旷，恍若陟天庭依日月也。俯视石上，有昔人题镌“别是乾坤”四字，信矣夫！

久之，下岩。由西路南下，抵卧佛堂。倦甚，与然共坐门阁憩焉。推窗一望，松涛荡漾，亦足以观。顷之，清风自松间飒飒徐来，爽人怀抱，一时烦暑都消，优哉游哉，人耶仙耶？仆得意于风，风借韵于松，皆有助于清况者，因题“松风阁”以名之。

离阁归寓，舟谓曰：今日之游，能尽美乎？寺之西南有滴水崖者亦佳，但幽深僻远，未见知于人耳。仆闻之跃然，晨兴别舟，仍命然导仆，披荆分棘而行三四里。至焉，悬崖百仞，水滴滴下，乱洒如雨，上接苍壁，下注清溪，野鸟山花，怪木虬枝，争逞异态媚客，令人恋恋不能舍，又另是一佳境也。南上里许曰：水屋，泉水盈中，大旱不涸，四围树木蓊蔚，亦胜地也。北返官道，然揖别归寺。仆循旧路，转南二十里许至长城铺，从人候焉。乃舍驴就舆，薄暮抵泰安衙舍。次日，遣使致顾渚新茶、青丝潞缎各二，寄酬慈舟、超然二长老之劳。

斯游也，如滴水崖及水屋，皆游人所不游者；松风阁亦乐人所未乐者；而灵岩景趣领略殆尽矣！岩壑泉石无不奇丽，而品冠四绝也，宜矣！惟古今碑石名笔颇多，不暇一顾，亦快事中缺事[①]，俟以异日续焉。

游灵岩寺记

〔清〕李兴祖字广宁，号慎斋，银城人

济南名山自岱宗而外，若徂徕，若新甫诸胜，耳熟而身未至者不啻八九，其最企予怀者为灵岩。今春复有事于礼岱，计凡三至矣。而所谓灵岩者，闻从岱麓之北，逶迤可九十里许，遂命徒叱驭循行。至山口，望之若狮者为狮山，蹲其背；若象者为象山，峙其前。横两山而中者为朗公山，山之东巅有石立如人形，相传为朗公化身。及入谷，地多异状，树壮而石瘦，盘曲如松根柏干，草木蓊蔚。寺中浮屠耸立，若与巅石相揖让。又里许，山势四合如埤堄，僧舍梵宇周列若闤阓。俯夹溪流，石梁横其上，水鸣锵然，清莹欲澈人眉宇。

寺僧闻驺从至，沓然来迎。予挥去之，留一二导从。遂舍舆骑，步入殿堂，登岩阁探诸名迹，知创自北魏盛光年，法定禅师鹤引卓锡地。东有锡杖泉，西有双鹤泉，后为千佛殿，然而年远荒圮，像设崩坠，怆怀者久之。继登藏经殿，殿在浮图之右，僧指谓予曰：殿北去为香山，有卧佛殿。殿顶又有石佛精舍，精舍左右有白云、黑云二洞，常有云气罨羃，窅曲深邈，非信宿不能穷其奥。又东南般舟殿，殿榜乃唐太宗御书，下列历代名人碑记，暨宋苏明允学士行草两碑，书法甚遒健。后为达摩殿，有铁袈裟屹立庭中。又东去为朝元殿，北折五六十步，径愈曲，岩谷愈幽者为大士殿。当殿中穴泉涌出，窦仅如斗，深不可测，琢石盖其上。伏流而出汇为池，池上石如张筵如悬鼓，有亭覆其上，可列坐而休焉。名人题咏，参差

① 缺事：清道光《长清县志》作“缺事也”。

间列[1]。啸歌其中，崖谷相答，而视听愈远，若不知身在泬寥间也。予谓游至此观止矣！僧曰：未也。夫所谓灵岩者，以其境最幻。当岩之半忽出平地，可十数武，青壁陡绝凌于后，丹崖悬峭逼于前。惟东西石隙可蚁缘而上，寺由是得名。予方欲褰裳就之，而日已西颓，苍然暮色自远而至，兴犹淋淋然。

于是，引觞满酌，畅助幽怀。因思朱门华屋，列金石而陈鼎彝，孰若招提兰若之方丈团蒲也；雕甍锦榭，奏宫商而选妙曲，孰若晨钟暮磬梵呗跏趺也；车尘马足，老风霜而逐利名，孰若山巅水涯竹杖纱巾也。因此悟彼，予于山灵滋愧矣。然而夙愿获偿，梦寐中若与兹岩[2]相对，而尘襟俗虑，庶几其免矣夫。于是记之，并二诗附于岩石，以志不忘云。

时康熙癸酉三月二十九日也。

游灵岩滴水崖记

〔清〕赵之屏号仲藩，长清人，户部司务

康熙庚午七月既望，乘斯清秋凉爽，素慕灵岩之胜，乃一策杖游焉。

缘曲径次崇兴桥，邂逅二三无名野老，揖余若旧识者，顾谓曰：翁之来也，为礼佛乎，为览胜乎？礼佛则问彼缁流，览胜仆请为翁导。桥南里许，有泠泠之声者，滴水崖也。灵岩之胜，未有胜于此者。缘其地僻溪深，游迹罕至，故未见知于人耳。余闻之欣然而往，至则见其岩石嵯峨，悬崖滴沥，水流花开，鱼跃鸢飞，一团清况，令人有濠濮间想。野老曰：抑有说焉。灵岩岩壑固佳，而松涛荡漾更助吟怀。乱后被小人营利，偷伐不已。顺治庚子，幸遇我方伯施公来辖东省，布朝廷德意，育海岱黎元，六郡百城沾恩二十余载。余泽尤钟乎兹山，护持多方，始获无恙。不然则久已髡

① 间列：清道光《长清县志》作“罗列”。

② 兹岩：清道光《长清县志》作“斯岩”。

其山矣，安得有今日之鉴赏耶？对景兴怀，不能不悲恸于心也，泪如雨下，余亦凄然。非公惠政及民之深，何以感动荒山穷谷，甘棠遗思如此其切也耶！吾为之三致叹焉。

今日之游，绝景淳风，两收之矣，笔之岩阿以纪其略。施公，讳天裔，号泰瞻，官至广西都宪。辽阳籍，泰安人也。於戏！百年有尽者身，千秋不朽者名。公之忠贞行状，知有青编可考，此则山林野史，以佐正史者也。王右军曰：后之览者，亦将有感于斯文。

施公以泰安人为本省方伯，而灵岩实泰山之一麓，偷树之弊知之真，故其禁之严。至于今，满山古木皆荡然矣。比闻土人言，偷伐树木之人，即看守山林之人。是耶，非耶，治斯土者详察留意，设法护持，而灵岩树木，又其甘棠遗爱矣。

重修伽蓝殿并山神土地祠碑记

〔清〕于绍舜字克承，进士，中书，长清人

予观宇内名山多为佛居，因有佞佛者相率求福田利益，反是则矫而为谤佛者。予谓二者皆非也。今于重修灵岩之伽蓝殿而得其解焉。

清邑东南九十里许有灵岩寺，蹲狮、卧象、黄龙、白鹤，山泉之美可甲诸郡。盖自沙门法定首辟蚕丛，遂为胜地，旧有伽蓝殿辉映左侧，是禅教之津梁，而亦学士大夫之武夷游履之此，若步步引人入胜也。岁久风雨剥落，栋宇无存。邑耆老讳仲芳字翊明王君，慨然捐金，首倡鸠工庀事，巨构鼎新，规模愈壮，丹青金碧，璀灿辉煌，洋洋大观矣。并山神土地祠亦次第修举。松柏留秦汉之遗，文字存唐宋之旧，此真挽回沧桑，一无量功德也。

工既竣，浼予一言以为记。予惟神道设教与不崇淫祀二者之说，俱不可以例此。盖深山穷谷之中，兽蹄鸟迹所处，非慷慨义举力为经纪，设有高人达士思欲登涉，而荒颓极目，泉石减色，纵山灵好客，亦复谁为东道主人耶？故有其举之，不敢或废，固山川之幸也，而岂其佞佛也。有目共睹，名垂不朽，亦浮屠之德也，而何敢谤佛也。因乐得而称述云。

翊明王君，林泉高士也。乐善不倦，雅不市名。其所修功德事在灵岩寺者，未易枚举。谨登碑记所及载，余俟采风者彰隐德可耳。韩毓桐谨识。

词赋

灵岩赋呈明远和尚

〔金〕完颜祯号伯祥，女真人，崇庆中监靳庄酒税

梵刹虽众，灵岩可推。启禅林之久矣，萃海会以兴之。地胜三齐，独占方山之秀；名驰一绝，果为精舍之奇。原曰佛法自东汉而兴焉，释门逮前梁愈阐矣。阿育起清凉之业，摩腾立白马之址。盖如来圣教之光辉，俾历下招提之华侈。料临安之天竺，岂可相侔；念荆州之玉泉，莫能与比。当其一圣出世，二虎负经。本观音之示现，记罗汉之仪形。青蛇寻径兮前导，白兔啮草兮敢停。金玉楼台壮丽，岂劳于人力？人天境界经营，多赖于神灵。于是五花殿耸也，梁栋峥嵘；双鹤泉深也，莓苔苍翠。尘埃半点俱绝，香火四时长置。幽鸟乐兮翔鸣，灵芝秀兮奇异。云霞缥缈钻万仞之翠岑，桧柏阴森隐一廛之金地。且夫山萃绝景，亭依秀岩，春色偏媚于林麓，岁寒不凋于松杉。僧居明孔之峰，佳名犹在；鸡警悟真之盗，异迹非凡。但见逾垣入圃而驯鹿食蔬，抱树攀藤而惊猿偷果。任朝暮之岑寂，襟风月之足可。双清轩外，猗猗修竹千竿；默照堂前，灼灼奇花百朵。既而物我不染，名利都无。水声清而漱涧石，山色重而扑肌肤。刍薪者迥出于尘境，丹青者可写于画图。锡杖决流以长盈，良能利物；袈裟化铁而不朽，果善回愚。异哉！灵云了悟于桃禅，惠远能结于莲社，念古之伎俩虽已远矣，观今之家风复可继也。且钵衲足以优游，况琴书乐哉清雅。鲰生他日了蛮触之功名，愿陪吾师啸傲于方山之下。

重修千佛殿记并词

〔明〕傅光宅聊城人，万历中监察御史

夫金轮御世，道化敷于四洲；玉历授时，仁风被于九月。然有功限于齐量，势穷于舆图。未尽人天，宁遍沙界。惟夫佛者四生，慈父三界。明师于微尘中，含授十方世界，非少非多，以刹那顷过百千万劫，无久无速，来而非来。降王宫而离兜率，去而非去；坐双树而入涅槃，修而无修；历三祇而成万行，证而无证。空十地而具三身，半偈片言，照昏途之朗炬；千函万轴，越苦海之迅航。此其等世界于鸿毛，视功德于滴水。不容拟议岂可思量，乃其时节因缘各成初愿。于是随机应世，劫分后先，说法度生。土有净秽，惟华藏世界。娑婆层在十三贤劫，慈尊释迦名当第四。过去庄严，未来星宿，俱有千佛，圆果十方，历穷三世，数等恒沙。性海无边，心光遍摄，尘沙刹境不隔毫端。十世古今，未移当念。是故一即一切，一切即一。况供千尊，已该无量。一闻名号，早脱轮回。但睹光明，即登极乐。信解者自证无生；迷惑者竟沉有漏。此诸方耆宿，借岩饬以启真缘；历代王臣，假檀施以明信力。总之，然慧灯以继日月之光，浚灵源以滋江海之润者也。

灵岩禅寺者，峰连岱岳，谷号金舆。朗和尚开山于初，则七帝承风而遥礼；定禅师宏法于后，则四众钦德而皈依。龙象经行，灵异互显；逮于今日，道法陵夷；僧废清规，人罕正信。苾刍散于饥馑，殿阁圮于风霜；灵泉呜咽而断流，宝树萧疏而失荫。于是，德藩先定王以夙世机缘，捐施帑藏，世殿下以深心仁孝，成就功德。

先是丁亥之春，有密藏上人结盟于林壑；戊子之夏，则达观和尚说法于山岩。于时典宝副陈奉者，方奉王命督理寺工。受一言于密藏，投五体于达观。奉戒精严，监工勤慎。遂尔山门炳焕，殿宇崔嵬。千佛殿者，面拥群峰，背环万壑。方丈廊庑，隐苍蔼于星罗；宝刹浮屠，出翠微而云起。玲珑栋宇，映日月而绕烟霞；轩豁檐楹，俯林峦而开紫翠。香灯于金碧辉煌，梵呗杂风泉上下。莲花座上，依然三十二相之庄严；菩提树前，俨然八万千门之妙好。一投礼而千佛慈光总为摄受；一瞻仰而十方觉圣尽属皈依。此众生成佛之良因，诸佛度生之宏愿。时有待而道法兴，缘既合而事理会，大非偶然之故者矣。

余幼攻坟典，叨列贤科。长阅梵文，未究精义。天地雷雨，半偈才闻。燕市香花，一言偶契。望云肠断，息骢辔以西来；跪雪心安，值鹫影而东步。时复有曹林文上人，昙旭晓行者，依杖履而参最上之乘。新安汪车骑，平阴张参军，受经偈而求无生之义。余愧非利根，幸瞻盛事。勒文金石，历万劫以长存；矢志星霜，尽群生而普度。爰作颂言，用诏来世，其词曰：

邈焉无始，真妄混淆；情尘结集，爱流动摇。想成国土，识作众生；六趣轮回，苦海冥冥。爰有觉皇，发慈宏愿；用作津梁，登之彼岸。大海无润，至仁无恩；恒沙普度，谁测弘深？大发东流，名蓝星列；金碧香花，燃灯长夜。泰山之麓，是惟灵岩；云霞荟蔚，峰壑连绵；汉魏晋唐，代有龙象；禅律相承，玄风远畅。正法既邈，相教亦微；缁流奔散，谁复皈依？天启哲王，克仁克孝；藩屏帝邦，金汤圣道。内帑既捐，宝刹维新；智人振锡，重转法轮；永奠皇图，长明正法。功德明明，中宵朗月；贞石既刊，山泉同久；敢曰能文，共慈不朽；滴水见海，昭昭见天；一薰一觞，成佛因缘；如金在矿，矿去成金；不生不灭，谛信惟心。此文法仿坡仙，游戏三昧。故不载于碑记而载于词赋。

艺文志二

唐诗

题赞公房

杜甫字子美，襄阳人。居京兆杜陵。明皇时待制集贤院。肃宗拜右拾遣，官至工部员外郎

灯影照无睡，心清闻妙香。

夜深殿突兀，风动金琅珰。

天黑闭春院，地清栖暗芳。

玉绳回断绝，铁凤森翱翔。

梵放时出寺，钟残仍殷床。

明朝在沃野，苦见尘沙黄。

题灵岩寺泉池

李白字太白，蜀人。明皇时翰林供奉。

远公爱康乐，为我开禅关。

萧然松石下，何异清凉山。

花将色不染，水与心俱闲。

一坐度小劫，观空天地间。

其二

客来花雨际，秋水落金池。

片石含青锦，疏松挂绿丝。

高僧拂玉柄，童子献双梨。

惜去爱佳景，烟萝欲暝时。

灵岩寺西入石路

刘长卿 字文房，河间人。开元中进士，至德中监察御史，官至随州刺史

山僧候谷口，石路拂莓苔。
深入泉源去，遥从树杪回。
香随青霭散，钟过白云来。
野雪空斋掩，山风古殿开。
桂寒知自发，松老问谁栽？
惆怅甘泉水，何人更渡杯。

题灵岩诸峰

钱起 字仲文，吴兴人。天宝中及第，授秘书郎，官至考功郎中

向山看霁色，步步豁幽性。
返照乱流明，寒空千嶂净[①]。
石棚有余好[②]，霞残[③]月色映。
上诣朗公庐，孤峰悬一径。
去里隔窗火，松间下石磬。
客到两忘言，猿心与禅定。

游灵岩寺

司空曙 字文明，广平人。贞元初，官至水部郎中

春山[④]古寺绕烟波，石磴盘空鸟道过。

① 千嶂净：清道光《长清县志》作“千嶂暝”。
② 余好：清道光《长清县志》作“余妍”。
③ 霞残：清道光《长清县志》作“残霞”。
④ 春山：清道光《长清县志》作“泰山”。

百丈全身开翠壁，万龛[①]灯焰隔烟萝。
云生客到侵衣湿，花落僧禅[②]覆地多。
不与方袍同结足，下归[③]尘世竟如何？

宋诗

留题灵岩寺

李沆咸平中入相，谥文靖。此诗至天圣中始刻于石

灵岩山势异，金地景难穷。
塔影遮层汉，钟声落半空。
千峰罗雉堞，万仞耸屏风。
飞鹤来清窦，刳鱼挂古桐。
名曾参四绝，封合亚三公。
势彻河壖远，形差岳镇雄。
仙阁[④]邻峻极，日观伴穹崇。
邃洞连蓬岛，重峦凿梵宫。
望应销俗虑，登喜出尘笼。
献寿嵩衡并，分茅海岱同。
艮方标出震，午位对升中。
岚滴晴烟碧，崖铺夕照红。
巍峨齐太华，奇胜敌崆峒。
炼句供诗客，摹真怯画工。
天孙分怪状，神化结全功。

① 万龛：清道光《长清县志》作“万窗”。
② 僧禅：清道光《长清县志》作“僧归”。
③ 下归：清道光《长清县志》作“下春”。
④ 仙阁：清道光《长清县志》作“仙间”。

吟赏慵回首，云泉兴愈隆。

灵岩寺乘兴走笔

李冠景德时历城人，官乾宁主簿

叠翠围僧国，幽栖孰有才？
名高仍可隐，骨俗岂宜来。
花发松香没，云销石色回。
何年脱身去，心委像前灰。

道出灵岩过题五言排律十韵

滕涉吴郡人，天圣中谏议大夫

山半旧招提，扪萝蹑石梯。
佳名标四绝，胜境出三齐。
殿古烟霞窟，庭深桧柏蹊。
岳灵分地界，云险接天霓。
香篆清风袅，松廊翠巘低。
飞尘无路入，幽鸟隔岩啼。
破梦泉声急，飘凉竹韵凄。
微阳生顶上，残月落峰西。
暂到犹尘虑，长居信觉迷。
致君功业就，向此卜幽栖。

忆灵岩绝句

杜尧臣知郓州军事

四绝精蓝冠古今，千山影里寺难寻。
年来踪迹如萍梗，不得登临恨更深。

寺有四绝，一曰灵岩，予以赴官获兹税鞅，因赋拙句，用志其行

祖无择范阳人，景祐中新通守济南郡。官至知袁州事

常想灵岩得到难，因回征辔此盘桓。
松风逗磬僧斋冷，石水环堂客梦寒。
圣作俨同尧典布[①]，古碑犹是魏朝刊。
最怜山色当楼好，欲去重来一凭栏。

再游灵岩绝句

红尘满马三回到，青嶂迎人万叠开。
却被野僧相顾笑，区区还是暂时来。

留题灵岩

何约河东人，康定中肃政廉访使

天下名蓝称四绝，灵岩雄与岱山连。
古渊堂上凭栏处，似在栖岩太华边。

题白鹤泉

田稹嘉祐中澶州人

两仪始融结，中有灵岩川。
佛现青莲相，山分白鹤泉。
澄清通舜井，湛洁涀尧天。
鞠氏留题后，菲才继此篇。

① 原注云：寺有太宗御制御书。

宿灵岩寺

张揆字贯之，历城人。官至龙图阁学士，加翰林侍读学士，出知齐州

再见祇园树，流光二十年。
依然山水地，况是雪霜天。
阁影移寒日，钟声出暝烟。
微官苦奔走，一宿亦前缘。

诗送新灵岩寺主议公上人

张掞揆之弟。官至户部侍郎

峨峨日观出云层，西麓灵庵寄佛乘。
金地阙人安大众，玉京选士得高僧。
金刀断腕辟魔伏[①]，钿轴存心奥义增。
顾我旧山泉石美，湔除诸恶赖贤能。

留题灵岩

张稚圭益都人，秘书丞

爱山特地上山来，俗虑醒如醉眼开。
举首但惊云汉近，直疑平步出尘埃。

送灵岩新住持赴寺

王安石字介甫，临川人。神宗时入相，封荆公

灵岩开辟自何年？草木神奇鸟兽仙。
一路紫苔通窈窱，千岩青霭落潺湲。
山祇啸聚荒禅室，象众低摧想法筵。

① 金刀断腕辟魔伏：清道光《长清县志》作“钢刀断腕群魔伏”。

雪足莫辞重趼往，东人香火有因缘。

赠灵岩元长老

赵忭济南人。资政殿大学士，清白名世

教被山东十稔余，人人师为指迷途。
仰天峭绝灵岩峻，万里闲云一点无。

题灵岩方丈

曾巩字子固，南丰人。官至知齐州，文章政事名于时

法定禅房临峭谷，支辟[1]灵塔冠层峦。
轩窗势耸云林合，钟磬声高鸟道盘。
白鹤已飞泉自漫，青龙无迹洞常寒。
更闻雷远相从乐，性道[2]尘嚣岂可干。

游灵岩寺

蔡延庆尚书祠部郎中

灵岩川上白云深，十里青松昼自阴。
远寺幽佳传已古，名山绝胜冠于今。
群峰环翠凝秋水，危壁飞泉泻暮音。
此景能为风月主，五湖应不起归心。

---

① 支辟：清道光《长清县志》作“辟支”。
② 性道：清道光《长清县志》作“性迈”。

又

孔舜尚书职方郎中，通判齐州

忽从平地出尘笼，亲到诸天释梵宫。
却悟冗官长役物，争如大士日谈空。
山横青壁千屏合，泉迸丹崖一线通。
幽鸟静啼人外境，疏钟不堕世间风。
目无可欲猿猱伏，心绝微尘冰鉴融。
自恨无缘陪宴坐，他生愿效种松翁。

灵岩鉴和尚招游赋赠

宋敏求与苏颂、李大临共谏新法，俱落职，天下谓之“熙宁三舍人”

暂脱朝衣暂得闲，幽寻深入乱山前。
非关尘俗都无事，自是登临合有缘。
身健喜行新道路，眼明重见旧风烟。
禅公着意留归客，更许扪萝到梵天。

辙昔在济南，以事至泰山下，过灵岩寺。为此诗，寺僧不知也。其后见转运使中山鲜于公于南都，尝作此诗，并使辙书旧篇以付僧。元丰二年五月五日题

苏辙字子由，眉山人。以谏青苗法，出掌齐州书记，官至翰林学士

青山何重重，行尽土囊底。
岩高口气薄，秀色如新洗。
入门尘虑息，盥漱得清泚。
升堂见真人，不觉手自稽。
祖师古禅伯，荆棘昔亲启。
人迹尚萧条，豺狼夜相抵。

白鹤导清泉，甘芳胜醇醴。

声鸣青龙口，光照白石陛。

尚可满畦塍，岂惟濯蔬米。

居僧三百人，饮食安四体。

一念但清凉，四方尽兄弟。

何言庇华屋，食苦当如荠。

游灵岩

鲜于颉

松门十里苍山曲，宫殿参差倚岩腹。

盘盘一径入云中，又登绝顶最高峰。

石壁苍然起秋色，远溪深处时闻钟。

磴道崎危达岩下，几派清泉在涧泻。

月色朦胧出远山，忽惊星斗在檐前。

倦客游来不知返，清光皎皎严霜寒。

一出禅林复回顾，白云已满山头路。

留题灵岩寺

鲜于侁 字子骏，中山人。元丰中京东转运使。司马温公谓为一路福星

马烦棰策车驰毂，终岁尘劳常碌碌。

喜闻岩寺并山中[①]，路转清溪入幽谷。

乍行山口疑洞天，穷深一上翻平田。

千层台殿隐林木，四面石壁生云烟。

山僧迎门笑相揖，为语祖师存往迹。

① 并山中：清道光《长清县志》作“灵山中”。

屈指于今八百年，已在西来达摩前。
鹤鸣飞止黄金地，锡杖涌起清凉泉。
境称四绝名天下，天台石桥乃其亚。
千峰不改岁寒时，一水最怜秋月夜。
半生游学颇艰辛，且向空山老此身。
也知方丈安禅处，解笑东西南北人。

送确公长老住持灵岩

王临直昭文馆尚书，兵部郎中，上柱国

瓶钵飘然别帝乡，法音从此振东方。
黄龙山下传心印，白鹤泉边起道场。
甘露无时皆一味，旃檀何处不清香。
烦师更唱宗门曲，兔角龟毛任展张。

元祐八年八月二十日，余因奉命下齐州祀东岳至灵岩①

苏轼字子瞻，号东坡，官至尚书礼部郎，端明殿学士

醉中走上黄茅冈，满冈乱石如群羊。
冈头醉倒石作床，仰观白云天茫茫。
歌声落谷秋泚长②，路人举首东南望，
拍手大笑使君狂。

---

① 《四库全书》集部《东坡全集》卷十收录此诗，题名为《登云龙山》。清查慎行《苏诗补注》卷十七注云："黄茅冈，《徐州志》云龙山在徐州城东。"清毕沅、阮元《山左金石志》卷十二云："坡公此诗，乃元丰元年守徐州时登云龙山之作，并非题灵岩寺也。"

② 秋泚长：原碑作"秋风长"。

留题灵岩寺

卞育济阴人。元祐中济南郡从事

屈指数四绝，四绝中最幽。
此景冠天下，不独奇东州。
夜月透岩白，乱云和雨收。
甘泉泻山腹，圣日穿岩头。
大暑不知夏，爽气常如秋。
风高松子落，天外钟声浮。
祖师生朗石，古殿名般舟。
人巧不可至，天意何所留？
老僧笑相语，兹事常穷求。
移出蓬莱岛，待吾仙子游。

赠新住灵岩长老

刘概通判郓州事

岑崟千嶂插青霄，殿阁峥嵘霁霭交。
已化灵蛇留径迹，双飞白鹤上云巢。
万家香火春迎社，一派泉声夜涤庖。
投锡此来当有意，独存秘宇在岩坳。

题锡杖泉二首

蔡安持睢阳人

四绝之中处最先，山围宫殿锁云烟。
当年鹤驭归何处？世上犹传锡杖泉。

其二

畏途暑溽汗挥流，暂记灵岩物外游。

山绕禅扃泉漱玉，新秋气候似穷秋。

灵岩十二景诗

释仁钦福建人。建中靖国元年，宣选住持灵岩，赐号靖照大师

置寺殿

青蛇引路破樵径，二虎驼经莫厌频。
周汉魏时于此住，年过八百又重新。

般舟殿

般舟古殿最先风，运载含灵不可穷。
生死海中波浪险，莫教沉溺失前功。

铁袈裟

我佛慈悲铁作衣，谁知方便示禅机。
昔年庾岭家风在，直至如今识者稀。

朗公山

万象森罗古此峰，传来几世朗公容。
知音会遇无先后，今日依前旧日踪。

明孔山

凿开灵岩玲珑晓，一窍圆光似月明。
照古照今传万代，不知谁向此安名。

绝景亭

四顾林峦似列屏，一源流水响泠泠。
游人到此忘归去，名称虚堂绝景亭。

甘露泉

甘露香泉竟日流，有时天旱四方求。
随缘赴感无偏党，古往今来不记秋。

石龟泉

团团特石凿灵龟，口内喷流世莫疑。
造化始知心所有，几人到此乱针锥。

锡杖泉

历历金环振一声，滔滔千古迸流清。
香厨日用无穷竭，饮者甘和悦众情。

白鹤泉

云鹤双飞去几年？遗踪依旧涌灵泉。
澄澄皎洁无增减，石铫煎茶味更全。

鸡鸣山

鸡鸣欲晓惊行路，回首思量却再来。
两两三三皆省觉，一人独上妙高台。

证明殿

万丈岩前作证明，十万檀信等空平。
一针一草无遗漏，百劫千生果自成。

灵岩道场三首

吴拭建安人

丹崖翠壑一重重，香火因缘古寺钟。
若有金龙随玉简，武夷溪上幔亭峰。

其二

旌麾邂逅得东秦，忆别家乡六度春。
何意眼看毛竹洞，主人仍是故乡人。

其三

大士分身石罅开，轻烟微雨证明台。
洒然一觉乡关梦，换骨岩高好在哉。

游灵岩寺

宋居卿东苑人

乔木森森结绿阴，翠峰深处隐禅林。
高僧见鹤坐泉眼，群丑闻鸡息盗心。
春去野花开异品，晓来山鸟弄新音。
胜游休便生归计，到此蓬瀛路好寻。

次前韵

刘公度政和中，武节大夫，康州刺史

十里灵岩翠路阴，当时登陟到云林。
佛衣化铁存真迹，锡杖流泉慰渴心。
山拥精蓝多胜概，松含清籁少繁音。
归来每厌红尘扰，梦寐犹能去远寻。

证明龛

张舜阳羡人

不倦千寻谒证明，凭栏下瞰白云生。
更期进步孤峰顶，要向如来头上行。

铁袈裟

线蹊针孔费掺掺，铁作袈裟信不凡。
大庾岭头提不起，岂知千古付灵岩。

走笔谢妙空

吕川长清县尹

偶因摄吏来兹邑，欲到山门未有期。
惭愧吾师先问讯，方知今日更驱驰。

登览灵岩

宋逸洛阳人

抖擞尘衣访古踪，扪萝涉险彻灵峰。

寒堆泰岳千岳①雪，清绕②方山十里松。

泉顶客回闻法鼓，云堂僧起动斋钟。

如来元现因明处，直上人天第一重。

别灵岩诸禅众

释净如号妙空。嗣钦公住持灵岩七年辞去

七年林下冷相依，自愧铅刀利用微。

聚散莫云千里远，轮天一月共同晖。

游灵岩二首

朱济道

二年催遣向东州，见尽东州水石幽。

不把寻常费心眼，灵岩消得少迟留。

其二

东州山水大堤游，乃至灵岩分外幽。

会有定师来指示，直须行到宝峰头。

留题灵岩

赵邦美靖康中陈留人

披云嘉处对青山，何必登高纵远观。

① 千岳：清道光《长清县志》作“千岩”。

② 清绕：清道光《长清县志》作“晴绕”。

岩谷幽深无限景，可怜多是等闲看。

金诗

被命按山东路因游灵岩

张通古皇统中参知政事

万壑千崖里，林开[1]一径深。
数年劳想望，此日快登临。
境胜情难尽，途危力不任。
楼台相映抱，松柏自萧森。
花散诸天雨，灯传古佛心。
鹤泉寒漱玉，围地[2]旧铺金。
石磴崎岖上，桃溪窈窕寻。
渊明能止酒，叔夜况携琴。
所恨无长假，徒勤惜寸阴。
清宵谁我伴，乘兴但孤斟。

题灵岩寺赠西堂坚公禅师

康渊武功人

萦回绿水绕春山，蝶舞莺啼白昼闲。
谁似西堂知解脱，不教忧色到朱颜。

① 林开：清道光《长清县志》作“林间”。
② 围地：清道光《长清县志》作“园地”。

游灵岩留题

任熊祥山东路转运使

岱岳看未厌，复来游方山。
林中路十里，乘兴一跻攀。
忽至灵岩寺，峰峦四壁环。
殿阁相掩映，绝景非尘寰。
古佛道场在，宛然寺中间。
袈裟变为铁，传付一何悭。
锡杖引出泉，万古流潺潺。
相逢佛日老，谈道扣玄关。
揖我石上坐，清风为解颜。
翻思平生事，宦途历险艰。
却羡高飞鸟，犹能倦知还。
几时谢冠盖，来伴白云闲。

晤灵岩法堂长老

李山胶西人。正隆中来游

风埃奔走竟何堪，邂逅丛林试一参。
纵目云岩无尽度，息肩石榻有余甘。
曹溪演秘君应会，岳麓题诗我谩惭。
得到洞天能有几？人间留取助清谈。

其二

磴石攀萝鸟道分，峰回宝宇见层门。
倚岩危构疑无路，衬步浓云恐有根。
祖佛旧传遗迹在，家风今见宿师存。
我驰轺传聊停辔，欲火灰寒不复暾。

灵岩即事

方山野人 大定时人，不留姓氏，自称方山野人。其或此处之隐逸者乎

山僧乐道无拘束，破衣坏衲临溪谷。
或歌或咏任情足，僻爱林泉伴麋鹿。
水泠泠兮寒漱玉，风清清兮动疏竹。
闲身悦唱无生曲，石鼎微烟香馥郁。
幽居免被繁华逐，赢得萧条兴林麓。
大道无涯光溢目，大用无私鬼神伏。
知音与我同相续，免落尘寰受荣辱。
浮生梦觉黄粱熟，何得驱驰重名禄。

重过灵岩有感

杨野 大定中济南判官

不到方山寺，于今四十年。
形容空老矣，风物尚依然。
十里穿危磴，群峰簇险颠。
涧深泉漱玉，林古树参天。
阶砌封苍藓，阑门锁粉墙。
幽奇言莫尽，巧工画难传。
突兀五花殿，泓澄双鹤泉。
僧寮依地势，丈室极天玄。
楼阁相绵亘，斋厨尽洁蠲。
檐楹焕金碧，户牖晦云烟。
龟吐源流净，鸡鸣盗意悛。
松杉千古老，花卉四时鲜。
峻岭朝阳透，阴崖夏雪坚。

虎行犹栈阁，蛇路尚蜿蜒。
塔影侵辽汉，钟声彻广川。
园亭随上下，池沼任方圆。
势远沧溟接，形高岱岳骈。
秋来凉气早，春至暖风先。
四绝名居首，三齐景最偏。
祖师留铁衲，胜地布金钱。
便可名兜率，真宜号福田。
捕蝗同驿使，策马访民编。
旅店难投迹，灵岩少息肩。
上人蒙眷恋，信宿得留连。
香火朝随喜，龛灯夜问禅。
挺身如出俗，惬意类登仙。
拟作归休计，无何公事牵。
官程严有限，精舍住无缘。
诘旦还推枕，归途复着鞭。
何当罢尘累，永结社中莲。

游灵岩寺

智揖明昌中山东提刑按察司

偷得工夫半日闲，来寻一径上云烟。
岩崖直下临无地，楼阁从空峻极天。
双虎负经初现世，衲衣成铁不知年。
此行仰愧埋轮手，耻向高人更问禅。

题灵岩寺之超然亭颂

王珩明昌中山东路提刑

钟山英秀草堂灵，林下相逢话愈清。

闻道谋身宜勇退，得闲何必待功成。

和超然亭颂

路伯达冀州节使

六合空明现此亭，本来无垢物华清。

客来便与团栾坐，万偈何妨信手成。

次苏颖滨韵

劳堪柴桑人，右布政使

人生不超悟，营欲安所底。

游步爱云房，烦躅思一洗。

石壁泻鸣泉，缭绕飞灵沚。

佛刹出高林，倾崖首如稽。

龛径生异香，旷然孤兴启。

独往清凉门，炎氛不相抵。

双鹤从空来，素书贶丹醴。

饮此换凡骨，御风入仙陛。

铭鼎竟何为，富贵藐稊米。

永抱物外心，岂袭区中体。

尘境每忧虞，幽襟自岂弟。

终期返巢松，松实甘犹荠。

次鲜于颉韵

灵岩突兀方山曲，古殿般舟枕岩腹。

石磴层盘林莽中，芙蓉面面罗青峰。

菩提花散诸天雨，薝卜风传万壑钟。

玄烟一鹤蹁跹下，岩自点头泉自泻。

袈裟金藏不知年，飞锡犹在西来前。

披襟向月聊放歌，声彻明河东壁寒。

闲云纷落如相顾，我欲乘之入天路。

元诗

游灵岩题壁

赵文昌字明叔，济南人。至元初长清县尹，官至国子监祭酒

路入藤阴石径凉，马头遥认赞公房。

兜罗天近云烟湿，婆律风清草木香。

红鹤飞来山隐隐，玄猿啼罢月苍苍。

穷探自是平生癖，柱杖直须[1]到上方。

再至灵岩有感

绝顶松风洒醉颜，潘舆鹤发忆平安。

十年留得题名在，泪湿秋云不忍看。

春游灵岩

王懋德高唐人，中书左丞

拂却红尘上翠微，天风吹暖入春衣。

逢僧欲问西来意，云满松巢鹤已归。

① 柱杖直须：清道光《长清县志》作“拄杖还须”。

重游方山

圆照号复庵，少林僧也

再到灵岩古道场，俨然乔木蔽云房。
十分山色四时好，一味松风六月凉。
老树挂藤侵石壁，落花随水入池塘。
主人乞我禅床卧，梦里犹闻天上香。

游山漫兴

年来乘兴一闲游，直拟寻山山尽头。
之字水从斜澜出，羊肠路到断崖休。
古藤依倚岩前树，老木侵欹涧下流。
啼鸟催归日将暮，林阴扑翠湿衣裘。

游灵岩寺

杜仁杰见前

涧水消尽水声喧，山杏开时雪满川。
老木嵌空从太古，断碑留语自前贤。
蓬莱不合居平陆，兜率胡为下半天。
金色界中无量在，可能此地了残年。

游灵岩寺

郝经陵川人。至元中翰林侍读

岱宗西北驰，倒卷碧玉环。
岳灵秘雄丽，势欲藏三山。
初从谷口入，雨崦争潺颜。
渐疑下地底，细路深屈盘。
仰视觉天窄，石井攒峰峦。

陆海沙劫开，突兀仁王坛。
桐鲸吼西风，栋宇横高寒。
石龙喷清泉，洒落几案间。
修竹扫山色，莹绿穿云根。
丹凤饥不来，寂寞青琅玕。
上方在天上，下视无尘寰。
空霏锁霜树，翠锦蒙朱殷。
西日回清辉，轻金满烟鬟。
何时脱世网，挂席高盘桓。
静竟求初心，滞虑驱万端。
向晚烟霏合，更欲穷跻攀。
路断不可前，矫首重一看。

题灵岩古风

张鹏霄泰定中肃政廉访使

东南岱岳临苍天，大雄宝刹方山前。
郁郁祥云锁楼阁，涓涓甘露滋金田。
鸡鸣山东朗公岭，双鹤水贯黄龙泉。
香山一带如画屏，嵯峨宝塔穿云烟。
风香祇树薝卜花，月白水衬芙蓉莲。
敲钟赞颂振金韵，锦幢降结红霞悬。
庭前柏子开天香，枝枝叶叶尚荣鲜。
葛藤老树依石壁，奇花异草生岩巅。
山水蠲除名利心，溪声能洗烦尘煎。
梵宫胜境知多少，笔绝不尽何能宣。

咏灵岩方丈竹

郭震古丰人

北山堂上竹如椽，名榜虚心合自然。
幻出六根离色相，悟来一点照虚圆。
拔尘高节空生白，撼月清音妙入玄。
冰雪相看无一语，个中消息更谁传？

留题灵岩方丈

刘资淄川人

东望蓬莱暗玉霄，暂游此境慰徒劳。
人天殿阁移兜率，福地云烟接奉高。
石溜供厨来淅沥，山屏障寺矗周遭。
老僧自得安禅趣，笑我红尘满绿袍。

其二

烟岚何处锁禅关，窥管时欣见一斑。
虽是往来皆道路，不知咫尺隔江山。
水中现月犹蹉跌，火里生莲岂等闲。
珍重松花汤见寄，舌根甜相为君还。

赠堂头长老

张蔚天历时人

好山罨图画，流水鸣瑶琴。
野鹤驯洞曲，老猿嗥松阴。
中岩隐名寺，巍峨雄古今。
璃璃莹金碧，楼阁突隅岑。
修然佛氏子，世事那能侵？

兀兀有真趣，泥絮定禅心。
我来从一谒，肃尔清尘襟，
飘乎欲高举，幻觉极幽寻。
目俯三千界，超出白云深。
宁愧无佳句，聊寄游观吟。

寄让公长老

张淑至顺时人

峥嵘楼阁翼飞骞，胜概传夸众口喧。
泉味溢甘双鹤瑞，山形呈秀二龙蜿。

其二

上方境界埃尘远，绝景亭台竹树蕃。
铁作袈裟深有义，后人于此要渊源。

偶题灵岩清凉境界

萨都喇号天锡，蒙古进士。后至元时官京口参军

今日清凉地，明朝洙泗心。
酒堪消客况，泉可洗尘衿。
佛古荒苔藓，林深繁绿阴。
樵歌山路晚，余兴付归禽。

游灵岩应梦

张士明金山人。至正初长清县尹

清亭忝民牧，倏忽两月余。
恳恻理词讼，仓皇行简书。
深秋劝农事，东驰岱宗途。

有山忽北转，宛然梵王居。
灵萝隔烟树，经阁参浮屠。
林峦类拱抱，涧壑如交趋。
松风振岩谷，石泉流庖厨。
峭壁龙蛇窟，悬崖虎豹区。
野猿啼町疃，海鹤舞庭除。
僧闲看贝叶，客至剪新蔬。
胜景跻寿域，禅房列周庐。
山前回首望，一梦枕相符。

灵岩方丈与僧话旧三首

傅亨至正中翰林编修

秋晚登临上岱宗，扶筇来此谒崆峒。
闲云送雨过深洞，老鹤将雏度远空。
白石清泉心未了，黄花红叶思无穷。
携书归隐知何日，坐想青山入梦中。

其二

慈恩塔上题名后，京国分携十四年。
梦想故人诗句里，坐看黄菊酒杯边。
停云霭霭秋容淡，落叶萧萧客恨偏。
独倚禅房重搔首，又鞭归骑过前川。

其三（系续游之作）

石径穿云雨意凉，乘轺重过老僧房。
门前古柏凝新翠，岩畔幽花散异香。
鹤舞双泉春水绿，龙归深洞暮山苍。
禅心久矣无拘碍，笑我狂游去远方。

游灵岩寺

李岳至正中肃政廉访使

上方重阁喜登临，山气霏微向夕阴。
栖鸟伴云归宝塔，落花随雨散香林。
清泉脉脉流名古，苍柏森森阅岁深。
一扣禅关观众妙，更须何地豁幽襟。

重游灵岩

望岳已云远，看山尚相连。
崎岖转谷口，井井皆涧田。
重来路不迷，但觉时易迁。
夹径绿荫合，垂枝红果圆。
清景罕人到，幽禽方自喧。
上人偶识面，问我来何边？
官事岂容话，挥汉漱新泉。
昔行尝憩息，兹游复周旋。
竹风散残暑，幸此中堂眠。
只恐明晨去，欲住恨无缘。

游灵岩

董抟霄中书左丞，累建平冠[①]功勋

灵岩迥异出尘寰，压尽江南万万山。
自是高人占胜地，闲来无事一参禅。

宿灵岩

灵岩古刹旧山场，一望令人万虑忘。

---

① 平冠：清道光《长清县志》作“平寇”。

钟唤宿僧投客舍，水缘架木到厨房。
月临夜榻松庭冷，花落春风石洞香。
便教来人凡火盛，不由心地不清凉。

过灵岩寺信宿而归赋诗以记之

王思诚鲁郡人。官礼部尚书

招提几千载，异记凡三迁。
十方种福地，群生布金田。
梵宇架崖侧，僧舍开涧壖。
团栾五花殿，千佛环周圆。
龙藏万年笈，珍袭贝叶编。
虔恭奉坤媪，栖息供帐鲜。
中堂列祖师，叶叶灯相传。
钟阁雄踞地[①]，宝塔剩高天。
供花散香霭，柢树生祥烟。
一泓汇甘露，两地分鹤泉。
昕夕振粥鱼，比丘指百年。
岌嶪朗公岭，仰摩灵岩肩。
崔嵬鸡鸣峰，高并方山巅。
玲珑透日岩，白昼光明穿。
东北有天门，混成开辟先。
空空石龟壳，凿凿其舍旃。
铮铮铁袈裟，谁披推弃捐。
翠笋隔篱迸，柴藤附枝缠。

① 雄踞地：清道光《长清县志》作“踞雄地”。

翼翼绝景亭，虚室僧座禅。
龛中仰明佛，石像犹天然。
胜概甲天下，风物极幽玄。
古今富题咏，墨迹多才贤。
丰碑缺片石，长文间断篇。
我昔游五顶，税驾尝留连。
今来得性处，更比清凉全。
偏览不知返，身轻步履儇。
主僧颇相爱，下榻敷重毡。
饱我香积饭，安我迷轩眠。
乔松唳海鹤，芳林啼蜀鹃。
骨冷耿无寐，风清窗月娟。
便欲留此隐，未了尘俗缘。
信宿下山去，再行东海边。

留题灵岩方丈

张会宗江南人。元末官秘书丞

人中令德居高地，天下精蓝占好山。
四绝名标清世上，十方僧聚白云间。
二龙珠照看经静，双鹤泉供洗钵闲。
早晚利荣缰锁脱，性通三教叩禅关。

灵岩志卷之四

艺文志三

明诗

游灵岩寺

胡滢字源洁，武进人。永乐中进士，官至尚书。宣德中任用大臣，与三杨张辅齐名

嵯峨宝刹势凌云，天下三岩迥莫论。
白玉为台无缝罅，黄金布地绝纤尘。
春风花草禅林秀，夜月溪山景物新。
想到旧游栖息处，贝多翻罢答皇仁。

题灵岩寺

陈甘雨福建人，郎中

三年曾欠灵岩债，此日更宜东国游。
世界百年浑是幻，人生何事觅封侯。

又

朱天俸河源人。户部主事

得便观山便悦神，支离何叹未闲身。
扪萝已到诸天上，不是山僧也出尘。

方山积翠共八首

金鼎济南人。宣德中户部主事

灵山削出玉芙蓉，绝胜江南天印峰。

最是雨余堪画处，岚光秀色自重重。

甘露澄泉

双鹤飞来地涌泉，名题甘露至今传。

涓涓一脉流无竭，直与沧溟巨派连。

镜池春晓

阶下方池石甃成，天然古鉴更澄清。

林僧照影春初晓，应共禅心一样明。

明孔雪晴

梵僧昔日憩岩间，灵迹千年尚可攀。

雪霁扶筇闲眺望，烟光咫尺见他山。

书楼远眺

危楼高阁接云端，此日登临倚画栏。

四面好山看不厌，诗成与客且盘桓。

默照幽吟

堂开默照几经春，觉老遗文刻尚新。

此地更无尘俗到，都将清兴付诗人。

松斋皎月

长松偃蹇似龙蟠，翠色偏宜雨后看。

几度幽斋人不寐，夜深稍上月团团。

竹径晚风

数个琅玕布夕阴，凉飔拂拂净尘衿。

当年蒋诩开三径，何似山家得趣深。

游灵岩寺

王允字执中，历城人。正统中进士，官至左布政使

灵岩绝顶晓云开，露出仙家胜景来。

偃蹇苍松藏殿阁，潺湲流水绕楼台。
青山隐隐朝还拱，朱雀翩翩去复回。
半点红尘飞不到，登临恍若在蓬莱。

早春过灵岩宿方丈

顾巽宁波府人。正统中左参议

白云堆里访灵岩，诗景悠然兴所耽。
济水远连天上下，岱山高出岭东南。
松声落枕风生壑，竹影回窗月过檐。
却喜老禅心似石，焚香清夜坐蒲龛。

其二

鸡鸣山下灵岩寺，丈室虚明绝点尘。
云过绀崖龙藏出，雪消阴涧鹤泉来。
树头啼鸟春光早，竹里疏钟曙色催。
珍重老僧偏爱客，谩挥如意说三才。

奉和前韵

张用瀚古宛人。刑部主事

方山古刹势岩岩，乘兴来游乐且耽。
看鹤才方临殿北，观泉又复过山南。
烟生石鼎香飘席，月转松斋影到檐。
自是老僧春睡足，坐宣偈语对禅龛。

其二

古寺名山实壮哉，无边佳景绝尘埃。
仙花向日舒还卷，野鸟啼春去复来。
到枕钟声风外度，侵阶草色雨中催。

胜游此际多清趣，诗就何惭子建才。

游灵岩寺

周镃正统中东吴人

路入灵岩一径通，白云深锁梵王宫。
园林摇落秋风里，殿阁参差夕照中。
尘虑尽消诸品净，禅心初定万缘空。
我来愿结庐山社，走笔题诗寄远公。

留题灵岩

许彬东鲁人。正统中翰林院编修

古刹幽深有路通，四围山拥绣芙蓉。
昙花尚逐驮经虎，灵雨常随听法龙。
东涧水流西涧月，上方僧定下方钟。
五花新殿凌霄汉，画拱雕甍几百重。

其二

面面峰峦紫翠连，白云深处有人烟。
落花泛泛流双涧，古塔巍巍出半天。
胜地连山三百里，名师卓锡几千年。
壮游不尽登临兴，挥笔成诗付太颠。

留题灵岩

范希正苏州人

一径萦回入薜萝，浮图梵宇势巍峨。
地缘清趣尘凡隔，境诱游心车马多。
云敛晚山横玉案，月明秋涧漾金波。

我来为礼圆通像，风景依稀似补陀。

灵岩道上

薛瑄 字德温，平阳河津人。正统二年山东学道。景泰中由南侍郎转北大理卿。其忠正刚直，方之汲黯，谥文清

路入山门景便幽，高风不断石林秋。
照人霜叶红于染，拂袖岚光翠欲流。
几过野桥横绝涧，遥从古刹见高楼。
北峰真与天相接，更拟攀萝到上头。

游灵岩

灵岩有路入烟霞，台殿高低释子家。
风满回廊飘堕叶，水流绝涧泛秋花。
青松阅世风霜古，翠石题名岁月赊。
谁谓无生真可学，山中亦自有年华。

宿灵岩

梵宇深沉夜景迟，僧房禅榻果幽期①。
竹鸣虚牖风过处，霜落寒岩月上时。
纸帐烛光团白玉，石炉香烬霭青丝。
红尘马首明朝别，只恐山灵解勒移。

灵岩行

徐有贞 都御史。景泰五年祭泰山过寺所题

灵岩奇绝闻天下，我欲游之久无暇。
年来治水功已成，导山过此聊停驾。
手托天书登上方，上方金碧生辉光。

① 幽期：清道光《长清县志》作“幽奇”。

回旌弭节祇树傍，问谁建此古道场。
后踞狮子前象王，文殊普贤相颉颃。
山开由法定，松偃自玄奘。
法定安在哉？况彼希有之如来。
既不见两虎驮经去，又不见双鹤随锡回。
但见白云千万堆，欲动不动空徘徊。
金色界中多宝塔，青莲社里九层台。
九层多宝塔，曾经几尘劫？
黄龙蟠伏钵盂水，碧苔绣尽袈裟铁。
嘤鸣有鸟似频加，步步香生薝卜花。
雨红风翠飞满路，路迷误入山人家。
泉斞明月和流霞，茶烹蒙顶先春芽。
中分三十六禅院，最好无如五花殿。
图画天开当四面，面面奇观观不遍。
属兹清和节，春物方骀荡。
复多绣衣人，相从共清赏。
主僧名至瑄，精进如惠朗。
殷勤供香积，招邀到方丈。
阴阴閟修竹，称我酒酣来此宿。
西峰夜听天鸡唱，东崦朝窥海乌浴。
可怜清赏殊未足，无奈尘缘苦羁束。
何当了却公家忙，来与松子同翱翔。
饥食紫玉英，渴饮甘露浆。
后天不老[1]凋三光。

---

① 不老：清道光《长清县志》作“不先”。

即此便是无何乡，何必泛海求扶桑。

同徐士弘游灵岩唱和

贾恪天顺中山东参议

东鲁有招提，远在翠微上。
一旦偶相过，肩舆历草莽。
云外扣玄关，隔水缘幽涧。
万籁闻无声，时听松风响。
胜境何幽栖，虚堂更轩敞。
默坐几高僧，跏趺常偃仰。
定里悟禅机，岁久绝尘想。
我辈儒者流，而岂虚无尚。
但欲濯尘缨，故此来同赏。
兴尽联辔归，雅怀犹怏怅。

和前韵古风一篇

徐毅字士弘，西安人。天顺山东佥事

招提近泰岱，俨在兜率上。
松瀑泻岩阿，僧钟度林莽。
维时属春深，闲花满幽涧。
风过草生香，雨歇泉流响。
既托胜境幽，更爱山头敞。
而我吏隐人，心精恒驰仰。
兹晨忽来游，飘然绝尘想。
慨彼碌碌徒，虚名是崇尚。
终岁勤于公，负此山林赏。

缅惟林下士，临风倍惆怅。

又成绝句十首

群峰环绕送青来，一段天然图画开。
四绝景为天下冠，休论雪窦与天台。

其二

山霭霏微石径斜，上方台殿寂无哗。
春深尚有残红迹，知是优昙第几华？

其三

清绝其如有此山，只疑蓬岛在人间。
偶因巡历来登览，偷得浮生半日闲。

其四

盘旋曲径绕羊肠，历尽重冈见上方。
况是清和三四月，百花开遍满林芳。

其五

叠巘层峦路欲迷，白云深处是招提。
停车日晚忘归去，坐向林间听鸟啼。

其六

四面山开翡翠屏，碧梧修竹雨亭亭。
老禅定起推窗坐，自启琅函谩诵经。

其七

甘露泉香彻底清，济南郡志著佳名。
欲穷派脉来何处？更上蓬莱顶上行。

其八

攀萝蹑险上云梯，香雾空蒙欲染衣。

林下晚来堪画处[1]，方袍锡杖一僧归。

其九

绝景亭荒淹岁月，般舟殿古几春秋？

老僧指点从容说，索我题诗纪胜游。

其十

一宿山房信有缘，尘嚣涤尽思飘然。

却惭身外牵缨冕，未得频来试问禅。

游灵岩绝句

郝渊天顺时监察御史

灵岩形势古来奇，秀丽巍峨天下知。

若得公余经此地，明朝不必往东西。

题灵岩寺

薛希琏括苍人。成化初巡抚山东佥都御史

齐鲁观风处，灵岩景最幽。

四围山叠嶂，一径水萦流。

宫殿浮苍翠，文章焕斗牛。

红尘无半点，清趣豁吟眸。

和宋僧仁钦灵岩十二景诗

孙瑜历城举人。成化中太平府通判

置寺殿

形胜天然远俗尘，经营宁计往来频。

① 堪画处：清道光《长清县志》作“堪憩处”。

已从老衲西归后，几度倾颓几度新。

般舟殿

宝殿巍巍振古风，般舟谁号意无穷。

从离苦海登慈岸，普济群迷剩有功。

铁袈裟

谁将宝铁铸僧衣，知是禅家寓妙机。

千古遗来纹已没，至今人到识应稀。

朗公山

插天崛起一危峰，遥望如人整巨容。

闻道朗公曾此过，至今犹说是遗踪。

明孔山

万仞巅崖连泰岱，中间一窍自光明。

谁能悟得团圆[1]意，不惹尘寰利与名。

绝景亭

四面云山列画屏，泉通竹底水清泠。

游观曾费骚人咏，谩道乾坤一草亭。

甘露泉

岩畔涓涓彻夜流，为霖曾应下方求。

烧来新笋烹新茗，清沁诗脾沆瀣秋。

石龟泉

岩石砻来作巨龟，不将灵应兆稽疑。

春泉喷向苍筠苑，入贡先滋笋似锥。

锡杖泉

泉响犹疑卓锡声，法流不断涌来清。

① 团圆：原碑作“圆通”。

滔滔自向厨中去，天意分明似有情。

白鹤泉

白鹤飞来不计年，却将遗迹号双泉。

清风两腋休飞去，汲煮香茶味更全。

鸡鸣山

业障偷儿心性乖，贪求不解礼如来。

山头半夜鸡声唱，唤醒翻登般若台。

证明殿

证明殿宇向离明，山势崔嵬似掌平。

自是上人功德胜，金仙有感鉴修成。

灵岩道上

司马垔绍兴人。成化中巡按御史

山拥溪回露气凉，使轺深入白云乡。

未容癖性如灵运，已觉奇踪似子长。

苔径晚风松子落，石田秋雨豆花香。

迂疏本是林泉客，到此都令万虑忘。

宿灵岩

旌节侵晨出泰安，琪园日暮得盘桓。

切云危磴扪萝上，嵌壁残碑秉烛看。

野性自宜僧榻静，绤衣偏怯乱峰寒。

明朝且莫匆匆去，绝顶从容一纵观。

览胜

灵岩初有寺，历世几千年。

殿宇回晴嶂，楼台拥碧天。

塔高偏得月，碑古欲生烟。

驻节幽深处，应知是宿缘。

留题

成化天王纪，皇明戊戌年。

偶携清胜友，同访泬寥天。

几席涵山月，轩窗锁涧烟。

苍生候霖雨，栖息定无缘。

游灵岩寺

傅镇福建人。成化中巡按御史

丹甃开灵宇，红尘隔上方。

撞钟因客至，披衲见僧忙。

缘假花宫榻，吟分宝殿香。

环坡金作嵌，转径玉为梁。

萝洞秋能碧，松崖晚更苍。

泉甘真比露，树杂半垂杨。

塔倚鹏霄外，池深锡杖旁。

穿云寻古迹，看碣立斜阳。

磬尽僧归寂，星临佛借光。

所欣瞻岱近，不为礼空王。

游灵岩仿古五篇

陈镐金陵人。成化中提学副使

灵岩久入梦，道远不可攀。

巡行忽停辔，引道云霄间。

层台竦孤塔，四面罗烟鬟。

指点壁上题，今古半苔斑。

斯人竟安在，一往岁月闲。
此意当语谁？松风泻潺湲。

其二

予岂丘壑士，每有烟霞想。
况兹佳胜处，兴到成独往。
振衣一舒啸，千古发幽赏。
竹泉绕青壁，雾雨翳林莽。
不闻鸡犬鸣，时发钟磬响。
超然会夙心，福地信肃爽。

其三

扪萝上东岩，石磴羊肠曲。
铁古袈裟冷，苔蚀龟趺没。
漱齿甘露泉，傍有万竿绿。
小憩神魂清，寒翠杂鸣玉。
安知古高人，此境不迈轴。
精爽迥难招，题诗寄幽独。

其四

兹游亦称快，天寒春未深。
不见桃李花，但见松桧林。
桃李改颜色，松桧常阴森。
山灵若予契，清风散遥岑。
箕踞坐盘石，一笑千载心。
寄谢后来士，山川无古今。

其五

客眠借禅榻，隔窗风雨声。
江南读书处，感我当年情。

云霄岐路多，岁月波浪惊。
睽离伤骨肉，泥蟠嗟友生。
乃知皓首心，静极更分明。
中宵始成寐，幽梦到江城。

再游灵岩五言律共赋四首

尘心吾亦浅，胜地此频游。
诗记旧题处，山登最上头。
椒林寒带雨，琪树晚惊秋。
佳伴青云客，钟声话未休。

题摩顶松

西岩禅宇肃，嘉树翠当门。
林影亏仍蔽，涛声静亦喧。
风霜披万叶，铁石拥孤根。
老衲摩挲久，唐僧典故存。

狮岩登眺

佶曲东峰路，山坳忽有台。
尽头青树绕，当面白云堆。
浓淡良工笔，荒凉浊酒杯。
清缘如来到，皓首约重来。

默照堂听笛

不爱人间曲，禅堂一笛清。
落梅频入调，折柳更含情。
夜罢诸山梵，秋分万籁声。
地幽潭窟静，莫遣老龙惊。

灵岩行

王越 浚县人，山东按察使。成化中官至掌院都御史。武功封威宁伯

前山俯伏如象卧，后山蹲踞如狮坐。
东南朝拱朗公山，路接鸡鸣山下过。
中间掩映梵王宫，五花宝殿高玲珑。
石门深锁观音洞，峭壁斜生摩顶松。
松枝遥指天门树，老僧始创开山处。
面前涌出甘露泉，流将香积厨中去。
香积厨中锡杖泉，黄龙白鹤相通连。
又添平岸池头水，净洗菩提种福田。
一重流水一重竹，竹边尽是山僧屋。
上方下界知几重，银杏红椒满空谷。
山僧汲水煮新茶，茶罢焚香看佛牙。
莫言此事若虚诞，请君更看铁袈裟。
袈裟不染世间尘，花落花开春复春。
长碑短碣题名处，半是唐人半宋人。
感怀我与观风客，兴阑举盏灯前说。
今来古往自兴亡，依旧灵岩称四绝。
晓来红日照檐楹，明孔光分曙色晴。
千尺浮图清有彩，半空类鼓寂无声。
连朝看尽山如画，为问山灵多少价。
明春借我山上云，散作甘霖济天下。

留题灵岩

张惠 太原人。监察御史

乱石斜横曲径幽，彩云飞绕寺前楼。

巉岩松老洞常掩，竹院泉香水自流。
千古名山容我到，百年清兴许谁收？
归鞭又促行春马，孤负禅僧着意留。

两至灵岩

蔡晟睢阳人

远赍丹诚拯亢焚，暂投名刹息尘纷。
巉岩雨过苔生碧，曲径风来草欲熏。
甘露有泉龙漱玉，老松摩顶鹤巢云。
烦襟涤尽天光发，为写新诗纪所云。

其二

一抹岚光翠郁纡，灵岩深处隐浮图。
路盘蛇虺入林莽，松偃虬龙钦涧[1]须。
寂寂僧房登彼岸，茫茫慧海隔迷途。
重来独觉心神爽，悟得菩提与道俱。

宿咨竹堂

谢显会稽人，监察御史

空廊月转荡晴辉，鸡犬无闻更漏迟。
清气逼人眠不住，呼童烧烛漫敲诗。

其二

禅房不植奇草木，惟有萧萧数竿竹。
江南无处无此君，此地见君殊不俗。

① 钦涧：原碑作“饮涧”。

题灵岩方丈

叶冕会稽人，成化中右布政使

招提一望入青冥，到此方知地有灵。
佛瓜流辉惊鹤梦，山泉吐气带龙腥。
松根据石阴垂地，竹影当窗翠满庭。
况是高僧能爱客，莲花座底伴文星。

其二

万山深隐梵王家，白象逢秋又着花。
露柱幡轻飞鹳雀，贝多文古动龙蛇。
林间法座飘香雨，竹里僧房掩落霞。
自愧圣恩难补报，何年来此候南华？

灵岩纪游

徐源成化中都御史

黄昏骑马入山来，侵晓登临景色开。
岛屿回还楼阁耸，只疑人世有蓬莱。

登临漫兴

王玹盐山人。成化中巡按御史

灵岩大寺古来幽，瑞鹤纷纭舞翠楼。
山岭巍巍环殿阁，露泉滚滚绕松流。
森森青竹犹堪爱，淡淡祥云却自由。
到此忽观僚辈韵，强成诗句为僧留。

和王绣衣韵

朱羲和仁和人，长清县令

骢马频嘶野径幽，祇园驻节上层楼。
威摇山岳豺无迹，气肃江河水不流。
天样吟怀星斗布，海般德量浪涛收。
登临未尽观风兴，更和新诗石壁留。

奉诏祭阙里过宿灵岩

李杰东吴人，弘治初翰林学士

东鲁人传有洞天，峰峦入望已巍然。
云迷谷口疑无地，路转山头忽有川。
几道泉源分绿净，满园椒颗绽红圆。
梵王宫殿云霄里，隔岭钟声出暮烟。

其二

石径盘回涧谷深，倦游吾爱此登临。
灵岩秀拔天排戟，色界宏开地布金。
僧舍真从方外住，诗人如在画中吟。
名高四绝应无忝，直上云梯一赏心。

其三

山僧导我陟岧峣，胜景无穷应接劳。
深涧千寻冲地裂，层崖万仞插天高。
修篁丛旁泉源茂，老树根蟠石罅牢。
幽僻似与人间隔，晚来空翠湿征袍。

其四

重峦绝壑路欹危，薄暮追游趣更奇。
窣堵建来经几劫，袈裟铸就是何师。

古坟幽隧如蹲兽，庆殿遗基只伏龟。
双鹤亭前泉最冽，下山一酌洗诗脾。

和李太史韵

邵贤宜兴人，山东提学佥宪

重来又值菊花天，约伴登临意豁然。
殿簇五花高插汉，泉名双鹤泻成川。
灵岩上耸千寻翠，明孔山虚一镜园。
试问谽谺山下洞，何年鬼斧凿苍烟。

其二

叠嶂层崖窍更深，肩舆日暮上方临。
僧留圣迹衣传铁[①]，佛胜庄严像铸金。
山入紫霄飞鸟避，云生古钵伏龙吟。
我来听说三生罢，颇觉浮名已息心。

其三

尽道兹山景最绕，跻攀宁借[②]片时劳。
风传铃铎僧寮迥，云拥香灯佛塔高。
竹荫石床临涧静，萝缘草阁倚崖牢。
岩深日暮岚霏重，顷觉寒威袭布袍。

其四

上方台殿势倾危，霜染襭林峰更奇。
掬水闻香知胜地，开山卓锡有名师。
龛前宝篆浮金鸭，树底流泉出石龟。

---

① 衣传铁：清道光《长清县志》作“衣成铁”。
② 宁借：清道光《长清县志》作“甘借”。

试取清泠沦佳茗。会须七碗涤吾脾。

登览灵岩

俞谏桐江人。弘治中长清尹。官至掌院都御史

浮踪漫点白云堆，一段幽奇取次裁。
石立层崖狮吼伏，池分双露鹤飞回。
松坛夜静僧敲月，竹榻庭空风扫埃。
胜日徘徊不知去，恍疑身世是蓬莱。

其二

山僧迓我上方游，万壑松风满院秋。
清挹石泉尘思阔[①]。味餐雨蕨客情幽。
也知胜览非常事，须信灵岩不久留。
明日公庭谩回首，数重青嶂月华浮。

登泰山至灵岩

戴珊字廷珍，浮梁人。官至尚书

泰山登罢憩禅林，稿草斜阳一径深。
玉树障楼峨近塔，青幢环洞引遥岑。
甘泉细竹无寒燠，妙翰雄词有古今。
我亦虎溪寻旧社，江湖廊庙正关心。

① 尘思阔：清道光《长清县志》作“尘思辟”。

弘治癸亥二月宿灵岩寺，有怀平轩兄不同兹游之胜，因次苏颖滨先生韵，以识岁月且以寄平轩兄

李贡字惟正，号舫斋，西平人，副使

嶆峄经颇多，奇秀未有底。
径转峰峦合，岩幽烟雾洗。
树古盘长虬，泉流汇清泚。
虚窍似钻凿，仆石若拜稽。
龙唇源莫穷，鹤背旌先启。
暮作下界游，晨期上方抵。
曹溪岂天竺，钟乳即甘醴。
浮屠据形胜，阁道峻堂陛。
已分谢簿书，犹复给傅米。
萧萧风竹声，兀兀尘埃体。
缅怀平轩兄，不共舫斋弟。
安得缩地来，同食春油荠。

灵岩之胜甲于齐鲁，苏颖滨先生旧题石刻尚存。余弟宪付惟正公巡过之，因和其韵，录以寄余。余恨不得同斯游也，乃亦和其韵复之。俾惟正刻诸石，冀他日尚偿此愿云

李赞字惟诚，号平轩，贡之兄。陕西布政使

我生好幽寻，几敝青鞋底。
传闻灵岩胜，未到胸已洗。
万叠罗晴峰，一泓溜寒泚。
山孙杜陵咏，石丈米翁稽。
松深鹤巢固，日出林扉启。
云间梵钟落，海外慈航觝。

鹫峰何盘旋，天竺此堂陛。
禅厨引溪涧，斋供谢牲醴。
居僧获地利，终岁足薪米。
粗知奉三乘，讵解勤四体。
诗来忽技痒，欲往偕吾弟。
扰扰名利场，闲心帖如荠。

灵岩行

沈钟金陵人

灵岩苍翠莽相连，秀结鸿蒙未判先。
寺阁峰峦栖草树，塔撑霄汉倚云烟。
暂离尘网心夷旷，遍踏回廊步折旋。
景属品题非孟浪，人兼吏隐是神仙。
会看色相诸天近，却爱松筠晚节坚。
醉辄卧当龙洞底，笑应忘过虎溪边。
岂缘往乞斋时饭，讵看来参定里禅。
佞佛试将梁武辟，好游誓与子长肩。
马蹄蹀躞行偏稳，口吻推敲句转妍。
岩也有灵垂不朽，乾坤几度岁逾千。

和沈金陵韵

赵鹤龄泸阳人，副使

寺置方山泰岳连，古称四绝此居先。
丹崖赤壁凌云汉，飞阁层楼带雨烟。
明光恍如旸谷现，转轮疑是浑天旋。
鸡鸣岭上消行蹠，狮卧岩头伴隐仙。

竹挺万竿君子直，松盘千岁大夫坚。
甘泉不饮持风度，宝塔频登望日边。
椒摘东园堪助钵，禾收南亩足安禅。
金人固不三缄口，铁衲畴能一举肩。
经岁杳无炎伏至，遇春偏觉物华妍。
题诗独记登临兴，未论浮屠说大千。

游灵岩

章忱会稽人。弘治中太仆寺丞

泰岳信绵邈，兹山亦盘结。
何年抗层构，翚飞镇岩穴。
启扉面重峦，开轩望云阙[①]。
混混甘露泉，皎皎冰玉洁。
回瞻极迢递，凌步多曲折。
周览尽灵秀，久矣称四绝。
性静形神舒，景胜气垢[②]灭。
高怀自夷旷，对此方洞彻。

次苏颖滨韵

王守仁号阳明，余姚人。弘治中典山东乡试。正德中官至南赣巡抚，以武功封新建伯

客途亦幽寻，窅篠穿谷底。
尘土填胸臆，到此乃一洗。
仰视剑戟峰，巑岏颡如泚。

① 云阙：原碑作“银阙”。
② 气垢：原碑作“氛垢”。

俯窥蛟龙窟，匍伏首若稽。
异境固灵秘，兹游实天启。
梵宇过岩壑，檐牙相角抵。
山僧出延客，经营设酒醴。
导引入云雾，峻陟历堂陛。
石田惟种椒，晚炊仍有米。
临灯坐小轩，矮榻便倦体。
清幽感畴昔，陈李两兄弟。
侵晨访遗迹，碑碣多荒荠。

诗寄灵岩聪上人

尹旻字同仁。历城人，官至吏部尚书

远公厌尘世，弃我归天台。
险韵谁人和，幽怀何处开？
独怜千里月，空照一庭梅。
幸有聪师在，时常问信来。

留题灵岩

许达固陵人。正德中山东佥宪。升江西副使

日久兵家事，禅林倍觉清。
肩舆寻胜迹，古壁看诗英。
山水乾坤别，云花眼界明。
静中仙乐细，飘忽到蓬瀛。

宿灵岩五言一律

柴奇昆山人

夜宿山中寺，超然思脱尘。
坐来常似昼，浴罢暖如春。
石炬光微满，村沽味更醇。
欲寻三过约，及早乞闲身。

别灵岩七言一律

十年心赏灵岩寺，匹马西风此度来。
幽鸟有情鸣翠嶂，断碑无字没苍苔。
泉声细与松声合，云影遥连树影开。
不尽登临无限兴，匆匆又下上方台。

游灵岩寺得诗二首[①]

李逊学号悔庵，上蔡人。正德中山东提学道副使

万山回曲控招提，古木高撑碧汉齐。
助籁有声松鹤唳，听经无恙岭猿啼。
禅参老衲心如悟，梦落浮荣境尚迷。
试向空王聊借问，有谁曾到竺天西。

其二

乱流激石响潺潺，一路花香草色斑。
碎剪黄云人刈麦，横分青嶂客登山。
鸟啼芳树撩诗急，鹤伴高僧尽日闲。
游聘不知天已暮，满空明月落溪湾。

① 游灵岩寺得诗二首：原碑作“游灵岩得二首”。

灵岩道上之作

秦金号凤山，锡山人。正德中山东布政使

寺古山偏静，林深径自赊。
半空衔殿阁，万壑涨烟霞。
翠筱含风细，寒流抱涧斜。
短吟成独赏，清绝兴无涯。

游灵岩寺留题

何处招提景最多？万峰如画郁嵯峨。
云移塔影摩霄汉，风送钟声出薜萝。
面壁几年僧入定，振衣千仞客登歌。
星轺晓发匆忙去，尘海茫茫奈尔何？

行灵岩道上

乔宇正德中兵部尚书，武宋幸南京，扈从之功与梁内阁齐名

石径依山转，招提出半空，
茂林销春气，灵草度香风。
丘壑三生外，烟岚万象中。
幽怀与景会，得句不须工。

灵岩次苏韵寄李惟诚兄弟

鹫峰隐层峦，路入从涧底。
时当新雨霁，炎热去如洗。
从花发幽香，鸣溜濯寒泚。
袈裟迎我前，罗拜首先稽。
兹山古名胜，岩扃为予启。
岧峣肆跻攀，幽险亦探抵。
饮以甘露泉，渴脾胜酌醴。

夜寻前代刻，左右杂堂陛。
偈言半隋唐，题咏有苏米。
忽睹故人篇，亦复妙众体。
渺然江南思，如见两兄弟。
诗成还寄渠，世味忘荼荠。

题观音洞

路入岩坳片石蹲，突开三洞引重门。
云深合有穷窿顶，天巧原无斧凿痕。
鹿涧水声流夜响，螺山霞彩映朝暾。
旋披苔藓题名字，胜迹重来许细论。

中秋夜行至灵岩即事

陈凤梧号静斋，庐陵人。正德中巡抚山东右佥都御史

百里山程彻夜行，天宫助我月华明。
穿林灯影星河动，鸣谷钲声野店惊。
齿石粼粼频涉涧，悬崖截截欲题名。
灵岩钟鼓三更寺，老衲仓皇出道迎。

登灵岩有作

高岩虚静透天光，万籁无声月影凉。
千佛阁危凭翠巘，五花殿古识明堂。
泉流石窦真甘露，云锁烟萝小洞房。
境胜坐来尘虑遣，欲将心性问西方。

其二

玉符千载记方山，传得图澄卓锡缘。
佛日岩光初霁雨，辟支塔势欲参天。
繁松十里风涛静，立鹤孤泉月影妍。

北望少林同宝地，满山空翠锁云烟。

十八日再至灵岩纪事

恋恋灵岩不能舍，肩舆枉道更重来。
山崖踞齿有时见，野径黄花无数开。
明孔横通天一窍，郎公遥接斗三台。
老僧指点还亲切，缓步微吟踏翠苔。

其二

隔断红尘第几重，翠微深处杳无钟。
凌空梵宇飞丹碧，依麓僧房列蚁封。
壁上珠玑多石刻，泉边龟鹤半仙踪。
吾心本是山林客，添得烟霞兴更浓。

宿咨竹堂次秦凤山韵

四面峰峦紫翠多，半空台殿出嵯峨。
黄龙池杳藏雷雨，狮子岩高翳女萝。
古塔清风双鹤唳，空山明月几樵歌。
禅床一宿成清梦，明发东山奈别何。

南征凯旋三登灵岩纪游

仙境何期隔岁登，上方台殿碧层层。
春深翠竹闻慈鸟，夜静虚岩见佛灯。
千里凯旋人似马，四旬清净我如僧。
禅房经宿难成梦，卧听松风响塔铃。

其二

羁怀何处濯尘缨，才到名山思便清。
钟磬恍疑空外落，石泉长向雨中鸣。
悬崖丽日千重秀，古柏参天十丈横。
壁上旧诗惭再刻，漫将游览记平生。

将游灵岩，闻圣母南至，雨夜趋长清宿故山馆

王应鹏宁波府人。嘉靖初巡按山东监察御史

信息相将动朗公，岂知临发又回骢。
秋风绝顶何人据，宵雨长清且道穷。
双节也应随地止，一尊聊与故山同。
太平天子慈恩重，敢叹浮踪类转蓬。

游灵岩寺次鲜于侁韵

东方使者乘朱毂，使事不理胡碌碌。
忆昔青山卧已坚，谁遣鸣驺出空谷。
封书曾达九重天，巨浸满盻无秋田。
假令诛求犹未已，不如短褐还清烟。
灵岩老僧诉且揖，云游法子俱无迹。
自今生长八十年，今年饥馑允非前。
椒田千亩亦不熟，唯饮一味甘露泉。
闻之惨怅双泪下，古人惠政谁其亚。
悠然独上两高峰，但厂岩扉坐清夜。
兹游本欲恬苦辛，宁知逸乐乃闲身。
峰头白鹤有高志，不肯来依岩下人。

别灵岩寺

落日清天迥，登楼面碧峰。
片云翻绝壁，疏雨过深松。
塔自空中突，泉于树杪重。
吾师如惠远，脱屣即相从。

其二

木叶萧萧下，钟声发翠微。
公车从此逝，野鹤向谁依？

风草开山径，霜花拂绣衣。

独怜今夜月，犹照竹间扉。

祀岱宗过灵岩

张鹏沁阳人。嘉靖初巡按山东监察御史

古寺依名岳，幽奇绝世纷。

僧归岩洞月，龙入石堂云。

塔影空中见，钟声树杪闻。

诸天近高阁，香气袅氤氲。

其二

岱岳方参毕，灵岩此又来。

千林珠树翠，万色雨花开。

曝背龟初出，耘田鸟却回。

浮生真幻梦，且尽法门杯。

题甘露泉

李学诗号方泉，平度州人

鬼斧何年凿，石根漱玉泉。

一瓢聊自饮，甘冽最堪怜。

游灵岩寺

杨宗气上郡人，参政

翠巘崔巍万木稠，珠宫贝阙在高头。

长松荫日诸天静，古塔凌霄石径幽。

世代文章留断碣，乾坤名胜即丹丘。

却怜尘鞅违僧定，空对烟霞起暮愁。

灵岩次苏颍滨韵

顾应祥吴兴人，山东布政使

平生爱看山，探奇每穷底。
睠兹灵岩胜，双目更一洗。
危桥跨幽壑，新雨添清泚。
缁流出相迓，当门首频稽。
遍观诸色相，扃钥渐次启。
老松不知年，形若蚪龙抵。
飞磴蹑层云，灵泉酌甘醴。
直上证明岩，如登玉皇陛。
俯仰宇宙宽，兹山亦稊米。
渺余麋鹿资，况复多病体。
胡为日皇皇，远父母兄弟。
故山岂不佳？吴莼况如荠。

再过灵岩

红尘扰扰客途长，乘兴寻幽到上方。
曲径穿云僧引路，虚窗卧月石为床。
拂开苍藓看碑碣，酌取清泉洗肺肠。
欲借僧房眠几日，可堪浮宦逐人忙。

游灵岩次苏颍滨韵

郑芸莆田人，监察御史

灵境迥通天，禅心清彻底。
法经蛇虎驯，身世云霞洗。
双鹤锡随飞，万古泉自泚。
驱召自晋唐，远近时拜稽。

香阁藏御书，神龙护珍启。
狮子横空眠，石羊如群抵。
历代蠲租税，祷祀足斋醴。
金灯照日岩，铁袈镇山陛。
六月余雪冰，四时有菰米。
僧诵梵王经，座坦梵王体。
记尽张尉君，诗称苏兄弟。
安得从斯游，采药辩荼荠。

陪侍御君登览灵岩

王世贞 字元美，号凤洲，太仓州人。官至尚书

群峰抱兰若，孤塔界晴空。
未沐菩提雨，时闻薝卜风。
使星聊一驻，佛日暂相同。
倘借支公马，长陪鲍氏骢。

其二

径折全疑尽，峰回陡自开。
苍然万山色，忽拥岱宗来。
碧涧传僧梵，青天落酒杯。
雄风别有赋，不羡楚兰台。

游灵岩寺十二韵

见语灵岩胜，还惊忽道傍。
天垂孤刹出，地转万峰藏。
桥石鲸飞动，烟岚鹭渺茫。
山形界齐鲁，榜字接隋唐。

虎坐俄拏攫，虬潜欲奋扬。
胸留祇树色，春勒宝花香。
伏水侵禅座，归云护讲堂。
慈篁深岁月，忍草足冰霜。
饱进茵陈饭，眠酣薜荔房。
微吟和清磬，步屧信回廊。
许掾谈谁解，陶公醉不妨。
莫疑车马客，尔亦困津梁。

再游灵岩十二韵

为舍祇圆竹，名山结愿偏。
登临悦初地，徒倚更诸天。
不改芙蓉色，微添萝薜烟。
松云移叠嶂，花语[①]助鸣泉。
芒屐青从引，苔衣碧任穿。
井犹双鹤浴，瀑似片虹悬。
磬发僧归定，灯余客借传。
新茶收月供，净氍割霞眠。
未叩无生理，聊追有漏缘。
空闻飞锡杖，不见布金田。
尽劫终成幻，降心迈离禅。
只应何所住，一钵付流年。

① 花语：清道光《长清县志》作“花雨”。

游灵岩次鲜于侁韵

吴伯明古豫人。嘉靖中巡按御史

东巡千里驱车毂，康济何能成虚碌。
我闻古寺名绝胜，乘兴杳然入幽谷。
洞口窅窱别有天，悬崖倚石俯瞰田。
禅房深深依花木，钟磬泠泠度云烟。
呼取老僧来相揖，为问兹山开辟迹。
指点残碑空记年，往事都付春风前。
洞天双鹤归何处？独上山头试甘泉。
凭高暂憩松阴下，未数东山相匹亚。
忙来只得今日闲，且对明月坐清夜。
问君何事底艰辛，只为浮名绊此身。
明朝揽辔又南去，应被青山笑杀人。

宿灵岩

李中字谷平，吉水人。嘉靖中巡抚山东右佥都御史

夕阳临古寺，下马宿禅堂。
老衲谈甘露，僧童捧炷香。
山灵知说命，由豫问羲皇。
坐待鸡鸣晓，驱驰世路长。

游灵岩喜雨

三过灵岩不问禅，长途晚憩枕云眠。
静观尘外青天月，笑酌山间白鹤泉。
欲食飞蝗怜赤子，喜倾霖雨候丰年。
清宵野兴浑无际，一个生生未画前。

祀岱岳径过灵岩

孙应奎号盘峰。嘉靖中山东布政使

鸟道通禅深更幽，绿萝香径上方游。
霞峰出树云间瞑，岱岳中天望外收。
灯塔星辰光避斗，杖泉风雨夜潜虬[①]。
明禋正切同趋拜，未许山灵信宿留。

次鲜于子骏韵

仰看羲驭飞朱毂，感叹浮生何碌碌。
寺外青山世外心，却缘公事来空谷。
松风洒洒净壶天，碧水涟漪满石田。
叠嶂青围几十里，斜曛草树浮苍烟。
峰头有僧如拱揖，苔藓袈裟多鸟迹。
形枯石老不知年，朗然空记月明前。
禅心一片岩云白，佛性常通涧底泉。
曾闻说法双树下，远公去后谁当亚？
开关借榻凭竹房，寒蟾在户鸣长夜。
静怜衣钵自酸辛，香火千年亦化身。
高阁钟声深送晓，觉来犹愧蚤醒人。

陪祀岱宗憩灵岩寺用盘峰韵

魏良贵号杉谷，新建人。山东布政使

石磴盘空地转幽，花随放舄恣清游。
峰头岚翠从天落，谷口钟声到海收。
露浥金茎翔白鹤，风含珠树舞苍虬。

① 原注：是夜雨达旦。

道人余力能通佛，挥麈谈空竟日留。

登灵岩寺

裴绅蒲州人。巡盐御史，升提学副使

千佛古寺环山碧，此日登临惬所闻。
瑞鹤千年巢宝树，灵泉一派洗尘氛。
达磨泛海袈裟在，支遁开山世界分。
遥望翠微僧舍遍，钟声朝暮下白云。

重过灵岩二首

再度菩提境，于时春又深。
众峰攒宝刹，一径步云林。
坐爱松萝色，时欣钟磬音。
上乘如可得，早晚欲相寻。

其二

林霭山门合，峰回径路分。
岧峣连岱麓，清净出人群。
法雨来空界[1]，天花散贝文。
时方忧旱切，钵底望风云。

夏登灵岩

徐绅五台人。监察御史

五月灵岩寺，霏微对雨看。
湿云封石断，流翠落峰寒。

① 原注：是日微雨。

孤塔明金藏，诸溪净涅槃。

百年双慧眼，空色竟谁安？

其二

飞锡自何年？相传晋宋前。

蓝舆今至我，风雨下诸天。

听壑泉声壮，看山石榻悬。

远公知姓字，邀和白云篇。

游灵岩寺

周满广汉人

松寺看山兴有余，灵岩秀色上文襦。

芙蓉面面开青玉，蓬水迢迢系白驹。

露井泉香双鹤舞，虹桥春净一鸥孤。

留云高处凭栏久，紫极飘飘天路纡。

陪侍御游灵岩寺

杨时秀凤阳人，号禹峰。嘉靖中山东佥事

春满郊垌花满程，鸾旌绣驾晓风轻。

千山突兀排云立，万壑回旋映日明。

曲涧碧苔连野色，幽林青鸟寻春声。

倩谁去取梁园竹，为作灵岩赋上呈。

其二

芳树林泉照夕阳，花间相对酒杯长。

芊芊瑶草侵斜径，点点银河落上方。

鹤下苍厓依石立，龙回金钵共云翔。

呼僧诡语无生诀，闲与神仙漫抑扬。

游灵岩寺

刘隅东阿人。隆庆初都御史

挂冠久绝诸缘累，柱杖来游祇树园。

剩有云烟留客住，博寻[①]经义借僧翻。

重围翠巘蟠狮象，千载名泉自鹤猿。

何必高峰出天外，好从初地问真源。

留题灵岩

李松长洲人。隆庆初巡按山东监察御史

夏日公余此暂休，天开图画为君留。

千岩雨过青犹滴，万木风生翠欲流。

更喜晚晴添野趣，还临高阜迭更筹。

三生石上真奇遇，莫羡金阊有虎丘。

寺遇故人雨中话旧

南北相逢若有神，灵岩聊憩宰官身。

山神预喜三仙至，故洒甘霖洗俗尘。

宿灵岩寺与普香谈禅坐久因考声韵为一鼓琴

刘应时洪洞人。隆庆中山东副使

七日驰驱千里余，浮生扰扰欲何如?

到来玉宇逢真果，尽觉红尘是畏途。

其二

飞锡当年羡远公，何缘此日得相从。

凭君话我真如在，误指青山问老松。

---

① 博寻：清道光《长清县志》作“曲寻”。

其三

细搜奇字探元声，直入无生悟有生。

万劫总教归一尽，却将片纸作前程。

其四

袖拂白云弹素琴，几回尘世遇知音？

试听今日阳春曲，何似当年梁父吟。

其五

偃息禅床夜气清，月明僧定寂无声。

鸡鸣日出还生事，怅望云林隔翠屏。

书灵岩方丈一绝

李复初号对霍，洪洞人。隆庆中巡按山东监察御史

好向山中静练神，练神先要练吾身。

处身一落迷途里，那得灵根脱世尘。

次前韵

党承赐太原人，监察御史

名山登眺豁心神，暂向禅关憩此身。

王事驱驰催侯吏，天涯踪迹又红尘。

又次前韵

乔瑞唐谷人

宦游千里倦精神，牢落栖迟笑此身。

夜来偶尔寻禅榻，便欲飘然远世尘。

秋日偕吕以道方伯游灵岩长清道中作

吴维岳浙西人，提学副使

共向名山访赤文，莫言吏道远仙群。
岂无初服投玹豹，先把狂歌寄白云。
石髓遇人秋未化，桂枝为赋古曾闻。
前旌渐入烟霞色，回首尘途隔暮曛。

将至灵岩喜霁柬同游

天教好雨濯尘埃，百叠岩峦晓雾开。
谷口马蹄泉响乱，峰前雁影日光回。
润添三秀邀仙杖，香散千花现佛台。
试问同心缨冕客，攀跻可是证盟来？

月下闻笙

傅棨清苑人，礼部主事

自古东齐地，名山第一川。
云峰成象巧，石洞隔云烟。
色韵飘深月，清光响远天。
临风试一听，人坐绿溪边。

山前览胜

卧象山头一脉泉，眠狮顶上老僧禅。
山环峰岭如城郭，莫道桃源别有天。

灵岩方丈留题

陶钦皋号吾庐子，彭泽人。万历中山东巡按御史

暮入灵岩寺，高林带月华。
不堪歌四牡，聊得问三车。

塔影秋山静，泉声石径斜。
上方人不到，留烛照袈裟。

其二（仍用前韵）

结塔依禅定，开函转法华。
山中遗佛土，天上送经车。
苔径青鞋滑，云軿白日斜。
不逢金地藏，空铸铁袈裟。

登证明龛

灵岩之巅石佛龛，证明功德作么参。
石头路滑向谁道，踏遍天峰兴正酣。

次鲜于子骏韵

东行齐鲁无停毂，敢以王程叹劳碌。
新秋何处开心颜，古寺寻幽到林谷。
侧望悬崖俱插天，有如锦帐张青田。
石室云屯朝映日，松门月出寒生烟。
入门礼佛仍长揖，却问开山已陈迹。
磨崖断碣大唐年，那知卓锡西来前。
灵岩眼底无双境，甘露山中第一泉。
会心不在山之下，云端海上何相亚？
且判一榻对残更，莫惜孤灯过半夜。
客子由来多苦辛，微官缚我兀然身。
东西南北亦何有，明月青山为故人。

游灵岩寺六言二首

边贡号华泉，历城人。户部尚书

鸟鸣千树万树，云起前山后山。

门外青山向晚，雨中游客西还。

鸟去鸟来尽树，屋前屋后皆山。
此地公然绝胜，而我乐矣忘还。

灵岩行

段顾言燕山人，山东巡按御史

朱光焰焰烧晴午，长途畏炎如畏虎。
大呼巽伯送南薰，倏如两腋生翰羽。
乘风一息来洞天，洞门隐隐横碧烟。
讵云出尘学吏隐，也应采药寻仙缘。
有美二三客，酌我以斗酒。
弹铗歌明月，月出东山口。
醉来欲吞明月液，团团万斛吞无隙。
我扳北斗问太虚，太虚不语心茫如。
望望泰岳巅，遥遥思玉女。
鸾驾盍归来？授我九玹绪。
九天无路思转狂，半天俄听声琳琅。
何处玉箫叫清夜，缥缈不见愁人肠。
回首月残人世悄，白云满谷静啼鸟。
偷得浮生若个闲，海日飞空天地晓。

游灵岩行

张一柱祥符人，翰林院编修

野服寻幽兴不违，珠宫石室转霏微。
云间树色千岩出，洞口泉声万壑飞。

胜境恍疑金作地，空堂犹见铁为衣。
扪萝欲到诸天外，无那前山已夕晖。

万历元年正月十有三日游灵岩寺赋诗二首

徐中行吴兴人，进士

息驾逢初地，挥毫及早春。
铁围藏委折，银壁削嶙峋。
秀自分东岱，开应得化人。
莲奇仍类岳，松古似经秦。
壑悟移丹异，泉知卓锡神。
笑参金粟佛，敢谓是前身。

其二

列岫围丹壑，诸天出翠微。
云霞明客路，薜荔暗禅扉。
御墨金为榜，神僧铁作衣。
塔窥青汉[①]上，钟袅白云飞。
挥尘深玄理，忘筌子息机。
乍如逢慧远，日暮憺忘归。

游灵岩寺

杨巍海丰人。万历初吏部尚书

八十二翁长闭关，为寻知己到名山。
岩头云走如迎客，谷口花开似解颜。

① 青汉：原碑作“清汉”。

钟磬声来天地外，楼台色入[1]有无间。
老僧欲我留诗句，松月满空鹤未还。

乙未十有一月将有中州之任，再来灵岩与长清王明府叙别赋此

徐榜泾县人。济南知府升河南廉宪

雅爱灵岩胜，三年两度过。
逢僧识面少，对景别思多。
绝巘连霄汉，禅林映薜萝。
留题诗兴涩，呵冻强吟哦。

赋灵岩二十四景排律一首

寺创南齐久，山更岱岳连。
巉岩高拂日，明孔远窥天。
法涌金盘露，神开锡杖泉。
袈裟遗此地，衣钵去何年？
竹筛千竿影，松余十里烟。
穷探般子洞，长眺朗公巅。
贝叶藏千卷，云根隐小禅。
宝鸡三喔喔，瑞鹤两翩翩。
置寺高僧定，般舟古佛舷。
白云飞野洞，翠柏覆崖椽。
龟喷灵源水，蜗涎断石镌。
菩提无色相，盟证有真诠。
绝巘峦林逸，浮屠星斗联。

① 色入：清道光《长清县志》作“色映”。

转轮千劫尽，摩顶一枝旋。
骚客增吟兴，沙门杂管弦。
胜游可再续，俚句强成篇。

送太府徐公中州秉宪忆别灵岩赋此

王烈长清知县

百里驱车盘谷中，山灵感德倍巃嵸。
惟思阅道携琴鹤，未许黔黎挽玉骢。
绝巘固能留翰墨，清泉无复煮荛菘。
堪叹人世如萍梗，愿学游仙夜夜通。

奉和太府徐公，赋灵岩二十四景排律

梵刹游来旧，芳名今古连。
鸡鸣天上晓，猿啸洞中天。
钵洗黄龙水，杖穿甘露泉。
魏朝犹立石，唐宋亦题年。
一榻邀新月，半窗笼瑞烟。
手攀明孔顶，足蹑证明巅。
拂日窥星斗，披云悟隐禅。
辟支常兀兀，仙鹤自翩翩。
轮劫泉无尽，慈航自有舷。
五花浮栋宇，千佛满檐椽。
翠柏依岩谷，苍苔护断镌。
袈裟能摆脱，极乐得灵诠。
乌鹊飞还息，山岚断复联。
豪吟忘却返，畅饮不知旋。
松韵调丝竹，莺簧奏管弦。

临行重恋恋，回首写诗篇。

偕徐华阳、刘梅沙游灵岩寺，寺有灵泉碑记，先太傅襄毅公撰者，读之堕泪

杨俊民蒲州人。巡抚山东右佥都御史

访禅日午过林丘，松桂阴森入望幽。
旋塔孤悬青嶂外，梵宫深锁碧山头。
云垂岱岳袅袅散，水接沧溟曲曲流。
闻道灵泉碑尚在，风光萧瑟不堪愁。

其二

禅林开辟自何年？高阁朱栏拂远天。
双树影摇星斗近，上方月转薜萝偏。
山分石洞层云暮，风落松声万壑妍。
况是登临同二妙，采芝相傍夜深旋。

游灵岩寺

丁一中丹阳人

石径依微转翠阴，乱碑高下遍瑶岑。
摩挲尚有梁唐迹，潇洒都无尘世心。
万壑松声空外响，半窗竹色雨中深。
山僧况复逢支遁，却悔名岩未早临。

其二

宝地遥连海岱阴，绕岩笙磬入云岑。
青蛇已没迷初路，白鹤犹来证旧心。
卓锡涌泉穿竹远，翻经飞雨落花深。
虚堂未尽归依愿，他日双旌拟再临。

万历甲午仲夏驻灵岩遇雨

连标颍川人。巡按山东监察御史

省方策马过梵宫，禾黍油油万亩同。
地毓物华堪待雨，天舒膏泽慰思虹。
瑶台一洗苔偏嫩，禹甸均沾稼可种。
只为岁荒频蹙额，喜逢今日卜年丰。

游灵岩寺二绝

彭梦祖淮南人

四面岧峣锁上方，飘来黄叶绕衣裳。
空山击鼓鹤飞去，惟有泉声到竹房。

其二

野草西风石径幽，半岩红树与云浮。
偶来系马招提境，花里经声何处楼？

游灵岩寺睹先人诗有感

徐琳华亭人，运同

朗公飞锡处，双鹤尚回还。
十里松声远，三生塔影圆。
檐牙攒碧嶂，洞口泻寒泉。
手泽灵碑古，相看涕泗涟。

留题灵岩方丈

光庐历城人。太康知县

杖履逢花落，招提已暮春。
王孙来避俗，芳草自怜人。

飞雪泉光白，斜阳山色新。

远公吾所好，结社愿相亲。

重游灵岩十韵

李化龙大名府人。山东督学副使

揽秀山全胜，探奇客再寻。

慈云开觉路，佛日上初林。

净域三天晓，空门十里阴。

忘机僧化石，种福地生金。

高阁看人代，方池阅古今。

铁衣留幻相，岩窦见禅心。

峰合窥天小，台高贮月深。

清泉双鹤舞，老桧万龙吟。

阒寂消尘虑，清虚惬素襟。

皈依欣有地，惭愧未抽簪。

万历乙未孟冬偶游灵岩赋此

王禧瀞阴人

万山丛里簇烟霞，别有人间度岁华。

云护洞岩浮贝叶，泉流甘露沁心花。

袈裟已脱尘凡外，功德应超上乘家。

清夜得骑双鹤去，西方境路不为赊。

（无题）①

王登俊漷阴人

尽说灵岩胜概多，我来探隐一经过。
梵宫不让栖霞景，泉石尤超瀑布阿。
无色相中藏色相，不笙歌处列笙歌。
恍然忘却浮生事，惹起诗龙与酒魔。

（无题）

马泰漷阴人

精蓝始自佛图澄，唐宋相传已有名。
地涌铁衣真住世，岩垂古柏实长生。
千竿坐对堪无肉，一派常流可自醒。
何日顿抛尘俗事，与僧重订此宵盟。

（无题）

戴燝闽南人，参政

上方台榭半山岑，色界萧萧自古今。
树密鸟啼青嶂晓，塔高钟和白云深。
闲看贝叶通禅意，静听灵泉不醉心。
片石令人忘去住，千峰万壑锁秋阴。

游灵岩寺四首

王弘诲广东人。万历中翰林掌院学士

白鹤听泉远，青蛇指路危。

① 底本无标题，下同。

乱峰攒佛刹，深树隐禅居。

教衍正光派，灯传法定遗。

香烟消几劫，寂历古今碑。

其二

徙倚山门晚，攀缘石磴斜。

龙宫飞卓锡，鹫岭铸袈裟。

白日还千佛，青莲散五花。

山僧时隐见，寥寂语河沙。

其三

芒屐穷登览，松关事事幽。

空山悬鸟道，伏水出龙湫。

说法疑驯虎，观心欲定猴。

朗公如可作，遥现石间头。

其四

一榻翠围竹，半轩闲对云。

幽栖随客到，静景与僧分。

梵语含空落，天香隔院闻。

何当论出世，聊此涤尘氛。

游灵岩八绝

冀体武安人，历城知县

十年梦想泰山游，若个灵岩境更幽。

满眼松楸迷去路，几声清磬下山头。

其二

古柏枯檀护法台，千岩云净雨初开。

黄昏未许传灯火，月印空林照客来。

其三

云户松扉靠石栏，雨余光景画中看。

泉头双鹤今何在？剩得清风六月寒。

其四

泛海达摩去已赊，深山龛护铁袈裟。

分明留下真衣钵，谁向迷川渡法艖。

其五

高僧何处问三车？卓锡池边坐落霞。

说破如来真色相，寻常不语自飞花。

其六

抱灵台畔胜蓬壶，眼底尘嚣半点无。

摩诘当年若到此，应知不画辋川图。

其七

蹑磴空门欲问禅，芒鞋踏破白云巅。

老僧献罢松花饼，指点阇黎酌慧泉。

其八

通灵别是一诸天，殿宇人传自晋年。

怪得夜来浑未寐，松风不断水涓涓。

游灵岩诗有序

滕季达吴郡人

宋天圣中，有上世祖仕谏议大夫游灵岩诗十韵。后兹四百余载，余小子亦游斯寺，瞻礼五花殿，于壁间获读之，因感赋排律仍遵原韵，命工刻石纪焉。

四瑞黄金地，千盘白玉梯。

灵峰操泰岱，梵宇擅青齐。

兜率花为殿，祇园树满蹊。
潮音悬涧瀑，津筏跨虹霓。
籁发钟声应，潭深塔影低。
月明松鹤舞，林曙竹鸡啼。
榻迥霜初薄，毡寒夜亦凄。
传灯因证后，法履尚归西。
始悟浮生偈，从兹路不迷。
欲循先世躅，拟向此岩栖。

游灵岩双鹤泉有作

甘雨庐陵人，监察御史

泰山之高高插天，灵岩绕之屹然。
突兀枕其后，乃与泰山之山互蜿蜒。
琳宫梻比自何年？铁衣犹存石碣残。
老僧问之不记年，但见千峰万峰莽相缠。
峰头怪石势攒岏，上有青狮下鹤泉。
老鹤千秋去无还，徒闻石罊之底鸣銮。
佩玉响珊珊，清凉彻骨鉴毛纤。
黄云覆之虬龙眠，狮子一吼龙浆寒。
我思真人不可攀，临流趺坐蹑云烟。
半杓和烟轻凤团，心魂初沁尘襟湔。
淹留竟日意绵绵，无奈斜阳挂松尖。
舍利毫光塔影圆，振衣起走步层巅。
四野苍茫宇宙宽，凝眸西极路漫漫。
安得缟衣来翩翩，鹤兮鹤兮几时乎？
缟衣来翩翩，共我遨游挟飞仙。

游灵岩山寺

刘勅历城人，富平知县

乔木森森昼自阴，四围山色隐禅林。
朗公西去衣成铁，佛殿弘开地布金。
野鸟欲迷青嶂合，岩花半落白云深。
谈经不觉僧斋晚，风送钟声下碧岑。

灵岩礼达观禅师

傅光宅字广居，东昌人。监察御史

峦麓西盘宝地开，高僧结夏此徘徊。
为愁金锡飞空去，遥望珠林触暑来。
定里苔痕侵草座，经残月色满香台。
谁堪入室传心印，流水声中问渡杯。

同前题

汪钛新都人，都指挥使

炎蒸何处觅清凉，为有生公坐道场。
满月未瞻金色相，晴云先识玉毫光。
风波未谓迷山远，尘世应知觉路长。
曾向青山持半偈，老依双树礼空王。

铁袈裟解

谭耀岭南人，监察御史

绣幡争要竖谈锋，佛教由来万劫空。
红紫缁鹑均色相，自家摇动法轮风。

游灵岩寺有序

陈文烛沔阳人，布政使

寺盖在泰岳西北麓，群山拥翼，栋宇连云，摩空于霄，莫可名状。唐人纂十道图，乃以此与栖霞、国清、玉泉为宇内四绝，余得游焉，真一适也。

名刹高岩里，遗碑古道傍。
岱宗看未了，宝塔见还藏。
白兔惊神异，青蛇事渺茫。
朗公曾过鲁，初祖盛于唐。
锡杖泉留月，袈裟铁自霜[①]。
潜龙应解脱，幽鹤任飞扬。
取水真甘露，寻溪得异香。
茶椒供佛座，梧竹满僧房。
海日悬精舍，慈云护法堂。
鹊巢千树顶，鹤绕五花廊。
牵木游偏好，披衣卧不妨。
偶来依净土，倏尔又河梁。

游灵岩寺二首

王之纲荆南人。万历中翰林学士

其一

每依岱岳瞻灵扃，今日冲风始纵颜。
虬干几年巢二鹤，琼浆此处透三关。
碑传颉籀蜗文旧，洞锁烟霞石鼎寒。
漫向老僧询出处，夜深一榻白云间。

---

① 自霜：清道光《长清县志》作“染霜”。

其二

宝刹名山万户开，五花飞阁耸崔嵬。
铁衣应有神僧护，石井空劳野鹤回。
紫气蒸腾分岱岳，白云翔绕自蓬莱。
几从仙客凭虚赏，谁拾崖椒泛玉杯。

礼惠崇塔诗

释真可赐号达观大师，东吴人

龙盂盛得玉泉流，法雨慈云处处周。
岩树犹含天宝色，西风落叶不胜秋。

游灵岩寺留题

石九奏字四如，信都人，兖州知府

委蛇一磴切悬流，历乱芙蓉逐远收。
为是名山欣独往，到来初地醒双眸。
乍窥猿鸟烟中没，才认峦岚翠尽浮。
云满诸天时作霰，树排绝壑但成筹。
交交苍碧俱傾佛，冉冉金银故射楼。
泉名卓锡仍留鹤，石立朗公不点头。
钟磬他山闲应续，香灯古殿老清幽。
人天不必隋唐劫，世代何劳隶篆求。
暂榻僧房眠未稳，几传官舍去还留。
簿书有分人从得，山水无情我自酬。
欲问岱宗从兹始，异时失路好重游。

万历甲辰仲冬，余赍捧事竣来游兹岩，奇峰四合，如化城瑶岛，令人应接不暇。读石四如年丈壁间长句，聊为次韵

施浚明字仲宣，西吴人

灵岩奇闷如黄流，我来正值岚烟收。
庋囷巘嵲贮万斛，屏嶂森肃明双眸。
钟声遥向翠微出，石势尽与青霞浮。
方知削成护经匭，矗若乱竖量沙筹。
景物毕呈群玉府，风云间绕御书楼。
圣泉瀺灂堪洗耳，僧屋娑娑似点头。
罘罳不碍天牖月，筇杖正叩禅扉幽。
铁衣涌地露袿褶，金函天锡罗琳球。
萦纡磴道蛇蚓屈，攀跻藤茑猿猱愁。
山中老衲费指点，石上新题漫唱酬。
何时重取东华路，一共风流太守游。

题甘露泉亭

张继业平阴人

谁向山中辟草莱，傍泉临石结亭台。
看云日喜烟霞聚，俯景春饶桃李开。
笑傲还凭天地阔，从容不计岁时催。
人生高致悉如意，未审红尘唤肯回。

题灵岩寺

周应治鄞县人。万历中山东提学副使

千盘积气启灵岩，贝阙风高脱俗鞯。
金布琳宫元上乘，铁成衣钵迥超凡。

世尊隐隐留双树，火宅辉辉秘一缄。
匹练绕流天作穴，奔崖无雨亦雺雺。

登灵岩有感

曹一兰卫辉府人，长清知县

窈窕禅林一径通，停车纵步万松中。
灵蛇留迹涎窝古，瑞鹤高飞玉宇雄。
入定老僧还出定，归空衲子不谈空。
无缘解得三生话，林木悠悠动晚风。

同登灵岩

李先菲胶西人，长清训导

一扣禅关色相空，无哗境界郁笼葱。
群峰突兀云霄外，宝刹辉煌金碧中。
昼静客游钟引径，夜深僧诵鹤惊丛。
临风握手同登眺，遍览蓬瀛兴未穷。

宿玉光上人兰若

刘亮采号公严，历城人，户部主事

客身应不住，何地更言归。
带月沿溪路，披云叩洞扉。
悬灯瞻古像，敷座拥缁衣。
问遍征心处，无如但息机。

甘露泉独酌

甘露泉头石，偏宜月下凭。
云归山一色，水落涧多层。

幽壑栖灵物，长林散佛灯。

吾生有习气，每欲作诗僧。

咏甘露泉

王克谨号春台，长清人，东莱教授

竹杖芒鞋石径行，白云堆里觅山僧。

为求几滴甘泉水，一洒尘襟万虑清。

灵岩过公严面壁斋，公严遣人供酒，壁挂素琴，为一再鼓，爰赋二律寄兴

张鹤鸣号平舆，颖川人。万历中历城知县，天启中官至兵部尚书

面壁斋头峰影高，山中卜宅远尘嚣。

丹禽自绕千株树，碧涧遥分几石桥。

洞里清泉堪煮茗，松间明月待吹箫。

主人不到空乘兴，一曲潇湘酒一瓢。

其二

壁上瑶琴床上书，刘郎真个爱山居。

纸窗进竹云初碎，石层鸣泉玉不如。

为羡灵岩增胜地，愿分甘露结吾庐。

随君也着登临屐，千树梅花半自锄。

过宿灵岩

王元翰

益信兹山果不俦，巨灵分劈自春秋。

云归绝壁岩飞动，鹤去双泉水咽流。

草木浑无尘俗气，碣碑多自晋唐留。

朗公说法千年后，怪石嵯峨尚点头。

初夏东巡毕，同程大参、李大参、梅学宪、丁都阃游灵岩二首

王在晋浚县人。万历巡抚山东，崇祯初官至兵部尚书

节旄东指海天分，戎服雄麾虎豹群。
世上百年添俗事，山中一骑撇尘纷。
香钟初动消长日，草篆才挥扫暮云。
为忆春光行路尽，残花粘絮欲随君。

其二

阴壑深林筑地偏，离奇松石几千年。
孤云独锁灵岩塔，双鹤回翔卓锡泉。
白象青狮开大藏，金轮华盖拥诸天。
谩将胜赏销公事，山谷排衙吏亦仙。

宿问竹亭二首

绀宫高起锁烟霞，石钵甘泉雨后茶。
苍玉点成青竹杖，黄金涂就铁袈裟。
听残钟鼓僧初定，卧闭禅关月未斜。
人到春风过来去，满林新笋已抽芽。

其二

峭壁檀栾路转深，参天松柏女萝阴。
山头塔涌镜光合，窗外月明花影侵。
赋就禅房时刻烛，烟消香鸭独调琴。
通宵欹枕听清梵，聊寄翛然出世心。

灵岩行

毕懋康号孟侯，歙县人。万历末巡按监察御史

危峰直削五千尺，中有一人当洞立。
青苔作衣云作笠，古今不愁风雨湿。
千岩万壑旷中藏，奇诡险奥安可详。
出穴虫蛇蟠白鹿，登山魍魎骑青羊。
我有防身①一宝剑，欲往斩之俱不见。
仰天慷慨发高歌，不觉清空起雷电。

题灵岩寺

邢云路安肃人，临清兵备道

窈窕入深林，幽岩薜萝侵。
草香驯鹿下，洞古老龙吟。
鹫岭天开画，莲花地涌金。
朗公不可作，空对碧山岑。

宿灵岩寺

古寺僧房寂，名香永夜焚。
佛光七宝现，塔影九华分。
双树留明月，高山宿白云。
虚堂清不寐，天外梵音闻。

咏铁袈裟

烟霞深处见灵山，佛祖千秋去不还。
乌鹊芦芽成往事，空留衣钵在人间。

① 我有防身：清道光《长清县志》作“我携随身”。

题灵岩寺十二景诗

胡一龙永城人。崇祯初督粮参议

置寺殿

开山何用布黄金，座下天花只树林。

万亿化来归自在，随缘便振海潮音。

证明殿

悬崖石窦老龙窟，龙去僧来占嵂崒，

无上高头作证明，尘寰俯视无窝突。

双鹤泉

仙禽濯羽玉层层，相映寒泉水欲冰，

新响忽闻如帛裂，还疑犹是九皋声。

朗公山

千山犹自月荧荧，飞锡何年问地灵。

道是虎溪今已尔，今人却忆可中庭。

鸡鸣山

本无声里若闻声，声在觉根不在听。

无数关津名利客，可能唤回几人惺。

锡杖泉

九环卓处玉波浤，彼岸遥连若有情。

瑜伽池中分一脉，漫劳雷雨战龙兵。

绝景亭

晚霞射出灿琉璃，仿佛金城看欲痴。

天地蘧庐那是住，好将真息仰慈师。

铁袈裟

多宝如来现世缘，莫须磨洗认方田。

尘根已断还常住，不作人间忍辱穿。

明孔山

山精若个逞玲珑，空里生明明里空。

参到白毫光满处，阎浮大地此些同。

甘露泉

流澌甘液响涓涓，鹤去云留不记年。

成甃成渠都不管，随缘便种往生莲。

石龟泉

石龟大物有神凭，曾供法筵作水丞。

今在堂空物坏后，还疑败壳卜衰兴。

般舟殿

迷津惹大须回头，争奈凡夫不肯休。

愿得瞿檀普一度，尽将大地作慈舟。

赋甘露泉

王重儒南燕人。原赋十首，仅见其三

巅许平分扪薜萝，飞悬碧汉泻银河。

琼珠万颗绕衣溅，不用金盘玉露多。

赋铁袈裟

大地灵光满法华，何缘此地抛袈裟。

西来厌见东流水，金锁毒龙镇海涯。

登塔赋

宝塔巍峨振地灵，摩云剑阁映高峰。

应经炼石神娲手，玉柱擎天碧海青。

护德藩登灵岩山一首

沈正宗吴江人，清军道佥事

奉驾来游绝胜缘，如屏苍壁隐诸天。
模糊驯虎驮经谷，寂寞开山雨法筵。
剩有鹤泉随杖锡，空余班洞锁云烟。
朗公石在头应点，为问袈裟铁可穿？

登灵岩寺

孙振图字龙友，平阴县举人，赠兵部侍郎

方从名岳转，特地叩禅扉。
宝刹彤云拥，寒泉玉屑飞。
松峰如列嶂，翠色欲沾衣。
到此诸缘绝，寻仙愿不违。

游灵岩寺诗

魏士章江陵人

环谷千峰秀，寻溪万虑清。
几番历落后，迭见翠微迎。
古木云虬奋，残碑雨漏倾。
翻经谈虎伏，访道问鸡鸣。
灰劫催轮转，驭飞幻孔明。
邛支森佛骨，光满现塔檠。
百炼余衣在，重关赖巧成。
亭虚龙抱楯，壁削石为棚。
泉冽鹤双迴，洞幽云自横。
琅玕垂个个，薜荔挂声声。

昼永吏无促，山空鸟不惊。
祇园坐一日，忽悟话三生。
独爽证明约，登高屐未平。

灵岩志卷之五

艺文志四[1]

国朝诗

从来文风之盛无过熙朝，何灵岩题咏不多觏也。盖岩志缺将六十年矣。即学士大夫素爱名山大川，无所考证，亦不无雁宕之失。志成而后，稽图览胜，未至者动游观之兴，已至者发吟咏之思，从此当无既也，故特为一卷，以俟绪登。

顺治己丑仲春，出郊劝农至灵岩，夜坐僧庐，仅见慈舟、古贤二长老耳，因而有感，口占纪之

吕朝辅辽阳人，长清令

灵岩驻马近斜晖，怪石苍松蔽四围。
正恨荒山岑寂甚，穿林喜见二僧归。

重阳日径过灵岩

张晋彦号坦公，河南人。山东右布政

几度重阳客未还，秋风吹我肯寻闲。
灵岩寺上无黄菊，犹自登高望远山。

① 艺文志四：底本作“艺文志”。

同诸社友游灵岩寺赋此

鲁国男号挹庵，长清人，保定总戎

朗公开此地，奔走满江湖。
滴历存颜色，空青蔼画图。
闲云幻苍狗，响箨乱归乌。
共结登临伴，相将剧饮徒。
马行孤月拥，鸟度落霞呼。
赤棒尊金鎞，青藤裹玉符。
到山原无鲁[①]，放屐欲看吴。
磴礴缘非易，鸟萝[②]兴不辜。
亭基余薜荔，碣石隐榛芜。
柏古骊龙啸，泉良双鹤鸣。
金盘甘露溢，绀塔翠微孤。
一线吞残照，千溪绣绿菰。
残生麋鹿具，万事鹤猿须。
爽逼天门近，烟深地轴驱。
佛衣苔藓合，雾髻美破徂[③]。
海岳莺花丽，樵苏慰老夫。

灵岩行

施闰章

灵岩开凿巨灵苦，万仞丹梯作环堵。

---

① 无鲁：清道光《长清县志》作“小鲁”。
② 鸟萝：清道光《长清县志》作“茑萝”。
③ 雾髻美破徂：清道光《长清县志》作“雾结峻坡徂”。

已留天穴烂明星[1]，更遗甘露泻石乳。
重林深翠来风雨，铁崖涌出袈裟古。
土花错落缕金斑，水田细绣[2]天为补。
丹台飞嵌层岩巅，削成石屋居无椽。
杖黎[3]直上八千尺，手抚白鹤凌紫烟。
朗公卓锡呼不应，庞眉石丈拱我前。
遍视人间悲浩劫，谁知梵宇亦桑田。
般舟宝殿金银摧，世尊尘埃龙象哀。
唐碑宋碣纷断折，存者欹侧埋荒苔。
灵迹摩挲恨未了，倦游一宿良草草。
安能高枕卧空山，饱饭青精颜色好。

顺治己亥仲秋重登灵岩

顾炎武东吴人

重来绝巘更攀缘，壤阁崔嵬起暮烟。
山静鼪猱栖佛地，堂空龙象散诸天。
芰林果熟红椒后，入定僧归白鹤前。
莫问江南身世事，残疆兵火一凄然。

游灵岩寺次宋转运鲜于公韵

王纪

为探灵岩暂停毂，扶杖登临肯碌碌。
千崖万壑果奇绝，无怪名称金舆谷。

---

① 已留天穴烂明星：清道光《长清县志》作“已冲天穴透珠星”。
② 细绣：清道光《长清县志》作“细致”。
③ 杖黎：清道光《长清县志》作“杖藜”。

巢鹤岩头别有天，鹤来鹤去云田田。
闻说东山能小鲁，一眺青齐万并烟。
石丈屈身似拱揖，听法头点已陈迹。
创寺开山几许年？殿宇参差罗目前。
松风阁中消俗况，滴水崖边胜六泉。
悬崖滴水涓涓下，东海漏天何其亚。
宛然道脉与相连，古今几曾舍昼夜？
乐此浑忘素艰辛，壶天境界清凉身。
有心借尔为霖雨，遍济尧天禹甸人。

宿灵岩寺祖居上人禅院偶成俚言

阎廷谟河南孟津人。山东参政升湖北按察使

新秋偶过朗公庐，为爱名山一驻车。
风卉泉声丹嶂晚，松筛月影碧窗虚。
听经有意怜般若，临政无能愧簿书。
莫向迷途争幻妄，好从此地觅真如。

游灵岩题壁

徐沁号野公，会稽人

十年梦想灵岩寺，到得灵岩分外奇。
妙不容言真绝境，清泉白石总相宜。

灵岩山道

史国珍字元明，辽阳人

山深莫道僻，难得告人知。
入路寻幽径，登桥拂乱枝。

云峰联古刹，烟树度新诗。

清览看无尽，徘徊去欲迟。

宿灵岩寺

律演灵岩开大乘，梵王有寺隐高僧。

般舟普渡人先上，流水齐惊岸早登。

残碣萧条风雨待，乔松寥落汉霄凭。

欲来破梦寻新梦，一枕幽香绕慧灯。

题御书阁

书阁深心今已遥，灵岩寺并阁冲霄。

鹤猿啼处晴光在，车驾登临圣迹昭。

明月崖前悬宝镜，白云天外走仙樵。

高怀曾系春风去，依旧江山又四朝。

其二

有怀也得觅封侯，登故唐天子阁幽。

飞燕朱棂穿古月，卧龙碧瓦灿新秋。

鸟啼花外知兴国，云起山头纪旧游。

满目苔痕生辇道，上林春色几人收。

康熙已未初冬游灵岩寺

辛建极字皇有，东明人

霜染林稍树叶丹，马行盘路绕沙滩。

雾开方见灵岩秀，地僻始知老衲闲。

寺涌袈裟铁像古，涧喷甘露玉泉寒。

解鞍烂酌僧家酒，醉后登临仔细看。

宴集甘露泉望功德顶

韩毓桐字元卿，号琴庵，历城人

为爱名山结伴游，往来呼酒枕清流。
泉通佛座莲花冷，云暗禅房柏子幽。
仙屿遥开天际外，人踪远落树梢头。
莫言胜概凭僧占，还任词人笔底收。

咏铁袈裟三首

杨涵青州人，贡生

何人曾制此袈裟，抛向空门历岁华。
自是争端应弃却，单传人已去天涯。

其二

红垆不记是何晨，长短谁能量此身。
莫怪至今披不起，只求竖得脊梁人。

其三

袭袭香烟晓夕薰，依稀犹辨水田纹。
回头笑问同游客，且道由来重几斤。

礼甘露泉大士殿

董发祥青城人，举人

古殿崔巍鸟雀稀，法幢清磬远霏微。
座中甘露冲岩出，户外鸣泉斗石飞。
妙相庄严狮子踞，圆通密谛白莲围。
慈悲遍满诸方界，稽首灵山志不违。

灵岩结夏五夜初雨

房恺字子黎，齐河县人

危坐深山雨逐风，隔窗时见电光红。
远峰叠翠云中接，近树迷离雾外通。
多少琪枝承紫露，几重石壁绕苍虹。
连床急就快心赋，待晓乘槎谒朗公。

甘泉亭观雨

闲坐禅亭趁晓凉，一天霪雨过池塘。
雾中烟树闪苍翠，石上云花起渺茫。
万壑齐鸣山涧落，千崖难觅汉雯藏。
老僧若有无生诀，流水何缘下帝乡。

饮甘泉亭

甘泉冷气浮，方暑入深秋。
亭接蓬壶近，山分石室幽。
危崖环嶂去，高树荫潭流。
玉露千瓯少，羲皇一梦收。

登松风阁

谷深通野寺，斜转上岑楼。
身下石崖危，眼前松色稠。
碑阴留妙谛，檐影挂禅钩。
钵稳龙方静，飘然物外游。

由灵岩寺过甘露泉登功德顶

李廷臣字良弼，辽阳人，长清令

于齐于鲁此山通，瞻得天孙岭过东。
石雨滴香樵子径，松风吹老梵王宫。

字痕搜古苔衣碧，人迹凌高荔宇红。
欲想栖霞较诸胜，玉符缥缈白云笼。

狮山

于绍舜字克承，长清人，内阁中书

狮峰雄踞出崔嵬，乌弋谁将缩地来。
怒吼松涛驱虎豹，闲排云阵鼓风雷。
西归欲逼星河去，东望拟从泰岱回。
闻说空王降怪兽，狰狞亦上雨花台。

象岭

寻幽已遍朗公山，礼罢诸天欲破颜。
谁逐青蛇登彼岸？还留法象镇禅关。
嵯峨丰背连云碧，寂寞灰心尽日闲。
待得前滩新涨后，依稀鼓鼻弄潺湲。

巢鹤岩

尘踪长是羡飞鸿，巢鹤岩巅恰御风。
十里松阴晴亦雨，千重烟霭色还空。
列屏山似居连舍，放眼人如鸟脱笼。
不用凭虚更搔首，恐耽诗句负青葱。

滴水崖

悬崖滴漏绝喧尘，杖履何辞远问津。
石窦飞泉寒漱玉，溪花落水淡含春。
斜攀曲径松为盖，倦枕清流草作茵。
自是桃源仙隐地，可怜身世日因循。

铁袈裟

几年面壁着袈裟，抛向深山阅岁华。

纵使庞眉绝尘垢，可怜衣钵老烟霞。
空余色相惊聋俗，谁演宗乘落宝花。
西去不携东土物，何须只履走天涯。

出灵岩遇雨得望朗公山云

灵岩西出雨漫漫，谁散阴云护法坛？
洞为人归掩帘幕，山因客去着衣冠。
重峦积翠浓于酒，远树含青秀可餐。
回首朗公呼不应，只今拟作画图看。

坐甘泉亭分韵即书赠高僧

喻成龙号正庵，金州人。盐法道，坐转臬藩，擢京卿

径曲缘溪人，亭开坐日边。
数峰低万岭，一塔障诸天。
秋乱云中树，寒侵屋里泉。
看来幽意惬，永矣竟忘旋。

灵岩寺

李兴祖字广宁，号慎斋，银城人。盐法道

川泽注会宗，是以崇四渎。
丘陵培塿卑，是以尊岳麓。
山禀天之灵，惟泰岱称独。
水钟地之秀，东溟波洄澓。
临皋隰沃流，北坟攒珪琭。
鸟道寻岱阴，袅袅云填谷。
涧溪任钓网，岸草凭樵牧。
缘溪疑路穷，一虹矫若鹄。

逶迤入径深，蔓萝延松竹。
当径石鳞鳞，铁皴虬理蔟。
嵚崟含宫宇，森翠护神屋。
松柏缀蓊郁，草木飘馥郁。
怀壑[1]抱山限，揖拱俨星宿。
僧舍拟圜阓，石梁如盖幅。
周匝腾气灵，宛转山水渌。
古殿冲霄汉，宝柱摇金烛。
棼楣接日光，栋榱皆云木。
创自正光年，法定卓锡筑。
鹤溪与杖泉，清沏颤拖縠。
湍声咽松涛，千佛法髻蹙。
朱龛尽颓靡，像设皆倾覆。
人事有变迁，陀伽亦遭数。
古柏大十围，高隐扶桑縠。
石窦鲁班名，门扃拟瓯牍。
忽尔耸飞阁，层叠韫秘箓。
群生冀大炉，煅炼脱浇俗。
平地起浮图，隔天尺五六。
万千铃铎声，振天撼地轴。
鹿脊峙香山，净室锴折足。
服食劚朱苓，黄精啖避谷。
松魄养灵真，天麻成质毒。
卧佛合双丸，欹枕嵩山樸。

① 怀壑：清道光《长清县志》作“岩壑”。

入定辨劫灰，千年芝馥馥。
左右二洞嵌，黑白云相逐。
阴晴无定期，罨羃润黝黩。
幸此息攀跻，当暑静炎燠。
仰眺贞观书，历落晃珠玉。
断碣扪苔藓，唐宋碑矗矗。
剥蚀已千年，迄今犹遗躅。
蔡卞体遒庄，苏腕无拘束。
木末涌莲台，羊肠径愈曲。
祇林草藉茵，幻铁水田浴。
渡海彼岸登，一苇相质赎。
呗叶寒厨火，喻法捐毁谑。
再跻烦汲引，侧偪步踖踧。
山蹇峙孤亭，历历皆可读。
曲径蜿蜒横，绝顶连天腹。
阳穴羲和通，阴壑气肃肃。
密树障穹窿，通明启日匮。
冈岭势纠纷，山形类兽属。
峰岫幻无穷，狮象前后伏。
厥中曰朗公，化身遗髅髑。
怪石多异态，嵾嵺峭崒复。
向如参野禅，侧如问丹录。
蹲如揭道宗，背如了物慾。
蚁缘跻灵岩，恍然惊悟服。
隙地白云中，岩壁垂绮縠。
树染勾漏砂，峰滴云母绿。

提封刻万亿，不盈双眸瞩。
汶洸如线环，丘壑回合辐。
顾眺僧指频，云液作廪蓄。
耸身窥山河，移步惊蹴踧。
泰岱独前峙，群岫陪隈澳。
乾坤无尽时，晨昏休碌碌。

游甘露泉和正庵喻观察壁间韵

策杖寻幽境，清流绕树边。
灵泉飞近雨，古木障遥天。
石怪多奇岫，亭孤独涌泉。
坐观兴倍发，留恋莫言旋。

题灵岩寺

张榕端滏阳人，内阁学士

首夏纡游屐，灵岩蕴秀殊。
数回山曲折，一望树模糊。
负岭如屏幛，前溪俨画图。
所嗟年岁久，名刹半荒芜。

游灵岩寺

徐亭字卓仑，嘉兴人

岱岳亘鲁封，迤逦忽中截。
划为东西支，元气此蕴结。
征车日纷逐，不晓藏奥折。
我昨登日观，足力未云劣。
策蹇鼓游伴，揽胜何勇决。

入谷两山翼，四望天陡绝。
豁然开空苍，岚翠清可啜。
石梁通寺门，寒流细幽咽。
殿旁汉柏二，轮囷腹半裂。
散为千万株，俨若瓜孕瓞。
浮图矗玲珑，势敌山巀嵲。
下有卧佛堂，楹砌敞修洁。
披榛陟荒涂，双屐险蹉跎。
颓垣留袈裟，紫绣剥积铁。
龟趺何代遗，雨润土花凸。
径仄石齿齿，崖危树杰杰。
稍憩甘泉亭，香乳泻不竭。
一掬心神清，免使肠内热。
白云蔽峰腰，冉冉洞门泄。
高攀猿狖枝，幽探豹虎穴。
摩挲开老眼，拨藓读断碣。
乃知历汉唐，缔构本前哲。
兹寺有兴废，兹山无磨灭。
踏月休松寮，相对泯言说。

灵岩寺

李楫字平澜，大嵩卫人。长清教谕

独上山头坐晚霞，灵岩夕气乱归鸦。
龙宫高逼诸天近，鸟道还惊客路赊。
月过石林千嶂雪，溪回烟井万人家。
到来寒谷羞微禄，不谓清秋更有花。

灵岩寺

李汝瑛字白华，楫之子，太学生

花宫仙梵静嚣氛，露井银床座上分。
涧水远从天外落，风琴遥向月中闻。
鹤巢顶上千年树，狮子峰头万里云。
共道山岩多爽气，于今秋色正氤氲。

陪喻道台游灵岩憩甘露泉亭分韵

范琡字西汉，江南安庆人

半日寻幽倦，因泉憩此亭。
是僧都似石，无客不皆萍。
塔影林端白，天光涧底青。
使君诗最好，留却赠山灵。

陪喻道台憩甘泉亭分韵

僧超榕闽人

朗公说法地，冠盖屡经过。
簇马入林闹，灵禽向客歌。
残碑依殿古，怪石傍僧多。
不朽骚人事，甘泉赋薜萝。

游甘露泉和友人范西汉韵

韩毓桐

廿年曾信宿，今复到泉亭。
既以山为友，何妨踪是萍。
水流鹤羽白，峰点佛头青。

及见高人句，灵山觉更灵。

赋灵岩十二景

韩章字天章，历城举人

置寺殿殿久废

原始无形入有形，辉煌置寺胜金庭。
千年底事终归尽，水自泠泠山自青。

铁袈裟

欲从坚固说根芽，指点因缘托物华。
不是铮铮铁汉子，焉能披得此袈裟。

朗公山

朗公化石不可考，石似僧形永不老。
岂是朗公真化石，僧能似石无烦恼。

明孔山

何年凿辟见神工，嘉兆分明应朗公。
宝刹既成人已去，犹留满月照山中。

证明殿

洞屿当阳护翠松，许人攀仰继高踪。
证明得至无无尽，即是千岩最上峰。

双鹤泉

双鹤何年饮此泉，泉名得与鹤相传。
而今不作长空唳，只在涓涓石窦边。

石龟泉

人巧从来可胜天，石龟窍里泻清泉。
土居定有人多寿，松老茯苓玉液鲜。

鸡鸣山

松梢未曙乱鸡鸣，保卫祇园功力宏。

以自山灵逞异后，林无犬吠寺无惊。

甘露泉

谁将杨柳瓶中水，移向莲台座下生。

天上有源来地窟，须从滋味辨分明。

锡杖泉

禅机慢道总空虚，吸尽西江水有余。

愿与众生清俗垢，锡环一卓便成渠。

绝景亭久废

一亭孤峙众峰寒，绝景尤从此地看。

最是斜阳松柏里，雕甍锦榭五云攒。

般舟殿

平地筑斋名画舫，山头起殿号般舟。

僧儒同一提撕意，莫教机生觉后头。

游灵岩寺

巴柱朝号素庵，奉天乙卯举人。长清令

石壁嶙峋秀果真，幽栖曲隐大乘身。

梵宫风送钟声晚，竹院香浮祇树新。

道貌只留云作伴，禅心直与月为宾。

清泉极目游鱼杳，笑到岩花别有春。

登灵岩顶

泰岱灵岩接，极巅更异哉。

危峰惊石座，佳树结楼台。

伫望游龙远，行瞻舞鹤回。

名山多胜概，何必到蓬莱。

游灵岩寺

王弘任字云亭，济宁人，本县教谕

入尘无意出尘难，半在山林半在官。
两袖清风登峻岭，冰心一片对甘澜。

又成

立志欲乘狮象去，骨坚可披铁袈裟。
吾心尤爱朗公月，此地何妨便是家。

题灵岩寺

马大相字左丞，定陶人，长清训导

来游名胜地，古迹喜重重。
翰墨前人字，御书唐帝踪。
南瞻卧象岭，北望行狮峰。
磊落千秋石，虬龙百代松。
黑云洞霭霭，白鹤泉淙淙。
明孔旭岚绕，袈裟衰草封。
花宫听梵偈，竹屋闻晨钟。
借问何时至，是年丙子冬。

题灵岩寺

徐惟岱字泰岳，邑庠生

竟道方山好，峰岩果莫俦。
翠屏连泰岱，苍柏隐书楼。
宝塔千云峙，甘泉傍涧流。

何年出尘世，此地任优游。

住灵岩寺呈王旦明护法

释成楚（稿）

迹托灵岩下，闲情与石论。
何年名胜地？今日泛常村。
佛殿残云护，僧寮碧草屯。
敢期苏子带，万古镇山门。

游灵岩寺

张应祥字圣符，国学，长清人

一抹明霞映晚溪，马蹄香踏落花泥。
为寻方外蓬壶胜，来到佛天极乐西。
狮象峰高云叆叇，鹳鸱瓦碧树低迷。
僧房许下逃禅榻，出世何妨支遁栖。

甘露泉步前韵

袁之玺号尔玉。长清人

源出莲花座，一清匝草亭。
禅机识湛水，化理见浮萍。
环顾山容翠，顿教眸子青。
年来空碌碌，殊觉负山灵。

陪长清李明府登灵岩功德顶

刘瑶号卞公。慈溪人

冠盖相邀胜刹游，前旌隐见共云流。

高僧指引山中路，直到千岩大上头。

经泰山路偶忆灵岩甘露泉

鲁振基号育庵，国男弟。长清人

宦海萍踪二十春，家山犹识浪游人。
何时得遂幽栖约，一掬全清满面尘。

游灵岩寺宴集甘露泉

张秀号泗水，历城人

夙慕名山胜泺川，沿途花柳荡春烟。
暂抛历下东流水，来看灵岩甘露泉。
亭上追欢几老友，林间顾曲半青年。
家园吐漱清流惯，到处偏成云水缘。

游灵岩寺宿漕溪禅房

卢永久号祯宇，长清人

尘踪何处问西天，说偈谈空总杳然。
象岭摩云禅味近，狮峰得月慧光悬。
松堂香满偎花坐，竹院风清傍鹤眠。
终岁茫茫成底事，争好此地学长年。

游灵岩寺过宝光禅院

卢治巳号德馨，邑庠生

蜡屐重游到上方，春光极目意偏长。
云峰还似芙蓉秀，瀑水依然甘露香。
僧破禅关归净域，我来梵宇见毫光。

钟声夜半醒尘梦，顿悟色空心地凉。

登灵岩寺

胡义字理之，德州人

宝刹珠宫缥缈间，雨余乘兴共跻攀。
天连西北彤云合，地尽东南岱色环。
紫石有岩惟碧藓，唐释无迹自青山。
劳劳尘事知何补，徒倚峰头一破颜。

灵岩志卷之六

杂述志

惟志之末，例纪杂述。然而灾祥近怪，辩疑近妒，纪变近乱，述闻近卮，志亦赘也。除邑乘已载者，无庸再纪。惟迩来耳闻眼见者，聊载数事以志其异，为清夜钟声，使僧俗发深省可耳。

灾祥

康熙六年秋，水暴涨。铁袈裟南崖下石窟前，石猪现。寺僧争相往观，以为祥瑞，因名其窟曰：猪拱洞。识者曰：寺净土也，猪秽物也，以净土中而出秽物，非祥瑞也！而灵岩衰败实始于此。迩来石猪已淤过半，寺亦渐苏。想石猪没，而寺亦复兴乎？

康熙二十五年三月十九日癸酉，大殿前白果树高可五六丈，被火焚当顶大枝，余枝无恙，亦异事也。

辨疑

俗传竺僧朗、法定俱为佛图澄弟子。按，朗公《高僧传》内并无一字及澄，非其弟子也明矣。按，张县尉碑记：法定建寺在后魏正光年。按，《北史》：澄寂在石虎篡赵时，相隔百年，安得谓其为师徒乎？聊为辨析，以俟折衷。

寺有鲁班洞者，视其规模，以神僧传参之，乃开山僧朗公墓也。俗传寺之五花殿为班所造，故后葬班于此。而邑乘竟著为五花殿公输子所造，鲁班洞为公输子墓。按，公输子生黄帝时，佛法尚未入中国，安得造佛殿乎！大率寺院桥梁多有传为鲁班造者，不过羡其盖造之奇，成工之速，若有神助耳，岂真为班造者耶？

宋嘉祐中，秘书省著作郎原任长清尉张公亮《灵岩记》内，有神宗章圣尝锡御书，今上复降御篆之句。按，宋帝系：太祖、太宗、真宗、仁宗、英宗、神宗、哲宗、徽宗、钦宗。是为北宋嘉佑时，所谓“今上”者，仁宗也。章圣者，乃真宗章圣皇帝也，神宗在英宗之后，安得居真宗之上乎？必传写之讹也。景祐中，曾有祖无择诗石见在。注云：寺有太宗御制御书。以此证之，其为太宗也无疑矣，故特为改正之。

五花殿。按，宋嘉祐中张县尉文内，以为宋景祐中创建。明正统中，王副使文内以为宋太平兴国中创建。二说互异，但王之耳闻不若张之目睹，当以王文为讹，张文为确。

按，仁钦和尚十二景诗内，旧有置寺殿，说者以为献殿是也。而献殿不过为瞻礼处，五花殿之前殿耳，建自宋时，去置寺甚远，安得称置寺殿乎？以理度之，必定公初置之。殿在甘露泉西崖上者，殿虽荒废，而形胜颇佳，其即此乎？

般舟殿。“般”字音“博”，梵语“般若”即汉语“智慧”，言佛法如智慧之舟，而能令人离迷途登彼岸也。

诗盛于唐，兹寺亦莫盛于唐。想唐人题咏必多，今觅其遗迹，仅存“御书阁”三字。或世远人淹，亦如今日之堆垣叠砌，毁坏殆尽耶。抑记载乏人，如我朝五十余年之题咏，仅存一二耶。

铁袈裟，有云法定禅师创寺时自地涌出者。想彼时兴工于此，地中所得，犹郡庠之铁牛山也。

纪变

明崇祯十三年荒旱，土寇蜂起，孙化亭啸聚万人，踞青崖山寨，以灵岩为属寇巢穴。寺僧有被害者，亦有为贼所屈者，惟慈舟、古贤二僧不屈。贼亦素知其行而重之，听其看守香火，殿宇保全，佛像无恙，皆二僧之力。至我朝顺治六年正月内，邑侯吕公力请满汉官兵合攻青崖山寨，风雪中围三日夜破焉，灵岩余寇悉平之。

述闻

明王凤洲先生尝语人曰：灵岩是泰山背最幽胜处，我辈登泰山而不至灵岩者，不成游也。

灵岩古柏弥山，历代俱有严禁。自明崇祯十三年土寇大乱，为盗树之始，至今不息。禁愈严而盗欲甚，近来古柏殆尽。其树将伐倒时，乌乌之声闻十余里。古人云：木千年者其灵为青羊，万年者为青牛。信然矣！树既有灵，可轻伐哉？但人不知警觉耳。

明末有盗灵岩藏经者，邑侯访知，立毙杖下，暴尸郭外，至今藏经无恙。

王沁水先生曰：大都泉石之胜多得趣于天成，而致损于人力。俗子缁流妄兴土木之饰，败天成韵致。兼之借言修造，斫伐古柏，以致灵山失秀，可慨也夫！

名山胜水，菩萨道场，宇内甚多。至若文殊之五台，普贤之峨眉，观音之灵岩，焚修祝禧，皆最显著。但偷伐树木，以致林壑萧条，他不及知。若灵岩寺者，不无今昔之感矣。

附邻山胜境

迟贤亭说

灵岩西北，去寺十八里靳庄迟贤亭者，历代公卿使客来往之行台也，世传为宋时仙人靳八公故里。八公父官尚书，避贤乐圣林下，优游好施予。于官道傍置圃，种瓜济渴者，冬月设肆酿酒，沽不计值。常有黄冠与公来往，仙风可掬。瓜熟食瓜，酒熟饮酒。久之，八公敬礼弗懈。

一日，道者抱病卧其家，思食面汤。公家偶乏面，道者于葫芦中出面，令作汤。食未尽，公之妻嫌秽污，欲倾以喂犬。公急夺而食之，曰：勿蹈暴殄之愆！心顿开悟。道者起而喜曰：子可教矣，肯随我十洲三岛游乎？公欣诺，即弃家随道者行。其妻哭而追之，遗以号咷归别。去几，彩变飞云十字，乃飞升去，始知道者即纯阳仙也。

其字蜿蜒离奇，细辨乃识。士人奇之，刻字于石。明成化丙申，邑侯朱公义移嵌于迟贤亭照壁间。后落“乙丑年三月二十八日熙庆留题”十三字。盖元初国制，以甲子纪年，金主贞祐南迁之后，山东路已属元有，自是遵其制度。南宋虽在，非所属也，为金末元初之乙丑年无疑矣。所谓熙庆者，必靳之名也。且玩其诗意颇于靳合，为靳八公所书亦无疑矣。道家或有解作二十字。读者曰：天地道于斯，无为可是虚。铅汞三味药，造化并玄机。咸谓纯阳所书。但真仙遗迹世不多观，学士大夫多题咏，刻石列两阶，铁钩银画，敲金戛玉，骚人翰墨，林立一时，虽屡经兵火，未甚残缺。十年之前，犹及见之，比年来毁坏一空。校之东阁马厩，尤加惨焉，今仅存者十仙字耳。

乙亥之春，幸逢方伯张公讳勄者，雅慕泰山名胜，公余游览，道经靳八公故里，乃停骖访求遗踪。而泥污苔藓，碑仆石断，蝌文螭蚪之章，无从寓目，不胜悼叹，流连者久之。遂命邑侯巴公鸠工竖石，仍其旧制。又碑旁建立香火院数椽，以供洞仙。志是碑之所由来，使后之游人知所考证，而靳八公之遗事，歌咏长留千古矣。

邑侯承命趋事，砖嵌石砌，坚筑而更新之，胜迹得借以不朽何。莫非方伯之雅志也欤？又何！莫非邑侯之承其志而善以成之者欤？噫，亦仙迹之幸也夫。其题咏仙迹之诗，石刻无存。而从前所见录藏箧笥者，并附刻于后，存古迹也。

题迟贤亭

周应治四明人，提学道副使

劳劳客舍纪迟贤，曾此篮舆一息肩。
座上仙踪疑说法[1]，壁间鸟篆自笼烟。
骑龙别去荒林暮，跨鹤归来古道偏。
矫首红尘真异境，不妨独坐迥超然。

迟贤亭仙迹次韵

张嘉会涿鹿人，嘉靖间长清令

笔戏仙人结构盘，谁寻断碣表荒残。
纵横体制龙蛇动，隽咏诗章气烈寒。
号咷同人能用易，飞腾碧汉可追韩。
迟贤亭下余芳在，千古幽怀总得安。

书迟贤亭壁

杨本皋嘉靖中巡按御史

古碣荒村合，群山泰岳邻。
仙人乘鹤杳，玄画落笔新。

① 原注：堂壁有靳八公仙字刻石。

丹灶浮岚气，青春空鸟音。

嗔余骢马客，攀迹恐伤神。

靳庄道中

毕懋康万历末巡按御史

翠落群峰鸟道赊，靳庄深处有仙家。

云扶竹杖虬为驭，风急芒鞋鹤是车。

羽客分餐煮白石，骚人结佩琯青霞。

侧身不觉乾坤小，安得栖真度岁华。

题仙字

魏光绪新乡人，天启初巡按御史

鸟爪龟纹自一家，长留石上说丹砂。

谁能悟得无生理，并驾苍虬凌紫霞。

娄景洞说

靳庄北行十二里至丁善人茶棚，折而东上里许为丁家庄，东北六里至张山下洞虚观，名地也。台元杜征君有记。迤东李封君祠堂，有董太史碑记。南行三十步蓬莱观，东上一里云台观，又东上百步许有八宝玲珑树一株，又东可十余步白鹤泉。稍上又有二无名小泉，泉傍摩崖大书“仙台”二字。南行三十步聚仙塔，又南七八步青龙洞。再南四五步王母洞，洞上下两层，险而幽殊，可潜修返仙。台东北百余步陡绝处，叠石磴架，木栏犹兢兢恐坠者，乃娄景洞之路也。

近洞处有草名王瓜菜，叶类野芹，冬夏长青，雪中更茂，采食之，味类王瓜，异产也。洞居三峰山之半，东西透彻，阔可一二丈，高可十余丈。穿洞约行里许，至东洞门口，有范蠡、张良、娄敬三像。前一石香台，刻有“大金国泰和四年造”八字。石发淡青色，光耀润泽。傍塑一少年，短褐趺坐者，由博士也。南壁有金人磨崖纪，略曰：济南府长清县天花南管陇山。其山有洞，名曰：白鹤灵芝洞。下有灵泉，上有三峰。汉朝娄景先生号草衣子住洞，迄今千三百有余年矣。洞有古塑范蠡、张良及先生之像。今者住洞道人徐真道及禹城县善人张彦等，虔心重塑，所修功德善利，上祝：皇王万寿，戚臣千秋。福愿功德，早生清信之心，同继仙踪之果。皇统九年十月记。虽文不雅驯，但幽境古迹不可不录。

洞前古槐，朽根依稀可辨，大可数围。槐东则万仞涧也，是人迹罕至者。盖周季范蠡用计然术灭吴兴越，功成勇退，扁舟五湖，变名易姓，适齐为鸱夷子皮，之陶为朱公。用计然未尽之术，而货殖焉。十九年之中，三致千金之产，皆分散与贫交昆弟。后年衰老而听子孙修其业，遂隐此终余年。

汉初，娄敬说高帝都长安，群臣愿都洛阳，而共非娄敬。张良亦谓都长安便，帝从之。赐姓刘氏，以功封侯。后良辞帝去，从赤松子游，敬安能孤立于朝耶？亦弃爵而隐于此。良隐历城县治之南扶山洞，距此二十余里，相往来，以共优游。扶山之洞曰子房，此洞曰娄景。景者，敬字之讹也。董太史直书为娄敬山者，有所本也。遥想当年，越之文种，汉之韩彭，以贪痴而成鸿罹，曷若范蠡、张娄辈，弃功名而凤翔千仞乎？明哲保身，三公有焉。

晋有油博士王质者，经油房崖损其车脚，来此山伐木，见洞口槐树下二叟围棋，与质一物如枣核，令含之，不觉饥，看棋未终，视其斧柯已烂，急归油房崖，无复故人。询其世代，已百有余年，始知为仙人。复往求之，惟寂寂空山与洞槐在耳，甚追悔！后终于此化为鸟，名油葫芦，巢洞槐上，啼则自呼其名，声颇惨然。然他处无之，殆杜宇、精卫之俦乎？明儒张公以宁诗曰：闻说仙家日月迟，仙家日月转堪悲。谁将百岁人间事，只换山中一局棋。至理名言，足破古今之惑。返洞西下石磴，行二十余步三清洞，洞中有天生宝盖。又十余步天台观，六七步八卦洞。再北十余步火龙洞，高而不深，洞中架阁，祀玉帝，亦名玉皇洞。再北仅三四步则仙姑洞也，而东山之洞尽矣。

返云台观，望北山万仞，峭壁之中朝阳洞也，宛在云端。由东北行三十余步，折而西上，石磴木栏，蚁缘峭壁而登，校娄景洞更险。洞口祀镇武神面南；太乙真人面东，非礼也。由真人像后，燃烛北行四五十步，宽阔类衡宇，烛其石纹有如莲花者，如灵芝者，如云如盖，即良工巧绘弗能状焉，洞之绝胜处尽此矣。尚有聚风、疑难二洞，不必观矣！

娄景洞完虚先生祠堂碑记

董讷平原人，康熙总漕部院

完虚先生者，先外曾祖李封公也。公讳晖光，字望瀛，恩县人。爱娄敬山林壑之美，来隐于此二十余年，自号完虚子，后人奉之为完虚先生云。而祠堂之设，于何始乎？乃土人追慕其风，凿石辟地构室以祀，四时蘋蘩不衰也。

夫公殁将五十年矣。公之隐于此山也，不过羽巾道服，结庐山隅，戢影藏形，与麋鹿为群，白云为友，木石为侣。初，非有职守临莅斯土而号令及之，且有善政德施，使人咏甘棠怀遗爱也；亦非有诡言奇行自耀于众而人不忘也。而况乎年远时久，传闻日湮，何土人追慕之诚竟若此欤？曰：公好神仙之术。当时有碧玄先生者，不知来自何所，与公周旋相终始焉。

公殁，有野樵遇一采药叟，形类公，忽不见，因神异其事而祀之。或曰：仙未可学而至也。汉武亲诣海上，信用方士，甘泉九茎之芝，大旱乾封之说，种种迂怪莫可殚述，后犹自悔为人所欺。又曰：天下岂有仙人？节食服药少病而已。即子房随赤松游，为求仙者借口，不知功臣退步，豪杰深心，未必实有其事。观史书所载，壬子六年夏，留侯张良卒，不益信耶。余曰：公之感动土人而思公不朽者，以公超出于尘俗之表，优入于圣贤之域，实有其可法可传，而不在仙与不仙也。

公有丈夫子六人：长讳应辰，官鸿胪；仲讳应午，官太守；季讳应荐，癸丑进士，擢侍御，累迁卿贰，为时名臣；四讳应临，官郡丞；五讳应观，亦官鸿胪；六讳应兑，读书太学。诸生炳炳麟麟，盛极一时。公复屡遇封典，晋秩如子官，既荣且安，无逾此矣。以恒人之情论之，享富贵，席华膴，受子之荣，往往尊其体貌，美其车服，壮其宅室；山肴海馐列于前，妙舞清歌陈于侧；曳裾之人伺候于门，争妍之女充满于内，高居深处而乡里不敢望颜色。间一出游通宾客，亦笔轮耀日，仆从如云，为党塾光宠。且复矜名誉，快恩仇，营营不已。求其淡然无为，退焉自守，岂多得哉！矧于弃富贵而走世外，舍华膴而入穷谷，尤必不得之数也。而公独不然，公以为富贵华膴，草头露耳，一杖一鹤之娄敬山隐焉。去之日，不谋亲友，不告妻子，薰沐拜先庙，飘然而往。诸先外祖哀号牵衣，走数十余里不能留。遂登山觅洞，啸傲于清泉白石朝霞暮霭间。冬一裘，夏一葛，饭一盂，日执周易一卷。理乱不闻，岁时俱化，优焉游焉。万象包藏其胸襟，学问与造物游，与日月永。殆即古之隐君子行修而名立者欤！

范文正公为严先生记云：闻其风者使贪夫廉，懦夫立，大有功于名教。若我公者，其有功于名教更当何如？清之邑俗，淳而尚义，亦何能已于追慕也耶？余夙承母训，故知公德甚详。数年以来羁迹金门，有疏享祀，迩因奉命远归，圣天子悯其劳瘁，赐暂假调摄，将登公之祠而奠焉。舅氏讳理者重新之，使余为文立石，以告后世。余曰：此舅氏之孝思，而余之夙志也。且邑有贤大夫岳侯，政尚名节，百废俱举，尤千载一时，因勉其兴作而书此为记。

康熙乙卯十月朔日记。

娄景洞洞虚观碑记附

杜仁杰见前

山至于岱宗，天下无山矣。其尊雄浑厚，固应为群岳之长。然面向阳则峣崅，若无生意。凡物之在阴便觉深且秀，泉则甘冽，土则膏润，木苗而拱然，梨栗实而拳许，是岂人力所能成？地势使然也。有洞号娄景者，盖耳之热矣，独以不到为恨。先无居民室于其间，是以人罕到焉。

壬辰后，有道士曹志冲自燕蓟来，直抵所谓娄景洞者。至则以日为岁，朝畚暮劳，锸芟除剪，经理不出者余三十年。其徒稍稍来集，于是有殿、有廊、有厨、有斋、有库、有厩。志冲盖尝师掌教李真常得以额请，因揭为洞虚观。或者曰：境如是其邃，人如是其坚，缔构如是其美，不以文石寿之，所传恐难久。

曰曹致宁者，贰于曹志冲者也。致宁性绝巧，凿斧斤锯日不去手，前规后模，左布右置，率皆致宁所为，勤矣哉！一日走东平，欸予以文志其颠末。予辞之曰：顷当躬诣其所，必周览胜概，尽得之然后秉笔，庶几无渗漏，在如斯而可也。致宁诺而去。

余岁以结夏泰安为例，因取道由吾清亭，行不五十里，居民指以谓此走洞虚路也。少北而东，分从薄敧仄以上。跂而望之，北山巉绝如立屏，诸峰迤逦如拥抱，前有大岭横截如平云翳，以树林蓊然如比栉，若无间之入，可徘徊欲返辔者数四。从者曰：业已来此，今薄暮，将安所税驾，至则窅然无所见。明旦辄净，晴无纤滓，方丈瀛洲徒闻海上，阆风玄圃只在目前。信奇观也。

若夫洞之名不一，大者以间架计，厥基有三。榱桷之相钩连，柱础之相负载，甚类匠手设绳墨而为之者也。旧有玉皇殿，不知何代所作，绘塑犹有存者。小者曰悬钟，仅容三四人。傍有玉柱峰，高数百尺。攀援未半，又得若龛若坞者，扪之凝滑可爱，主者以上圣像实之。

噫！渠能不见，夫他山之为物也，顽矿殆不可以力穿而穴焉，政使强之能深得几许？抑亦劳哉！岂若兹山通彻飕漱，其与仇池接境，诚不远矣。此岂非万古烟霞之传舍，四时风月之蘧庐者耶？其名曰洞虚，固宜。遂记之。

佛公店灵岩下院说

灵岩下院者，古炒米店，泰山行宫也。其宫中住僧，代系灵岩寺法眷。游人至止，借此息舆马，每以无水为苦。前人卜地凿井，终弗及泉，此炒米店所由名也。

壬申之秋，巡抚佛公视工阙里。旋省时问及此方疾苦，住僧方侍茶道左，即以无水对。复问地名，即以炒米店对。公曰：何谓也？曰：无水故耳。公曰：吾与汝凿井及泉，可易旧名矣！遂委邑宰巴公董其事。未竣，辄升川陕总督去。佛公去而桑公来，复继善以成其美。冒暑同司道府官亲诣井所，令巴公精选工匠，务期及泉，以遂佛公爱民之志，答住僧仰望之心。善念笃而天意从，人力至而泉源出。俾焦土乾谷顿成清凉世界，人定胜天于斯益信矣。因谓其井曰佛公井，其店曰佛公店。凡游人借此以息舆马，不以无水为苦，即佛公之膏泽下于民也。载之岩志之后，诚欲使海内人知佛公能创古今所未有，而桑公又克成其志也。均足传矣！

佛公讳伦，桑公讳格，俱满洲人。巴公讳柱朝，奉天人。住僧讳永泰。

迟贤亭与佛公井，俱应表载，以资游览，犹属人踪可到之处。至于娄敬山，虽无精蓝锦榭，而削峰峭壁，洞屿天成，荜户草庵自成幽折，较灵岩风物别是乾坤。作志者附载岩志之末，不使桃源胜概，终与外人隔绝，而好游君子可借此以问津也矣。

点校后记

无论是从自然区域还是从文化区域来划分，灵岩景区都是泰山不可或缺的部分。举其概要，就自然区域而言，灵岩乃泰山襟带；就文化区域而言，灵岩曾是泰山乃至我国北方的佛教重镇。大概因其二者之故，早在明代，就有先贤言称：灵岩是泰山背最幽胜处，我辈登泰山不至灵岩者，不成游也。何谓“不成游也”？盖有此二者之缺憾也。

此次《中华泰山文库》编纂的主要任务之一，即力图将有关泰山的古代文献最大限度地整理收集，以利于泰山文化的研究、创新、普及与传承。故，点校出版《灵岩志》自是应有之义。仅有清一代，《灵岩志》版本有两种，一为康熙本，一为乾隆本，此次点校所依据者为《灵岩志》康熙本，并参考了清道光《长清县志》，部分碑记对照了现存碑刻。

为了读者阅读、使用方便起见，本次整理对文字进行了必要的标点和勘误，对于繁体字、异体字等，尽最大可能使用通行的简化字。

2018年7月23日

序

泰岱之麓綿亘數百里奥室精藍所在都有其西北隅煙雲迤邐結成紺宇者爲靈巖相傳竺法師朗公卓錫處余自癸酉春三月遊岱嶽歸一至焉愛其林壑幽邃香泉白雲出沒松濤竹色間訪朗公石之奇觀鐵袈裟之幻唐碑宋碣林立摩挲久之不能去亟向山僧借志書一觀舊志毀於兵燹新志刻逾半未竟手爲披閱覺敘次稍冗蔓因

思司鹺問署也無守土責倘簿領偶暇另爲編輯付剞劂以供遊人把玩亦成韻事遂携之歸是年冬適臥病浹旬嗣後屢奉憲檄捕蝗有令緝奸有遣以及攝署臬篆采辦軍需數年來疲形勞神寢食都廢卽欲再命巾車續攬兹山之勝已杳不可得又何暇啓篋衍發舊編一寓目乎余旣未得竟厥志山僧又索之迫仍檢原稿歸之夫寺之興廢由於地之盛衰金碧琳宮化

爲沙礫樵夫牧豎之所蹂躪鼪鼯猿狖之所嘯聚而悲吟古來名刹沉淪湮滅者曷可勝紀乃茲山之寺始於晉盛於唐歷宋元明至
國朝千百餘年不廢游人車馬雜沓吟咏聯翩者數代如一日也豈非山川有以勃其靈而金僊默爲佑助歟是烏可以無志茲編雖微嫌冗蔓然志沿革志建置志名勝古蹟碑銘詩賦古文辭令閱者爽然心目得以搜奇

抉奥一吐胸中所有亦足傳矣獨怪余纂輯未竟厥志山靈有知應笑余爲善不卒而踵事增華者之難其人又未嘗不歎余頻年多事浮湛軟紅間楮墨塵封勞勞且未有定爲可惜也

皆

康熙丙子夏五端陽後一日銀城李興祖慎齋氏題於歷下之巃署

靈巖志卷之一

山東鹽法道副使李興祖　鑒定

濟南府知府孟光宗

長清縣知縣巴柱朝　參閱

教諭王弘任敘次

訓導馬大相編輯

歷下韓毓桐

清邑盧治巳　較正

里人王　昕　釆輯

男奉祀生責善

敦善　閱梓

寺僧永泰　普潤

永持　清琱

永祿　永昶

洪代　清霞

清玉　清注

宗智　永瑞　商訂

演奇　淨瑞

凡例六則

一山左名勝泰岱固為五嶽之宗靈巖亦古四絕之首皆大觀也舊有岱史巖志二書明季被兵火焚燬岱史重刻巖志獨缺藝文散失芳躅泯滅殊非

盛世所宜是故不揣愚陋謹按舊志詳加考訂錄舊增新校正成書以表章前賢遺韻抑以為山靈重開生面也

一舊志止載藝文餘槩畧而不道然靈巖名重天下非他刹可比其封域建置古蹟人物雜述諸則皆宜採入今志一圖六綱二十四目諸凡勝槩披卷瞭然

一姑蘇鴈宕西安諸處皆有以靈巖名寺者舊志所載唐人詩如館娃宮畔山頭望海鴈鵒龍池郢路秦川之句乃題彼寺之詩與茲寺無涉今盡刪之惟志其實耳

一寺碑林立多為塾師俚筆山僧杜撰荒唐難以取信者概不收入恐其魚目混珠也

一藝文所志寧嚴毋濫凡世代莫考詩章太陋者不

敢概錄彷厭觀也

一兹刻志板貯於本寺公所專僧監守凡遇遠近遊人願得書者便於就寺印刷以廣其傳

靈巖志目錄

靈巖志卷之一

圖引

圖與書相表裏者也閱卷瞭然可知大槩舊圖十二景佛宇過半嫌其香煙太濃今但於奇峰秀巒清泉白石天然最韻者標爲八景并二古蹟餘悉刪去總圖仍舊焉

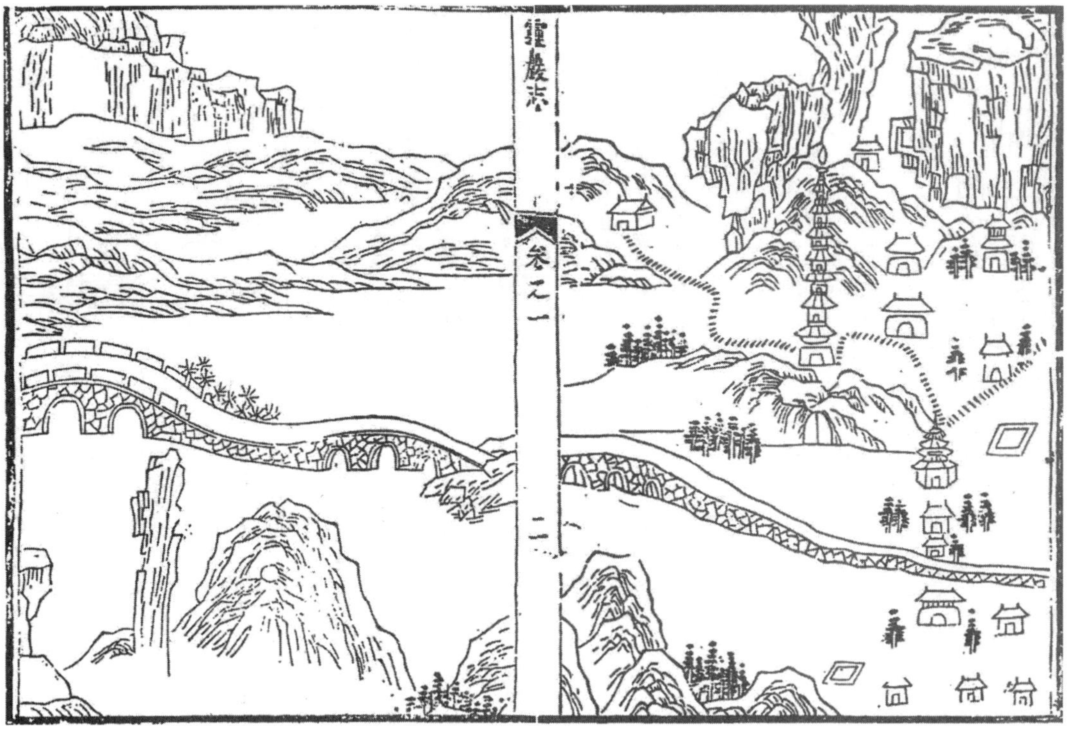
靈巖志
卷之一

靈巖志圖
卷之一

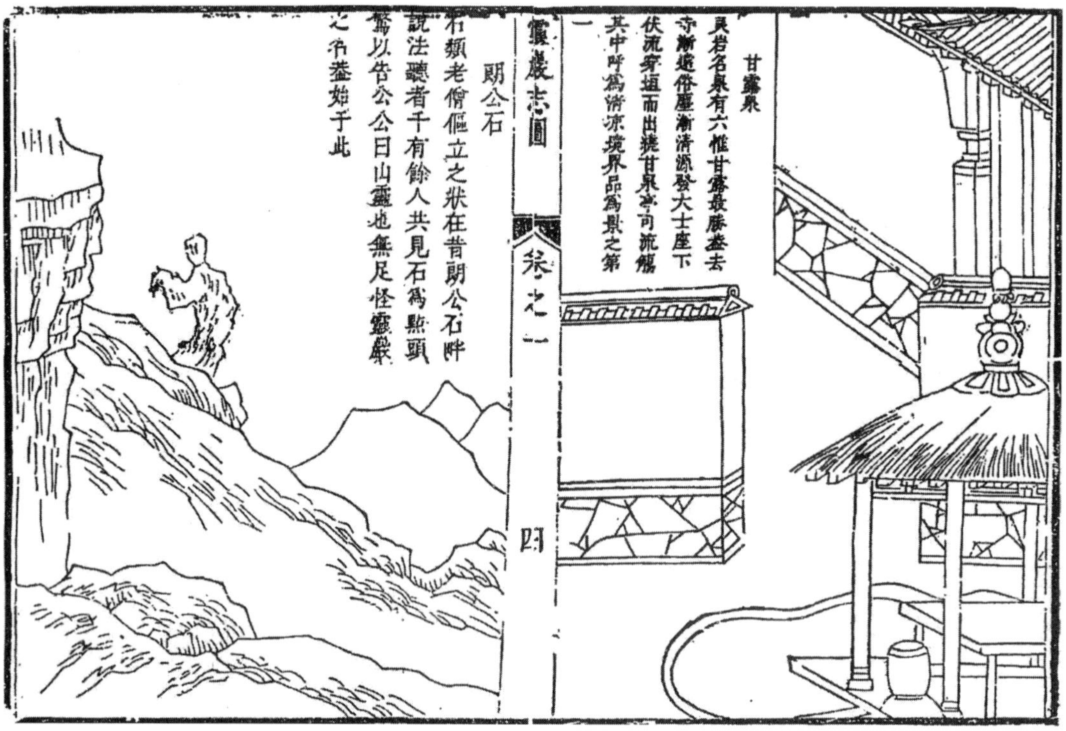
甘露泉
靈岩名泉有六惟甘露最勝蓋去寺漸遠俗塵漸清源發大士座下伏流穿垣而出繞甘泉亭而流觴其中呼爲清凉境界品爲景之第一
靈巖志圖
卷之一
四
朗公石
石類老僧傴立之狀在昔朗公石畔說法聽者千有餘人共見石爲點頭衆以告公公曰山靈也無足怪靈巖之名蓋始于此

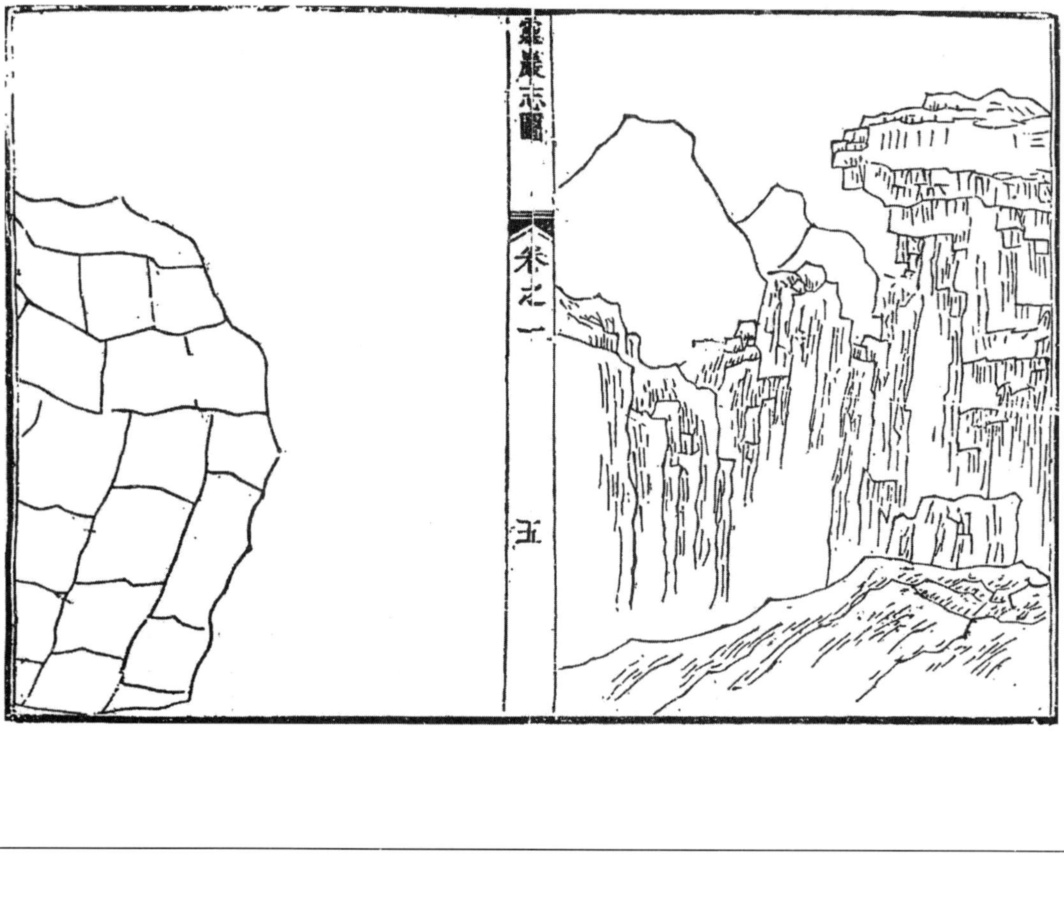
靈巖志圖
卷之一
五

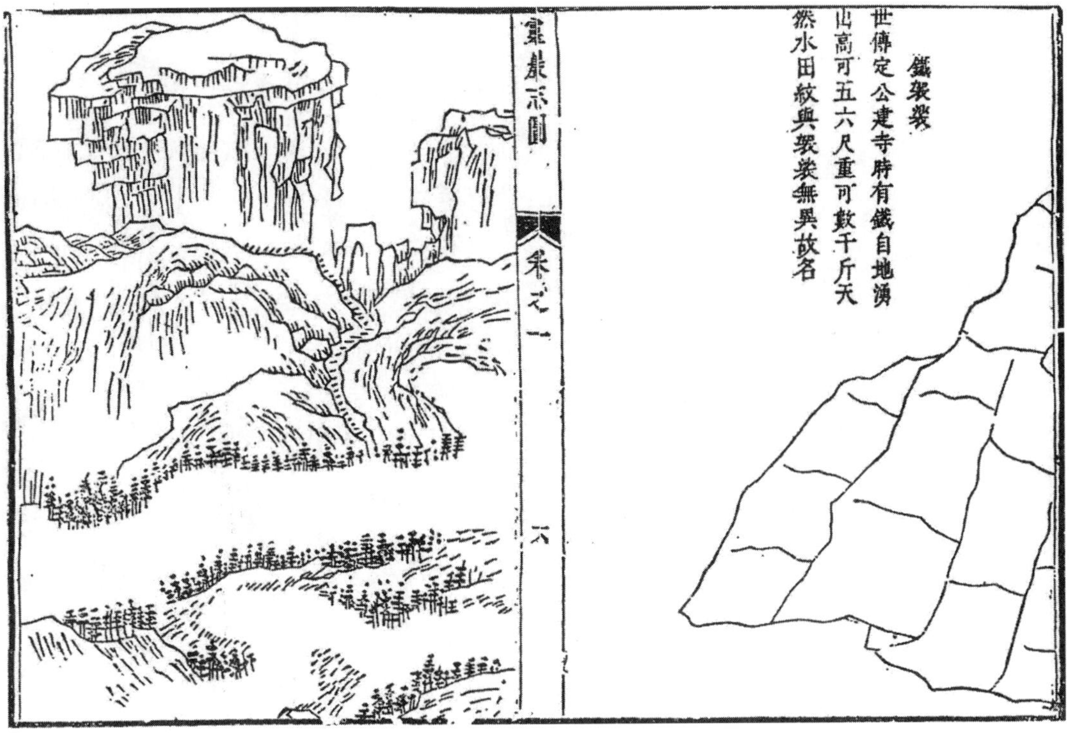
鐵袈裟
世傳定公建寺時有鐵自地湧
出高可五六尺重可數千斤天
然水田紋與袈裟無異故名
靈巖志圖
卷之一
六

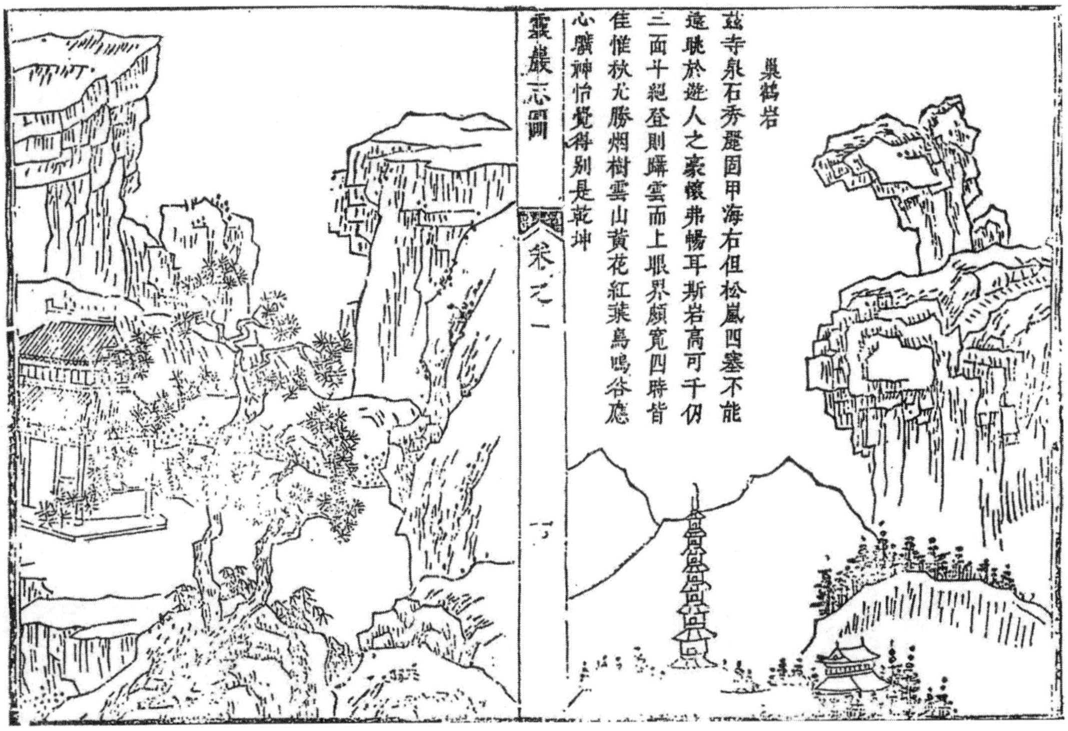
巢鶴岩
茲寺泉石秀麗固甲海右但松嵐四塞不能
遠眺於遊人之豪懷弗暢耳斯岩高可千仞
三面斗絕登則躡雲而上眼界頗寬四時皆
佳惟秋尤勝烟樹雲山黃花紅葉鳥鳴谷應
心曠神怡覺得別是乾坤
靈巖志圖
卷之一
七

絕景亭
亭爲欽公創建所謂絕景
有四曰群峰獻秀曰甘泉
漱玉曰松舟挺翠曰岩花
啼鳥今則亭雖玘圮而景
尚依然來遊者必選勝於
此愛其景之絕也
靈巖志圖
卷之一
八

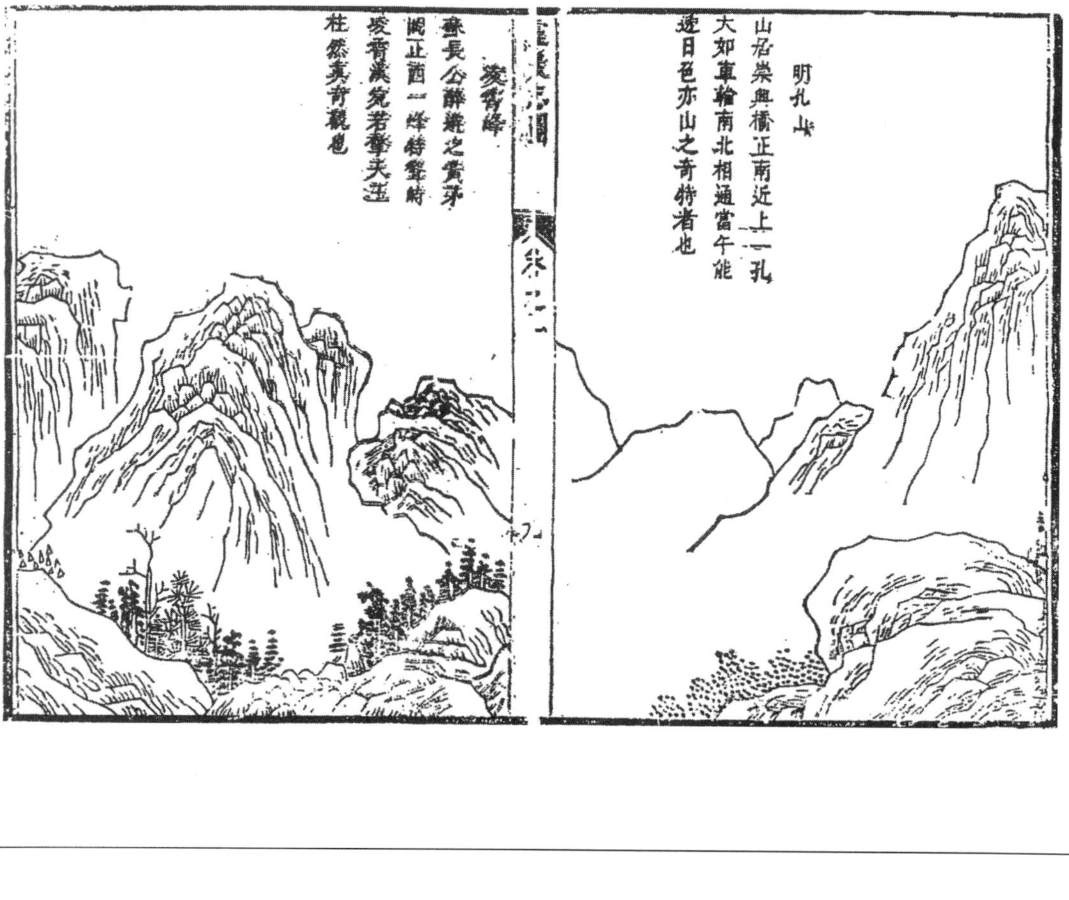
明孔山
山名崇興橋正南近上一孔
大如車輪南北相通當午能
透日色亦山之奇特者也
靈巖志圖
卷之一
九
凌秀峰
蘇長公辭雍之黃茅
岡正西一峰特聳峙
峻青漢宛若擎天玉
柱然真奇觀也

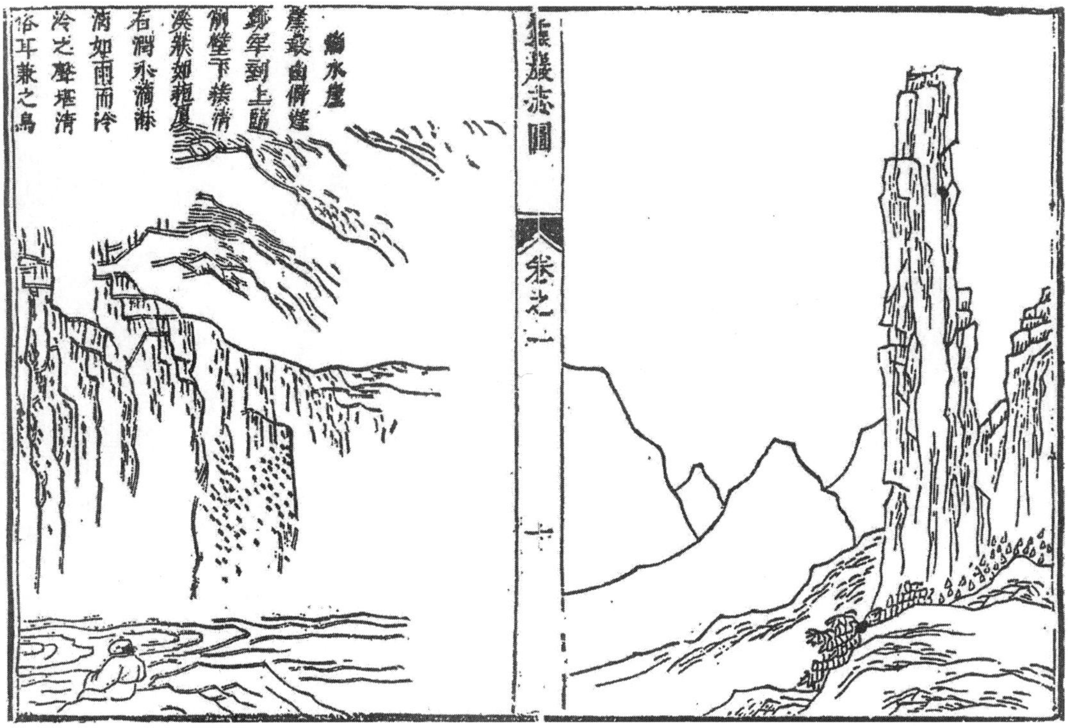
漱水崖
靈巖由佛逕
躋攀到上臨
側壁下接清
溪絲如掛廈
右澗飛滴淋
漓如雨而冷
泠之聲堪清
俗耳兼之鳥
靈巖志圖
卷之一
十

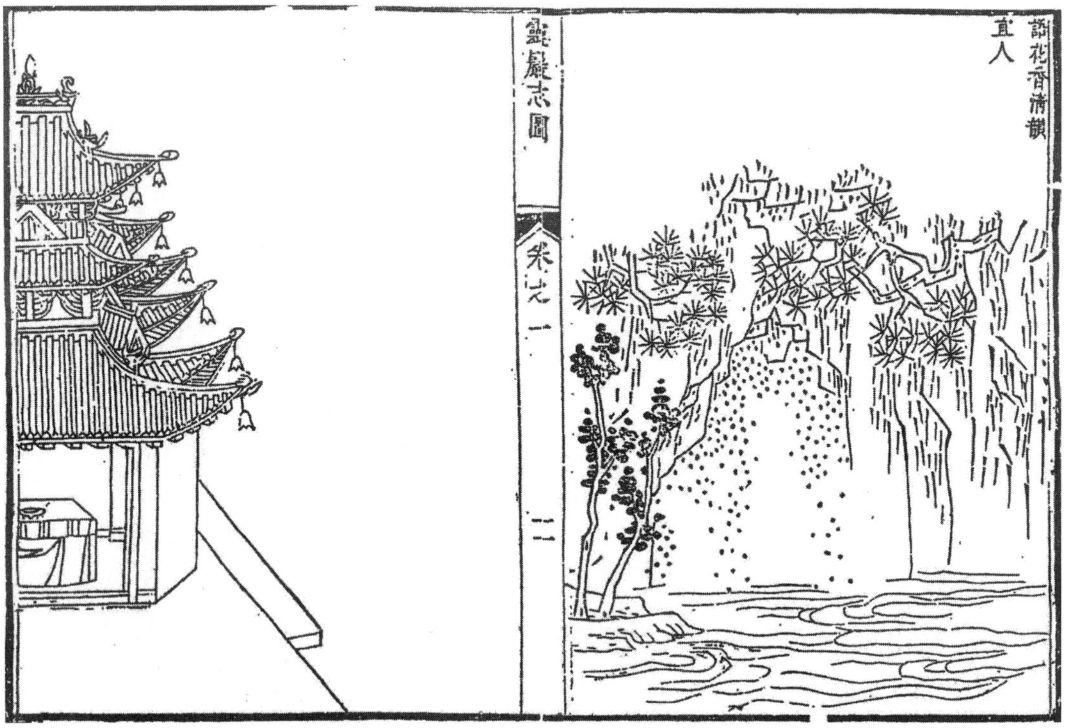
靈巖志圖
卷之一
十一
語花香清韻
直人

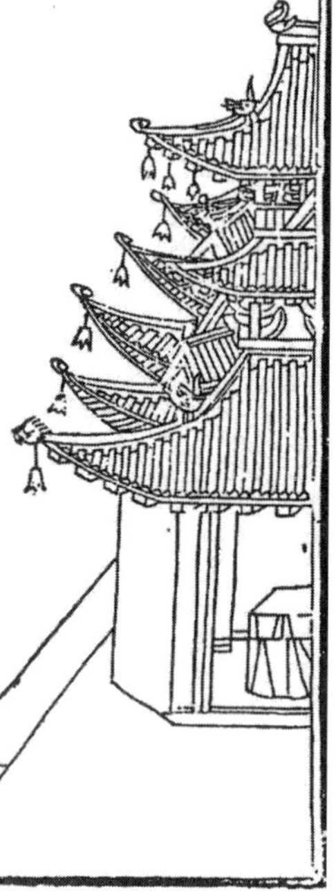

五花殿

殿爲宋嘉祐中瓊環長老所建架閣兩層
龜首四出俱極精工前人稱爲天下第一
但歲月既深風雨摧殘不無今昔之感因
繪圖以志古意使異日有所考據云

摩頂松

大可數圍內空外皺老幹盡枯而孫枝爲盛翠
色如滴蒼古可愛數千年物也

靈巖志卷之二

封域志

或曰靈巖一寺耳何必志封域哉不知靈巖有寺既三十五頃四境各有前朝勑立界牌至今不稅以供香火之需尺地寸土莫非
王封况如許之多耶但沿革名號古今不一故採討勝槩作封域志

沿革

靈巖寺在方山下郎水經玉符山乃泰山西北麓之一巖也符秦時改名崑崙山金輿谷盖重其人而神其地也時朗公住此說法屬泰山郡山茌縣元魏太武帝太平真君七年詔誅天下沙門毀佛寺革崑崙金輿之名仍名曰方山至今因之

元魏孝明帝正光初法定禪師先建寺于方山之陰曰神寶後建寺于方山之陽曰靈巖唐武德初寺屬齊州濟南郡山茌縣天寶元年改山茌縣曰豐齊縣元和十五年自豐齊入長清此寺屬長清縣之始宋屬京東東路濟南府長清縣真宗景德中改名曰勑

賜景德靈巖禪寺後仍去景德字復名靈巖禪寺英宗治平中升齊州曰興德軍濟南府省仍京東東路縣仍長清寺仍靈巖金屬山東東路濟南府長清縣元初屬山東東西道濟南府長清縣至元中縣改隸泰安州明屬山東濟南府長清縣憲宗成化四年改名曰勑賜崇善禪寺世宗嘉靖中賜勑仍名曰靈巖寺至今因之

界

按 明昌中明成化萬曆中皆見有勑立碑記可考

寺界東至棋子嶺南至明孔山西至鷄鳴山北至神寶寺寺境東西二十里南北十里西北至本縣九十里北至省城一百二十里南至泰安州九十里西至肥城縣六十里正東折而北由山川尺徑至省城止八十餘里但車騎不能行耳南至江南省會一千七百里北至
京師一千里

星野

寺依運斗樞曰虛危之精流爲青州分爲齊國女虛

盡也玄枵危也 一
晉天文志曰濟南入危一度
唐太行山河兩界圖曰南紀之東河爲北河注爲南河北河下流南距泰山爲三齊南河下流北距泰山曰鄒魯皆負海之國貨殖之所阜也與山河首尾過連鄒嶧頊之墟其地爲南河之北北河之南界自岱宗至于東海齊乘云觀兩河之象與雲漢寺居濟南南境泰山北界入危一度之初

山川

方山凡山之頂皆圓惟此山頂方故名
獅山即方山迤左有一帶北山合而名之曰獅子山象其形似也
香山在方山西南亦名繡毬山
朗公山在寺東南亦名朗公寨在昔朗公于此說法故名
明孔山在寺西南昔人遇亂曾此避兵頂有靈光亭亦佳境也今廢
珠山寺前
靈山在方山獅尾之南朗公寨之北峭拔穹窿秀冠羣山
象山寺南形如臥象故名
鷄鳴山寺西十里昔有羣盜夜過此山忽聞鷄鳴奔迴夜尚未半衆而復回又聞鷄鳴如是者三

方知爲山靈警覺皆回心嚮善故名鷄鳴山
黃峴山在明孔山西
黃茅岡在寺南五里許
老虎窩一在明孔山西一在方山之北俗傳定公開山時有二虎馱經之興
巢鶴巖在證盟龕西南亦名蹲獅巖僧家呼爲亮經石亦有呼亮經臺者
朗公巖一名朗公石在朗公山前
拂日巖即變霄峰在黃茅岡西又有名小西天者亦稱拂日巖在證盟龕西十餘步與方山之東靈山之北名東天門者相照應兩峰夾立如雉關狀
仙人巖在銅鐘樓正東巖有石棚乃古仙人棲隱之處
快活巖在寺南五里許南北往來者至此必一歇足故名曰快活巖
半室崖即可公床在大石棚西
滴水崖在寺西南四五里水自懸崖滴滴亂灑如雨下滙成溪西流而去又西南上可里許名曰水屋泉水盈中出注石池溢而北下皆佳境也
虎溪在山門內在昔高僧卓錫送客不出山門至此溪而止效遠公廬山故事立橋溪上扁曰虎溪其水西下即飲馬溝
北溪寺內諸泉之水合入此溪出飲馬溝西流
南溪東南一帶山川野泉之水合入此溪長流而西
大溪南北二溪及諸壑之水至大石橋西南統入此溪西流十五里入長清之北沙河折北宛曲而

流百餘里入大清河即濟水故道東北入于海

甘露泉 在寺東北里許源發大士座下伏流穿垣而出繞甘泉亭下石池委蛇而去

卓錫泉 亦名錫杖泉世傳爲佛圖澄錫杖卓出者故名流三四步入大石池內合寺皆汲于此名曰鏡池亦曰功德池

白鶴泉 亦名雙鶴泉二泉相並在卓錫泉東十餘步

獨孤泉 在轉輪藏東路南昔有隱者姓獨孤結茅泉側後人以姓名泉也明萬曆中劉公嶽退休林下于此搆面壁齋惡獨孤之名改名曰印泉

石龜泉 在鐵袈裟迤東泉由石龜腹而出

黃龍泉 亦名黃龍池在寺西南里許

臥象泉 在黃龍泉西南數十步

上方泉 在證盟龕西北十餘步亦名虎跑泉其泉津滴甚微僅足煎茶供佛待客耳

華嚴泉 在華嚴寺南百步餘

朗公泉 在朗公寨發源南下清宗最佳但遊人罕至耳

神寶泉 在神寶寺西山石間近小寺莊鑿井不能得水土民于泉源鑿池蓄水遇秋泉旺則溢出成溪

觀彩泉 在寺東二里許野徑幽邃之內流入寺中由虎溪橋下西流而去

野泉 寺境出泉甚多其無名者均以野泉呼之

麻衣洞 在鷄鳴山南里許乃宋麻衣先生[illegible]于堅棲隱處

白雲洞 在大石棚西

觀音洞 在巢鶴巖之南崖下內有佛像二門相通架木爲棧而進今木朽惟望見之矣

魯班洞 在辟支塔之南初開山僧剏公基也

黑雲洞 在巢鶴巖東崖下

函雲洞 在面壁齋即獨孤泉發源處

朝元洞 在寺之西北山中

田產

贍寺地三十五頃

隋唐以前無碑可考宋免差徭止納稅糧金元

明皆奉旨糧徭全免至今不稅其籽粒以供本寺香燭之需至于土產寺屬長清縣境內其五穀蔬果花木禽畜之類詳見邑乘茲惟志其一二異于他產者

花椒 表赤裏白其味清香醫家用之以代川椒寺境之外則表赤裏黃其味辛烈爲常椒矣

白果 校之他產大而味佳

栢 茲寺檜栢滿山其木心大而色赤味香寺境之外則不類矣

檀 大者數圍擁腫虬屈奇怪可愛而鐵袈裟殿前崖下根蟠石隙者尤堪入畫

上水石 產于滴水崖前

風俗

靈巖脉絡岱宗山明水秀地靈人傑理固然也代出高僧一心悟道纖塵不染無故不輕出山門終身不一入城市居則蒲團默坐風旛不能動其心行則藜杖優游威武不能屈其節名重朝野賜紫賜號者不一其人而法派皆彬彬然有釋氏之風焉其尤可重者闔寺皆無密室長老不設門禁戒德清高以防物議又高出尋常叢林萬萬者也在昔皆然今則鮮矣茲寺士夫登臨覽勝者時至香客齋僧建醮者雲集

亦與他剎有異頭等僧諷經誦呪禮佛祝釐專心于戒律無爭于人情是爲戒僧二等僧習成隨時經卷演就管鈸樂章呼爲高工或與香客拜懺建醮或與士民薦拔誦經亦能謹慎葷酒不失僧家局面是爲應付僧三等僧開設店房安下香客呼爲門頭將本圖利雖非西來面目殷勤應世亦屬本分之涯是爲接待僧靈巖僧流三等由唐宋而下其來遠矣慨自寇亂之後主教者不得其人戒規盡弛龍斷利持端爲生而風俗頹矣若有人欽相尚其人皆自必能一

變而復昔日之宗風也

建置志

靈巖名肇于晉知于苻秦興于元魏盛于唐宋金元至明猶盛于萬曆以前而衰于天啓以後際
國朝漸生色矣其始末經營不可不知也作建置志

殿閣

考諸碑記在昔希有如來啓此證道巖棲露止未有室廬石趙時神僧佛圖澄亦曾來此一遊未嘗久留苻秦永興中竺僧朗卜居于此始建精舍數十區元魏太武用崔浩言誅天下沙門毁佛寺時前之精舍鞠爲茂草矣至孝明帝正光初法定禪師始建寺爲開山第一祖原建之寺在今寺東北甘露泉正西唐貞觀初三藏和尚陳玄奘曾在此譯經故惠崇長老改遷今寺宋景祐中瓊環長老更拓廣之殿閣廊廡愈宏壯矣

千佛殿 唐宋時名大雄寶殿爲寺之大殿也明萬曆中德王重修

五花殿 在彌勒殿南摩頂松左宋嘉祐中瓊環長老創建環閣兩層龜首四出備極壯麗亦名靈巖閣明正統五年至亦長老重修

獻殿 爲禮拜五花殿之前殿也明正德中魯王捐貲塑大佛像三尊于內而五花殿反爲所障竟以此殿稱靈巖之大殿矣

金剛殿 即山門

天王殿 即二門

伽藍殿 在山門外路東

般舟殿 在千佛殿北法會祖居重修有記見藝文志

彌勒殿 在五花殿後乃歷代講堂舊基也僧人明然改建

韋馱殿 在獻殿東國初寺僧超然重建

龍王廟 在卓錫泉南

御書閣 在彌勒殿北崖上唐貞觀三年陳玄奘譯經于此太宗賜以手敕因建此閣至宋太宗真宗仁宗徽宗皆賜有御書奉于閣上金貞祐中寺遭兵燹御書盡毁惟空閣存焉明萬曆中寺僧塑大悲菩薩像于內崇禎中改塑玉皇像皆失其名閣之意矣

藏經殿 在千佛殿西

轉輪藏 即梵王宮在獻殿東南路北明嘉靖中德王重修

孔雀殿 在轉輪藏後

白衣殿 在轉輪藏路南

維摩殿 在白衣殿東[illegible]山堂齋

[illegible]方丈在維[illegible]上

思議佛殿　在山門外南崖上

藥師王佛殿　在思議殿西

五祖母殿　在伽藍殿後東崖上即香巖菩薩今廢

十王殿　在五花殿西

將軍堂　在大石橋西雙槐樹東今廢

監齋殿　在五花殿東

常住大禪堂　在千佛殿前路西

臥佛堂　在塔北崖上頗幽雅不亞甘泉之勝

松風閣　即臥佛堂前小閣也守道王公紀遊此愛之題曰松風閣

后土殿　在御書閣東

祖師殿　亦名定公堂在后土殿東今廢

達磨殿　即袈裟殿在祖師殿東北崖上

出山像觀音殿　亦名五氣朝元殿在達磨殿東

觀音殿　在達磨殿正東去寺可里許乃甘露泉發源處清幽可愛自此則折而北上為絕景亭再北上為大石棚貼西為可公床再西為小石棚西北上則白雲洞向西由青壁仄徑至觀音堂折而東即

證盟功德龕　內有釋迦佛大石像乃唐人所造者亦名功德頂

公署

察院　即杏竹軒原默照堂前朝有地院巡歷山東例不進省定例靈巖一案考察濟屬官吏今廢

守道公署　在定公堂北不知建自何朝但署中有元碑尚在蓋其來亦已遠矣

巡道公署　貼守道公署之西前朝部院臨寺則司道陪巡三司及學道或來或不至而守巡兩道乃必至者故皆設有公署今俱廢

甘泉亭　泉水自石龍口而出由小石溝遶亭北西流折南旋東入亭下石池內東出折南轉西洛溪流去其亭下之池甃以石卓圍以石墩凡遊靈巖覽勝者必以此為最

絕景亭　俗家呼為抱靈亭宋仁欽和尚建

靈光亭　在明孔山寨嶺以靈巖諸景盡見于此故名今廢

超然亭　在御書閣北今廢

津梁

聚善橋　在山門內三橋相連東曰虎溪橋西曰接引橋靈寺時建明嘉靖中重修

新石橋　橋下即飲馬溝明天啓中長老圓桂所建

小石橋　在龜背石西乃寺僧迎客處

崇興橋　即大石橋亦名崇福橋在寺西五里許宋大觀二年仁欽和尚所建功程最大今將六百年矣而依然堅固

村莊

劉李莊　在鷄鳴山下雙槐樹南

第四峪莊　在明孔山下崇興橋南

野老莊在東天門下華嚴寺北

小寺里在神寶寺西北界上

以上四莊皆隷寺爲僧家佃戶所居

人物志

靈巖山明水秀最足撩人隱士棲遲高僧卓錫代有巨蹟皆當志之以爲山林之光

隱逸

晉張忠字巨和中山人避永嘉之亂隱岱麓與竺僧朗結林下交道義相孚清虛服氣餌石餐芝苻堅聞其賢徵至長安以野服見堅堅曰先生獨善之策有餘濟世之功未足今遠屈先生將以齊尚父期之忠對曰昔因喪亂避地泰山與鳥獸爲儔侶

尚父非敢擬也願還餘齒歸岱宗從矣堅賢之仍以安車送還道徑華山下輒尸解而去謚曰安道先生見神仙傳其故居在寺東三里許今猶呼爲野老莊云

金陳壽愷濟南人自幼聰慧博學强記精馬戚文不求顯達徜徉自放及其老也遊靈巖愛泉石之勝遂卜居焉與雲公和尚解釋禪旨悉入精奧即戒垓老衲亦謝不敏三十年不出山壽九十有五

元杜仁傑字仲梁號止軒一號善夫長清人德高文章冠冕南北元世祖聞其賢與大臣議以翰林承

吉授公累徵不就乃優游于靈巖五峰兩名勝而
終焉武宗追謚曰文穆
明劉亮采號公嚴濟南才子也侏儒滑稽長詩詞善
繪畫調笑怒罵皆成文章中萬曆進士授戸部主
事不樂仕進退閒林下徜徉山水間愛靈巖泉石
最勝遂　僧家地搆西壁齋詩酒自放士大夫聞
風而造廬與遊者接踵焉

高僧

晉竺僧朗按高僧傳朗京兆人少而遊方問道長安
專當講說嘗與數人赴請行至中途忽告同輩曰
君等寺中衣物似有竊者如言即返果有盜焉朗
蔬食布衣志耿人外以符秦皇始元年移卜泰山
中與隱士張忠爲林下契每共游處忠後爲苻堅
所徵行至華陰而卒朗乃于金輿谷崑崙山中別
立精舍猶是泰山西北之一巖也峰岫高險水石
宏壯朗創築房室製窮山美內外屋宅數十餘區
聞風而造者百有餘人朗孜孜訓誘不倦秦主苻
堅欽其德素遣使覲遺堅後沙汰衆僧乃別詔曰
朗法師戒德冰霜學徒淸秀崑崙一山不在搜例
及姚泰與亦加歎重燕主慕容德欽朗名行給以
二縣租稅其爲時君所敬重如此此谷中舊多虎
災人常執杖結羣而行及朗居之猛獸逝伏晨行
夜往道逢無滯人皆咨嗟稱神凡有來詣朗者先
期逆知人數多少使弟子爲具飲食必如言果至
卒于山年八十有五又按神僧傳朗公和尚說法

泰山北巖下聽者千人石為之點頭衆以告公曰
此山靈也為我解化他時涅槃當埋于此傳衣鉢
者起取數百年後能使一切學人來觀仰焉此靈
巖所本來也辟支塔南俗呼為魯班洞者朗公墓
也聽法點頭之石今猶在焉
元魏法定景城人聖僧也其二虎雙鶴青蛇白兔黃
猿之異備見陳壽愷記中元魏正光元年來遊方
山愛其泉石可建寶刹先于方山之陰建神寶寺
後于方山之陽建靈巖寺是為開山第一祖

唐陳玄奘三藏和尚貞觀初降錫靈巖譯諸經典今
之御書閣及摩頂松遺蹟俱在也
惠崇貞觀中高僧也靈巖寺舊在甘露泉西崇移置
于御書閣處規模宏壯與定公功相伴矣經營于
貞觀中涅槃于天寶初壽近百歲葬于寺西高原
墓塔尚在乃西序僧之第一祖也
宋重淨號瓊環景祐中重建五花殿頗極精麗嘉祐
中復修千佛殿極其莊嚴前後功程費逾萬金皆
公倡士庶所樂施者泛常僧能如是乎

仁欽閩人精詩文書篆大觀初賜紫並賜號靜照大
師宣遜住持靈巖創建絕景亭以宴賓客重修崇
興橋以通往來士大夫咸愛與之游焉
金寶公皇統中肇國公完顏篤化疏請開堂演經
掌教靈巖整飭戒律宗風大振
元福公長老元初蒙哥皇帝福蔭裏宣授都總統疏
請住持靈巖開堂掌教自貞祐南遷之後戒壇事
務幾于盡廢賴公主持戒壇整飭禪規焉
明普照長老濟寧人永樂三年卓錫靈巖時當兵火
之餘日夜拮据不憚勤苦整理殘刹恢復山林功

莫大焉
至琛號古奇香河人住持靈巖任事練達功果頗多
正統中賜紫內頒大藏經典勅稱戒壇宗師命其
護藏成化中賜勅陞右覺義仍主寺事且能文善
詩士大夫多敬重之一日浴畢袒紫端坐合掌而
寂壽九十有二為重開山第一代祖
真可長老東吳人精戒善詩名重朝野萬曆初賜紫
嘗謂寺衆曰我輩既入不二法門須要認定心田

是佛時時刻刻返光內照無愧于心便無愧于佛亦無愧于天人矣若恃此紫衣藐視同袍尚氣貪得叫做阿鼻獄公案老僧不敢為也爾衆法眷亦要謹守五戒同修淨業勿犯禪規雖不能成佛作祖亦要求來去明白免遭惡趣至於賓客覽勝而來慎勿淡其遊興須效取遠公待淵明佛印待子瞻故事如此名勝之地我輩豈可獨擅哉遐邇聞之無不景仰後奉朝命賜號達觀大師

古蹟志

寒山一片石南北稱之銅雀一片瓦古今珍之茲寺有唐文皇之篆開元之碑宋王臨之飛白蔡卞之楷書枝之寒山石銅雀瓦殆尤過焉兼諸勝槩裝而出之可見茲山不忝四絕之名矣

石刻

唐太宗御篆 唐僧陳玄奘建閣尊奉御書于閣上貞觀三年太宗復賜御篆御書閣三大字為閣額至今在焉

唐開元碑 在寺西北五里許神寶廢寺右側荆棘中沙淤過半矣乃北海太守李邕之文但磨滅不能讀耳

宋飛白字 碑在崇興橋西路北碑陰乃尚書兵部郎中王臨所書靈巖道場四大字亦世不多見者但夫居道傍荆棘中埋沒已久邑侯達陽李公見而愛之遠近士夫始有求摹之者益字之遇也

蔡京字 在御書閣前左右計四葉乃宋人蔡京所書圓通經靈巖名筆固多皆為石工所敗惟此字獨佳明嘉靖初學士方豪臨觀歎曰嗚呼豈可以人廢書乎

大觀碑 在崇興橋西路北大觀二年仁欽長老重修此橋碑記字體頗倣蘭亭筆法但去寺遠未見知於人耳

靈巖觀音道場磨崖大書 在證明龕貼西政和中張勵題

金黨學士碑額篆在獻殿前明昌六年翰林學士黨懷英篆

元大靈巖寺碑在獻殿前至正初按察使文書訥書

明透靈碑在五花殿東北嘉靖中南京工部左侍郎徐陟題

佛岫仙峰在天王殿前

珠樹蓮臺　名山勝水在五花殿後俱嘉靖中巡按御史沁州張鵬題

仙人巖在銅鐘樓東嘉靖中隱士李松書

靈巖大書碑有二俱在彌勒殿前一爲嘉靖中巡撫都御史天水胡纘宗書一爲萬曆初雲南副使盱江羅汝芳書

活水源頭　大書在甘露泉亭北嘉靖中巡撫都御史彭黯題

千崖　萬壑　二碑在山門外左右字大如輪嘉靖中叅政通判張欽書

甘泉亭大書在飲亭東壁上

絕俗　持戒　大書在山門後左右俱隆慶中巡按御史李復初題公號對寉

東山奇勝碑在彌勒殿前隆慶中巡按御史劉翾題

雙鶴泉碑在泉左

象嶺　獅峰　二石俱在證明頂巳上俱隆慶中吏部尚書楊博題

別是乾坤在巢鶴巖盤石上字大如升深可寸許魯海春題

巢鶴　蹲獅巖　隸字俱在巢寉巖盤石上其字甚工亦大如升

更上在白雲洞最峻處

更上近功德頂三四步

留雲　拂日巖在小石棚西磨崖大書巳上俱萬曆中兗州太守石九奏題公號四如

靈山第一泉在甘露泉字大如斗碑亦堅緻

名山石室　大書在大石棚內

靈山一派在大石棚西

青壁萬尋亦在大石棚西皆磨崖大書巳上俱萬曆中巡按御史陶欽皐題公自號吾盧子

真境　大書在彌勒殿西壁外四明沈敘民題

獅峰　大書湯紹恩題獅峰字重出

龍藏　大書在巢寉巖西萬曆中聊城九歲童子傅爾庚書

達磨面壁碑在面壁齋之前後背像面像各一萬曆中戶部主事劉亮采親筆

十里松在飲馬溝北崖[illegible]上亦劉戶部書[illegible]泉

最上在大石棚西磨崖大書萬曆中布政司葉夢熊書

壁立萬仞在青壁磨崖大書河東史學遷題不知何代何職

臥象泉　大書在泉側石上姓氏莫考

日觀近可攀

蓬萊俱在大石棚西磨崖大書年代姓氏皆磨泐不能辨矣

遺築

靈巖寺舊址在甘露泉西其形勝校今寺處尤佳

神寶寺在寺西北迦嶺三里許乃定公初建者後爲靈巖下院今廢

華嚴寺在寺東迦嶺五里許世傳華嚴在前靈巖在後前朝爲靈巖下院今廢

鐵袈裟在寺東北或云唐白西域來面壁九年道成而去棄袈裟于此又云定公建寺時自地涌出者

辟支塔唐天寶中建宋嘉祐中重修元又重修

慧崇塔在寺西百餘步唐天寶中葬慧崇者

摩頂松在五花殿右唐三藏和尚陳玄奘將往西域寺有小松以手摩其頂曰我西去求佛汝可西長及去後枝果西指約長數尺一年其枝忽轉而東弟子曰吾師回矣迎之果還其樹至今猶存大可數圍內空外皺老幹盤枯孫枝獨茂翠色欲滴蒼古可愛真不老物也

漢栢在五花殿北明萬曆中長清令王之士有紀碑在其下

飲馬溝在山門外迤西宋徽宗幸靈巖寺御馬見溝中流水即勒驕嘶控者鮮較御轡以飲于此馬方入水則見水中有一青蚨鼓鬣而遊識者以爲馬之精神形現云

晉隱士故居在寺東迦嶺五里許古蹟一處名野老庄乃晉人張忠隱居處也

龜背石寺西里許道傍一石狀如龜背故名僧徒棧答若聚于此

無生地袈裟殿北上百餘步有平坡爭地一方可二三畝世傳希有如來安禪禮佛處也佛家以無生爲上乘靈巖松栢彌山獨此地不生樹木世語雖未必然但事亦異也

千歲檜靈巖古檜最多虬角蟠旋皆千百年物可與圖畫惜丁變亂後摧作薪炙僅有存者袈裟殿前根蟠石隙狀若遊龍者尚可觀焉

靈巖志卷之三

藝文志一

朗公說法肇啓靈巖迄今千三百有餘載焉帝主公卿高士文人來遊者衆矣第時移物換當日風流不可得而見也而翰墨之遺猶可彷彿羨墻噓彼山僧知音者寡不獨書之紙上者惟付之糊窗粘壁即鐫之金石者亦不能無疊垣鋪階之毀良可歎惜隋唐以前不能考矣宋元以後尚可識也豈忍古人芳躅任其湮沒乎因從荒草亂石中搜求斷碑沕碣次序集之以告知音庶可使文播久遠而山川生色也夫

勅詔

舊志不載做未盡善今錄數道增入藝文志首以表絲綸之美山林之盛

苻秦詔畧曰朗法師戒德冰霜學徒清秀崑崙一山不在摟例

苻秦敬重佛法師事道安嘉高僧而惡庸冕甘露五年下詔沙汰天下沙門特重茲山故賜此別詔云云

金世宗詔畧曰推恩天下山澤以賜貧民任其樵者薪之匠者材焉惟靈巖同五嶽留護靈脉不在賜例採伐者仍治以罪 大定六年

元武宗詔畧曰宣諭長清縣有的靈巖寺住持的古巖長老聖旨與了也這寺院裏房舍使臣休安下者鋪馬祇應休拿者商税地税休與者寺院裏休斷人者但屬寺院裏的田地水土不揀甚麽差發休要者告 天祝壽者這和尚每無體例的勾當休做者 大德十一年十月二十一日

元旨存者尚有八道蓋蒙古風俗淳朴言語不尚浮華大率相同姑錄其一

明英宗勅曰朕體 天地保民之心恭成皇曾祖考之志刊布大藏經典頒賜天下用廣流傳茲以一藏安置山東濟南府長清縣靈巖禪寺永充供養聽所在僧官僧徒看誦讚揚上為國家祝釐下與生民祈福務須敬奉守護不許縱容閑雜之人私借觀玩輕慢褻瀆致有損失如有違者必究治之

特諭 正統十年

明憲宗勅曰朕惟佛氏之教以空寂為宗以普度為心上以陰翊皇度下以勸善化俗功德所及無間

幽顯故崇奉之者亦無遠近間也山東濟南府長清縣崇善禪寺自正統年來相繼修造又頒賜大藏經并勅書於內以爲祝釐之所其界東至朗公山野老庄石門西至鷄鳴山南至明孔山北至神寶寺山園椒竹土產遞年買辦香燭足充供養近被軍民人等牧放牛馬斫伐竹木作踐祠宇殆非安明靈之意御馬監太監錢喜具悉以聞特降勅護持之俾戒壇宗師至珎爲僧錄司右覺義仍于寺住持領衆焚修祝讃爲多人造福今後官員軍

民諸色人等不許侮慢欺凌一應田地山場園林所產諸人不許侵占騷擾作踐敢有不遵朕命故意生事侮慢欺凌以沮其教者悉論之以法故諭

成化十五年

明神宗勅曰勅諭山東濟南府長清縣護國靈巖寺住持及僧衆人等朕惟自古帝王以儒道治天下而儒術之外復有釋教相翼并行朕以冲昧嗣承大統迄今廿有七禩天下和平臣民樂業仰思天眷祖德洪庇良由大公同善之因兆國祚[illegible]

錄司職掌厥事益仁慈清靜其功德不殊神道設教于化誘爲易祖宗睿謨意深遠矣佛氏藏經舊刻六百三十七函我聖母慈聖宣文明肅皇太后續刊四十一函朕既恭序其端而又因通行印施守其前後勅諭護持所以錫孝類流慈恩也茲者朕嘉善道之可依念傳布之未廣爰命所司印造全藏六百七十八函施捨在京及天下名山寺院永垂不朽庶表朕敬天法祖之意弘仁普濟之誠使海內共享無爲之福先民有言一念善斯和風

慶雲一念不善災星厲氣夫善念以有感而興無感而懈是以皇極敷言不厭諄懇聖誥所貴善與人同古今相傳其揆一也且善在一人尚萃一家和氣若億兆向善豈不四海太和此經頒布之處本寺僧衆人等其務齋心禮誦敬奉珍藏不許褻玩致有毀失特賜護勅以垂永久欽哉故諭萬曆二十七年

請疏

請僧開堂之疏雖與文藝無涉亦不可不拈出

一二以見大臣忠 君愛 國之心無所不盡其誠敬者也

金左平章政事 勸請 滌公長老住持濟南府十方靈巖禪寺爲 國焚修開堂演經祝延 聖壽者

伏以達磨不西來孰能薦祖盧公旣南度始見分枝雖無毛髮于人要在承風助證例開法施各路名坊厥有濟南靈巖佛寺利洽鄒齊襟吞兗魯二百年叢林浩浩三千里香火幢幢熙開蓮宮粹容金界不期偉匠焉振宏綱伏惟 滌公長老守文三代接武四禪應歷下之機緣續方山之勝蹟使白蓮真蹟無根而鬱鬱騰芳青衲餘光不鏡而綿綿昭世正好高提祖印獨步大方祝吾 萬歲之昌圖繼古佛一乘之慧壽謹疏大定二十三年九月

又

元宣政院 勸請 月庵海公長老住持大靈巖禪寺爲 國焚修祝延 皇帝聖躬萬壽者

無偏無私護惜千年之常住有心有力匡持四絕之靈巖必假其人 承當此事伏惟 月庵海公長老忠心振領壯志提綱秉 佛祖機秘具衲僧巴鼻輕煽爐鞴休辭接物利生重下鉗鎚莫憚摧邪顯正傷嗟黙照虚閑可歎方山枯淡要與 復庵出口氣合來 祖刹用些心好箇因緣休教蹉過爲人說法當酬 西祖之千年報 國焚香仰祝 南山之萬壽謹疏大德二年

碑記遊覽附

齊州景德靈巖寺記　宋張公亮慶曆中長清尉至和中官至秘書省著作佐郎

泰山西北阯擘山擁翼連屬百餘里摩空干雲秀拔萬狀曲如列屏削如立壁矗如攢劍鋭如植圭煒熀掩映城壁環遶虎兕奔突龍蛇盤屈峑為巖谷岈為洞穴斷為溪澗引為林麓峰卓嶺聳巒䠞巘叠翠木蓊蔚飛泉激越中有川焉厥土衍沃齊魯通道出于其間左一山崎起曰鷄鳴繇北麓絶澗循谷口上東北走二十里險盡地平山勢圍抱四面峭絶如堵墻蒼巖之下紺殿崛起峻塔貫雲寶樓結瑶高門嵬峩長廊連延遠而望若畫圖中物即是寺也按圖經本希有佛出現之地後魏正光元年法定師始置寺有青蛇白兔雙鶴二虎之異我朝景德中方錫今額先是舊制質畧率意締構因地任材行列不次景祐中主僧瓊環者即衆堂東架殿兩層龜首四出南向安觀音像文楣藻拱顛極精麗設簴刻鯨以警昏曉後主事者復植殿之兩楹闢正門叠石填澗為曲廡庭

除題殿乃為大壯寺有石三門千佛殿般舟殿辟支塔皆古刹塔西長松狀若偃蓋背有一峰聳起百丈北望正方青壁削成如碧玉中有石龕金容儼然西尖峰可登下視深谷千仞前有洞東西南三門相通中設羅漢像西南望一山壁穴如車輪午遠晴日在南飛光透徹講堂東石壁下一泉曰錫杖又東五步二泉曰白鶴一見一伏又東北二百步一泉曰甘露寺門西百步一泉曰黄龍皆為絶景太宗章聖嘗賜御書琅函鳳篆輝映巖谷皇上復降御篆飛白為門天文炳煥雲日相耶寺之殿堂廊廡廚庫僧房間總五百四十僧百行童百有五十舉全數也每歲孟春迄首夏四向千里居民老幼匍匐而來散財施寶惟恐不及歲入數千緡齋粥之餘羨盈積多以至計司筦榷外臺督責寺僧紛擾應接不暇大違清淨寂寞之本教慶曆皇祐間薦饑舊供者千百無一二至僧徒解散僅有存焉職是官禁亦弛雖財貨所殖非復曩時之盛而方袍圓頂得以宴坐嘘天其或者俾釋氏徒復其本歟老氏謂禍兮福所倚斯可見矣東北

崖上土平處古堂殿基宛然石柱礎鐵像下體尚存蓋洪定始置于此爲後來者遷之也今其屋尚在僧之碎穀者講習者居之以遠喧雜川中有一易之田十夫屋千楹歲租月儲以足經費唐相李吉甫纂十道圖以潤之棲霞台之國清荊之玉泉合茲寺爲四絕慶曆三年予爲長淸尉寺居封內周覽絕景不知屬猒餘三則未之見也爾後十二年之官道復過寺主僧重淨以記見假他日因具道山水奇偉經始肯構盛衰本末附勒于石或模之遠方俾未遊者見之

一覽如目擊且使知靈跡巨麗信爲一絕得以棲雄勝于三者云

遊靈巖記　宋　卞育（濟陰人元豐中濟南郡從事）

齊有靈巖寺居天下四絕之一海岱間山水之秀無出其右者僕爲郡從事被檄屢到焉長廊大廈其制甚雄擊石鳴金其徒甚衆斷基壞址古殿石闕五季之遺跡往往具在山僧引導而悉觀之涉溪之東雙峰挿天巍然對峙穹窿似可通行山僧指之曰此東天門也天門之西一峰特高其平如席寺之基址至矣其下山僧指之曰此方山也有證盟像焉具杖屨而徧登之羊腸鳥道縈迂盤曲且進且卻攀緣而上者不知其幾千仞也既升絕頂三巒之形盡可俯瞰若斷若續若駐若馳屏列櫛比周環四合珍禽異獸古木怪石千類萬狀靡不覩焉心目恍然殊不知居天地塵埃之間而已之有軀也山僧又指曰東有朗公石西南有明孔雞鳴二山但能引望非人迹可到者耳由山之西宛轉而下至半巖得泉於石竇間味甘如醴停杯而激之淸韻琳瑯珠璣亂迸坐待久之

醒人毛骨山僧曰此甘露泉也下有錫杖白鶴二泉舉類此矣顧謂同行者取酒藉石以竟日幽禽噪晚煙靄四合幾月亭亭松風索索山僧曰可以還舍矣山腰巖腹幽亭奇榭經從而盡覽焉其樂何可既耶於戲智者勞心愚者勞形勞心者殆勞形者疲曾不知雲霞棲心息形自在地也僕方窘衮于簿書間不能同茈翁泉誦貝葉文優游周旋于此良可愧怍解後有期心遊目賞殊未厭之不知異日之來又何若也將出山礱石而誌之庶幾使勞形勞心者覽之一

悟云爾

靈巖開山祖師像圖記　金陳壽愷濟南人皇統中方山隱者

雲公禪師住持靈巖未越三載宗風大振嚮風而遠近歸之一日謂濟濱老人陳壽愷曰夫靈巖大刹昔自祖師觀音菩薩託相梵僧曰法定禪師于後魏正光元年始建道場與梵宮居天下四絕境中稱最而世鮮知其由我祖師其始西來欲興道場于茲也前有二虎負經青蛇引路捫蘿策杖窮絕壁而不可登乃徘徊于南山之巔面石之次感日射巔峰成穴透紅光于數里師乃躡光而下美其山林秀蔚可居于衆道遇樵夫亦異人也顧師而言曰師豈有意于茲患其無水耶回指東向不數里間雙鶴鳴處可得之矣師既徐行則有黃猿顧步白兔前躍俄驚雙鶴飛鳴其下涓涓果得二泉又擊山澗隨錫杖飛瀑迸涌遂興寺宇逮今八百餘歲凡祈求應感而福生民莫可勝紀然為我祖師發揚顯聖跡之狀蔑聞其人良可太息乃命工敬圖其像而刊諸石庶廣其傳[illegible]

迴邇永同供養

靈巖寺記　金党懷英泰安人明昌中翰林學士

名山勝境天地所以儲靈蓄秀非福力淺薄者所能棲止也必待仙佛異人建大功德以為衆生無量福田泰山為諸嶽之宗其峰巒拱揖谿麓廻抱神秀之氣尤鍾于西北而西北之勝莫勝于方山昔人相傳以為希有如來于此成道今靈巖是其處云後魏正光初有梵僧曰法定杖錫而至經營基構始建道場定之至也蓋有青蛇前導兩虎負經四衆驚異檀施雲集于是窮崖絕谷化為寶坊歷隋至宋土木丹繪之工日增月葺莊嚴為天下之冠四方禮謁委金帛以祈福者歲無慮千萬人佛事益興而居者益衆分而為院者凡三十有六趣嚮既異遂生分別主僧永義律行孤介以接物應務為勞力辭寺事府開封僧行詳方以圓覺密理講示後學衆共推舉可以住持乃更命詳實來代義仍改甲乙以居十方之衆熙寧庚戌歲也越三年癸丑仰天元公禪師以雲門之宗始來唱道自是禪學興行山林改觀是為靈巖初[illegible]

爾後法席或虛則請名德以主之而不專一宗曁今
邪公禪師二十代矣其傳則臨際商也師至之日屬
山門魔起覬奪寺田四垣之外皆爲魔境大衆不安
其居師爲道勇猛卒以道力摧伏羣魔山門之舊一
旦還復衆遂安焉師以書屬懷英曰吾寺之名著于
諸方舊矣由希有至于定公則不可計其歲月由定
至于今七百年中更衰則歷朝刋紀斷泐磨滅蕩然
無餘而佛祖之因地建置之本末與夫禪律之改革
宗派之承傳後來者鮮或知之念無以啓信心鎮魔

事雖緜緜法堅固如虛空等而魔者如浮雲浮雲彈
指變滅而虛空無有窮盡何憂乎魔事惟是著述銘
勒佛氏中門舊所不廢幸爲我一言余報之曰諾已
乃敘師之所欲言者書以遺之若夫山川光怪靈蹟
示現山中老宿皆能指其所而詳之此不復道也

題大靈巖寺碑陰　元僧家奴（蒙古人至正初山東東路都轉運鹽使）

長清治之東南餘二舍許鎮曰中塢又東入山峪有
大刹曰靈巖實山東一大壯觀也山川峻秀殿宇雄

傑碑述已詳而有大闕者紀寺之名未有一言者焉
今山東憲副雙泉公至正三年夏分道益都謙獄路
次其中巡邏周覽徐爲長老定嵓言曰名寺之揭猶
有所遺爲求名公能書者當以書請長老合掌而言
曰非小僧之幸佛教之大幸也於是日留於心爲事
倥偬弗暇及焉秋復按之郡邑實所隷欲酬前日之
語地僻又乏能書者試自爲之操筆一揮深中其規
而骨力老健雖古之善名家者未知誰先後也謂自
古迄今殆幾千百年名卿鉅儒游憩於斯詩文題於

壁石之間曷可殫數而于此畧不加省豈將有所待
而然耶又謂公素未曾書擘窠而成豈啓人之聰明
者在於是耶不然若以一念之誠有所感于彼而彼
亦以誠應有以陰相之耶是未可知蓋天以一理賦
於人而憲副　父御史中丞夏國襄愍楊公一心王
室勲載史册天之報施其子又邁前人因摭其實而
書之公西夏世家名文書訥字國賢雙泉其號也

靈巖寺重建五花殿記　明王　裕（蒲川人二[illegible]統初舉[illegible]）

靈巖濟之名刹也居泰山西北之麓[illegible]

陰翳崖壁峭拔巖谷深窈眞棲禪之地也後魏正光
初有梵僧法定樂其形勝遂駐錫于此乃有蛇導虎
馴鶴止泉湧之異土俗目其神構丈室以君之演敎
授徒日滋月盛遂爲開山初祖歷隋暨唐以迄宋元
堂殿門廡齋室庖湢悉有就緒雄美宏壯甲于他處
浮屠雲集動以千百宋太平興國中乃建五花殿于
法堂之前重簷疊拱上峙三級下施四楹丹堊彩藻
爲天下第一歷年旣久上風旁雨遂爾傾圮正統改
元之初寺僧志昂念昔人創制之由乃圖重建于是

悉心其事鳩工庀材經始于是年七月至五年庚申
春始復其舊規畫繪事有加于昔旣成予適拔行諸
郡經過其地見其山谿幽勝殿宇宏壯始信爲齊之
名刹也昂拜而請曰五花之廢也十有七年矣前後
主于此者凡四僧而吾飽食煖衣無補于時幸逢世
道之泰襄助者日至所以克成是事敢乞文以記之
嗟夫佛氏本西方之敎也漢明帝時始入中國由是
通都巨邑名山大川皆建寺以闡其敎而後世宗之
者何其盛焉若靈巖者誠齊地之佳勝向非法定之

開創神異著聞于遐邇又焉知不爲樵牧之區哉於
戲殿之重建僧之用心可謂無負于其敎矣四方之
人遊于此者無有不儼然起敬施財布金以徼福利
所以寺僧能成其功者良以此也佛氏之敎益彰而
人益信矣靈巖之名愈久而愈著矣殿宇云乎哉

東遊記　明王宗沐（字新甫臨海人隆慶中山東左布政使官至工部侍郎）

隆慶五年八月十日沐偕憲伯連江吳公文華少參
潞安宋公守約有事濟上還道過泰安州肅衣冠上
謁岱宗齋幣豐潔牲肥酒香駿奔有加焉山東累歲

饑茲適大稔輿行野中登穫徧場男婦嘻舞報飲熙
然而余三人守土適蒙茲貺非岱嶽神休是藉耶而
敢不虔也方謁而天日晴霽登高望遠指顧齊魯之
郊東盡海上南望沂泗西北盡燕趙皇封聖跡邈秦
漢唐宋之遺若風肅然來焉還下御帳撫秦松掬水
流觴于淸泉白石間明日西行六十里許入靈巖寺
則月之十五日也登高閣以望羣山翠圍迴合潄玉
泉轉輪藏摩鐵袈裟夜還置酒臺上月色初朦朧少
頃澄鮮當午臨照山空影落波光淩人飛觴方半人

僧人以梵樂登塔頂奏之聲聞數十里如鈞天廣樂玉帝輦下侍朱旛火鈴霓裳羽奏又如諸天莊嚴來謁佛所而陵迦螺貝法鼓相參發也時頗忘身在人間稍尋竹徑休焉吳公執爵囑沐曰余與君長藩臬宋公以才署數道故事俱不得輙舍所司他適而今得恣遊山水禪寺中又適月在中秋之望自有山來如余輩遊又與月會聞妙高音者凡幾公其可無志乎余曰志于楮不如石石不如口今見居寺余請爲佛語令僧人習誦之足志茲遊不忘且知余三人遊有進于是者

遊靈巖記　明王世懋（字敬美號麟洲太倉州人萬曆初太常寺少卿）

萬曆丁丑秋閏八月壬子朝于京師歸并故道返于閭井路經長淸聞新擢南中藩叅舒陳兩公尚留靈巖寺亟以一力邀之共遊無何陳公以刺來迎日暮抵崛山舖夜大風寒晨起躡霜而趨舒公刺迎者亦來知兩公能爲我留甚幸入山可三里許始爲馳道陟磴中斷石梁跨之甚雄遙望諸山團列鱗次大設屏障梵宇浮屠擁出翠微間眞天下奥區也入門禮大士畢卽往舒陳二公所口占一詩謝其見逆二公已設素食相留矣飯畢具軟輿二僧導而前凡山所名勝處率一至焉東巖下垂一石人立而向者朗公石也石沼渟泓亭而覆之涓涓出于佛足復匯爲外沼而漫流山麓間已忽伏而不見者甘露泉也別院曰達磨旁湧出一鐵高可五尺潤殺其一背僂而拗天爲級縷作水田狀者鐵袈裟也已稍捫歷而上至一亭而止度其上不可登仰視絕頂下有平壤草木蔭映絳宇出焉有廬其傍者一僧一行居之時上下

取水如是者五寒暑矣意其人修頭陀行者悵不一見瞻眺久之而下時舒公小劇頓泉亭相待予與陳公遞遷而下從之返舍視僧房竹蒼翠數百竿山以東所無也小憩後出講堂前摸宋碑數道讀之步入香積廚見復沼一泉盎而不溢其傍瀰瀰細流環之問之僧云又一脈也廚之後復有白鶴二泉盎如廚泉而細大都茲山以泉勝其泉或盎或流或伏或見或交或斷僧亦不能盡名也寺當天下四絕名刹像構宏麗殿閣三重峙其前浮屠七級標其右予與陳

公據閣巔而望焉浮屠不盡四級而止其山四圍故不能遠眺也下浮屠而南爲魯班洞洞上緣傾崖周甃以石而成二石門內犍不可入似爲開山僧埋骨地云於是山之勝幾盡獨所謂道明毆者未之見僧云出山二里外可望而窺也予兄元美嘗謂予言靈巖是泰山背最幽絕處遊泰山而不靈巖不成遊也予兄所題處得二碑皆手書詩皆十二韻凡經再遊而得者去今二十年矣是夜飯畢各就寢因得排律一首韻如家兄數晨起書石付山僧去南行泰安仍共岱宗之遊

透靈碑記

徐琳 萬曆庚寅山東運同

透靈碑者乃先大夫題之靈巖寺者也自嘉靖丙寅追今二十有五年矣時先大夫以南司空赴都試道經靈巖愛仁知之樂意者見此碑瑩然如鏡一照而徹靈巖故名透靈也於乎先大夫往矣手澤如生令不肖琳見之能不痛哉且先大夫好題詠忽輒厭棄不復詣藁即不肖琳兄弟竭蒐括句請之力至今尚未得什之二三乃以一時承乏之暇覩手澤於茲寺豈靈巖之靈透於碑之靈而先大夫之靈又憑於靈巖之靈故假不肖琳於山東又假不肖琳於此遊而聊以遂無窮之思乎又安得隨遇隨適而覩手澤如今日也則不肖琳詎忍使之泯泯朽壁間哉故摹勒別石而識之如此庶幾後之見之者亦有感於不肖之私而勿毀云

遊靈巖記

明王在晉 大名人萬曆末巡撫山東官至兵部尚書

余從泰山下平麓大參程君李君都閫丁君相邏入州城曰岱之北麓最勝者靈巖也而又爲入者之軹

道請以詰旦相期于靈巖之下蓋距岱九十里而余循塗造焉巖之西爲鷄鳴山石臺高聳當山口夜聞有鷄聲靈巖寺在方山下方山南接岱宗北帶龍洞山圍綿亘嵯峨瑋拔嶜岑對峙巒壘周環圍如垣墉堅如營堡側如峭壁麗如錦屏龍蜒盤曲獅象蹲伏巠中一路土囊擨壤块軋通明商飈未可漂山谷風不能乘條蓊廣莫之委巷而崑崙之層城也佛圖澄飛錫之地辟支塔存焉塔高特孤聳破雲標霞豐隆軒其霆震列缺掖其照夜龍鼻噴抃泰山絕頂相與

澄暉廻景覺天路之匪隔矣余抵山而學憲許君亦至四君邀余上嶺嶺之阿有敕崇奉鐵袈裟生鐵爲衣高五尺縫紋如織法定禪師與構刹宇袈裟自地湧出或曰達磨西來面壁九年道成而去棄袈裟于此循嶺而上訪六泉曰石龜曰獨孤曰黃龍曰卓錫曰雙鶴曰甘露在靈巖東北泉至甘水從石龍口流繞各僧厨由山門西溝出蓋是山爲岱宗之析支廻龍結局風氣周密景色閑都而寒泉湛澈渟泓瀵玉潆碧有引池分席之勝班荆列坐流觴于窮石推崎

之間斜照崦嵫山鳥傍人尋宿而歸雲翮泄容容霄塄宵露霏霏沾沾衣袂于是牽薜荔以下嶕嶢掩柴扉而對荒月蕭然一榻于問竹亭之精舍東方篔簹絕罕而是山有竹新笋迎風解籜不傍高下參差有此君相伴可與共良宵夜半月移竹影透入綺疏風亂松濤淅颯枕簟消客愁而濤壓夢一片野心任白雲而飄泊矣侵晨遶佛堂訪絕景亭無可覓亭爲宋僧仁欽所修以寓觀覽景有四曰翠峰獻秀曰甘泉潄玉曰松舟挺翠曰巖花啼鳥今廢矣靈光亭在明孔山西晉班洞在寺飲馬溝在靈巖右宋徽宗觧鞍於卸鞍洛馬有青螭鼓鬣而遊皆所經行地出殿門讀唐開元梁昇卿碑字多剝泐不能辨山麓十餘里古松參天謂之十里松按水經所稱玉符山說者謂即靈巖而是

靈巖紀遊

明郭永胄（號太微崇禎初山東巡按監察御史）

不佞宦遊十載如天台雁宕虎丘錫泉諸名勝亦多足迹所經然皆未嘗躡屩展于頂上留隻字于壁間蓋不敢以風塵面目辱山靈也歲癸酉冬孟以視屯

入二東過靈巖寺夜宿谷竹禪堂竹籟如雷犬聲若豹擁衾獨睡萬慮都息遂有身在此山之想無奈濁皷饒下而馬首又斷向岱宗矣守道康公雖殷勤召飲而喝道看山殊覺形穢未知何年遂衲衣證也來得隨蹲虎飛鶴飲卓錫下一滴泉也圖舊未成都爲王程逼迫片言寄贈以爲異日歸山左券未敢曰終不落姓字人間也

□河重修般舟殿碑記

施閏章（號愚山宣城人順治中山東學道官至翰林侍講）

靈巖爲泰山北麓諸山之望林谷邃密多洞壑崖泉之美考志及水經注沙門僧朗居其地大起殿舍魏太祖遣使致禮今寺東南有石竦然人立猶稱朗公石云宋張公亮碑則謂始建寺者魏正光中法定師也寺所從來最久而寺宇之最勝者曰般舟殿望之若璇宮瑤闕焉余至靈巖其殿傾圮壞漏瓦礫很藉怪寺僧無募修者久之僧祖居以募請且曰曩之莫敢任者病役之煩也今所以請者感公之言也余喜曰有志者事竟成若勉之矣時三司諸公及州邑聞

之各竭其力告助于巡撫右副都御史耿公而祖居拮据萬狀不及朞落成山下有大木二購之不與尋感異夢而施之其事儒者所不道而好事者驚相傳以爲神匠氏之屬畚鍤之役皆若有所恭而樂爲有所畏而不敢怠故其直廉而備者衆其時速而成功多捨地得唐宋碑碣如山累爲屏壁鱗次而黼錯凡一百一十通僧來請記余謂佛刹滿天下不可億萬計一寺之成毁于佛氏無損益而般舟又靈巖之一殿也何記之有然寺始于魏盛于唐宋有屋數百間

天子駐蹕縉紳士大夫來遊者踵接而其僧亦多通曉禪律如珎公輩能與士大夫唱酬爲所尊禮故遊咏碑碣甚多浮屠氏興起金元之間行省侯孳駐兵嗣爲張汝楫等所據兵燹繹騷蕩爲荊榛明興三百載始理其什二三而末年復以亂殘僧徒散亡至今稍集于是有般舟之役蓋事之盛極而衰廢極而興固其所也般舟之興吾將以卜靈巖之復盛焉遂刻之

遊靈巖記

王　紀 號泊圃松水人 分守濟南道

康熙壬寅首夏既望僕自省旋岱路經斬莊變服策蹇托名訪館先生免滋騷擾一覩靈巖之勝行至石徑之半南望山腰雲煙縹緲處茅屋十許傍壑依崖敧斜無次頗有吾家摩詰筆意俄聞鳴吠之聲恍若雲中鷄犬山陰道上無此致也進山寓東廊下主僧慈舟一老瞿曇也揖客甚恭呼其法侄超然導觀諸勝如漢栢唐松古殿名泉怪石幽壑荒亭廢榭率一覽焉所最可愛者爲巢鶴巖三面陡絕高可千仞頗有凌雲之勢巖頂盤石大類虎丘山之千人石而雄

偉過之于眺覽爲宜南望嶺頭亂石縱横黄茅䕺菲依稀蘇長公醉遊時風味者黄茅岡也追思我公曠世之文章事業止博得黄州惠州瓊州惟留得千古名耳臨風吊古淚爲之下西眺則遠山如黛烟景迷離令人神怡心曠恍若陟天庭依日月也俛視石上有昔人題鐫别是乾坤四字信矣夫久之下巖由西路南下抵臥佛堂倦甚與然共坐門閾憩焉推窗一望松濤蕩漾亦足以觀項之清風自松間颯颯徐來爽人懷抱一時煩暑都消優哉游哉人耶仙耶僕得

意於風風借韻于松皆有助于清況者因題松風閣以名之離閣歸寓舟謂曰今日之遊能盡美乎寺之西南有滴水崖者亦佳但幽深僻遠未見知于人耳僕聞之躍然晨興别舟仍命然導僕披荆分榛而行三四里至焉懸崖百仞水滴滴下亂洒如雨上接蒼壁下注清谿野鳥山花怪木虬枝爭逞異態媚客令人戀戀不能舍又另是一佳境也南上里許曰水屋泉水盈中大旱不涸四圍樹木蓊蔚亦勝地也北返官道然揖别歸寺僕循舊路轉南二十里許至長城鋪從人候焉乃舍驢就輿薄暮抵泰安旅舍次日遣使致顧渚新茶青綠潞綢各二寄酬慈舟超然二長老之勞斯遊也如滴水崖及水屋皆遊人所不遊者松風閣亦樂人所未樂者而靈巖景趣領畧殆盡矣巖堅泉石無不奇麗而品冠四絕也宜矣惟古今碑石名筆頗多不暇一顧亦快事中缺事焉以異日續焉

遊靈巖寺記

李興祖（字廣寧號慎齋銀城人）

濟南名山自岱宗而外若徂徠若新甫諸勝耳熟而

身未至者不啻八九其最企予懷者爲靈巖今春復有事於禮岱計凡三至矣而所謂靈巖者聞從岱麓之北逶迤可九十里許遂命徒叱馭循行至山口望之若獅者爲獅山蹲其背若象者爲象山峙其前横兩山而中者爲朗公山山之東巔有石立如人形相傳爲朗公化身及入谷地多異狀樹壯而石瘦盤曲如松根柏幹草木蓊蔚寺中浮屠聳立若與巔石相揖讓又里許山勢四合如埤堄僧舍梵宇周列若闤闠俯夾溪流石梁横其上水鳴鏘然清瑩欲澈人眉

宇寺僧聞騶從至沓然來迎予揮去之留一二導從遂舍輿騎步入殿堂登巖閣探諸名蹟知創自北魏盛光年法定禪師鶴引卓錫地東有錫杖泉西有雙鶴泉後爲千佛殿然而年遠荒圮像設崩墜愴懷者久之繼登藏經殿殿在浮圖之右僧指謂予曰殿北去爲沓山有臥佛殿殿頂又有石佛精舍精舍左右有白雲黑雲二洞常有雲氣罨藹窅曲深邃非信宿不能窮其奥又東南般舟殿殿傍乃唐太宗御書下列歷代名人碑記暨宋蘇明允學士行草兩碑書法甚遒健後爲達磨殿有鐵袈裟屹立庭中又東去爲朝元殿北折五六十步徑愈曲巖谷愈幽者爲大士殿當殿中穴泉湧出竇僅如斗深不可測琢石甃其上伏流而出滙爲池池上石如張筵如懸鼓有亭覆其上可列坐而休焉名人題詠參差間列嘯歌其中崖谷相答而視聽愈遠若不知身在泬寥間也予謂遊至此觀止矣僧曰未也夫所謂靈巖者以其境最幻當巖之半忽出平地可十數武青壁陡絶袤於後丹崖懸峭逼於前惟東西石隙可蟻緣而上寺由是

得名予方欲賡棠就之而日已西頽蒼然暮色自遠而至輿猶淋淋然於是引觴滿酌暢叙幽懷因思朱門華屋列金石而陳鼎彝孰若招提蘭若之方丈團蒲也雕甍錦榭奏宮商而選妙曲孰若晨鐘暮磬梵唄珈趺也車塵馬足老風霜而逐利名孰若山巔水涯竹杖紗巾也因此悟彼予於山靈滋愧矣然而夙願獲償夢寐中若與茲巖相對而塵襟俗慮庶幾其免矣夫於是記之并二詩附於巖石以志不忘云時康熙癸酉三月二十九日也

遊靈巖滴水崖記　趙之屏 號仲藩長清人戸部司務

康熙庚午七月既望乘斯清秋涼爽素慕靈巖之勝乃一策杖遊焉緣曲徑穴崇輿橋邂逅二三無名野老揖余若舊識者顧謂曰翁之來也爲禮佛乎爲覽勝乎禮佛則問彼緇流覽勝僕請爲翁導橋南里許有泠泠之聲者滴水崖也靈巖之勝未有勝於此者緣其地僻豁深遊跡罕至故未見知於人耳余聞之欣然而往至則見其巖石嵯峨懸崖滴瀝水流花開魚躍鳶飛一團清況令人有濠濮間想野老曰抑有

說焉靈巖巖壑固佳而松濤蕩漾更助吟懷亂後被小人營利偷伐不已順治庚子幸遇我 方伯施公來轄東省布
朝廷德意育海岱黎元六郡百城沾恩二十餘載餘澤尤鍾乎茲山護持多方始獲無恙不然則久已兕其山矣安得有今日之鑒賞耶對景興懷不能不悲慟於心也淚如雨下余亦悽然非公惠政及民之深何以感動荒山窮谷甘棠遺思如此其切也耶吾爲之三致歎焉今日之遊絕景淳風兩收之矣筆之岩阿

以紀其畧 施公諱天裔號泰瞻官至廣西都憲遼陽籍泰安人也於戲百年有盡者身千秋不朽者名公之忠貞行狀知有青編可考此則山林野史以佐正史者也王右軍曰後之覽者亦將有感於斯文

施公以泰安人爲本省方伯而靈巖實泰山之一麓偷樹之弊知之真故其禁之嚴至於今滿山古木皆蕩然矣比聞土人言偷伐樹木之人即看守山林之人是耶非耶治斯土者詳察留意設法護持而靈巖樹木又其甘棠遺愛矣

重修伽藍殿並山神土地祠碑記

于紹舜 字克承 進士 中書 長清人

予觀宇內名山多爲佛居因有倿佛者相率求福田利益反是則矯而爲謗佛者予謂二者皆非也今於重修靈巖之伽藍殿而得其解焉清邑東南九十里許有靈巖寺蹲獅臥象黃龍白鶴山泉之美可甲諸郡蓋自沙門法定首闢蠶叢遂爲勝地舊有伽藍殿輝映左側是禪教之津梁而亦學士大夫之武夷遊屐之此若步步引人入勝也歲久風雨剝落棟宇無

存邑耆老諱仲芳字翙明王君慨然捐金首倡鳩工庀事鉅構鼎新規模愈壯丹青金碧璀璨煇煌洋洋大觀矣並山神土地祠亦次第修舉松栢留秦漢之遺文字存唐宋之舊此真挽回滄桑一無量功德也工既竣浼予一言以爲記予惟神道設教與不崇淫祀二者之說俱不可以例此蓋深山窮谷之中獸蹄鳥跡所處非慷慨義舉力爲經紀設有高人達士思欲登涉而荒穢極目泉石減色縱山靈好客亦復誰爲東道主人耶故有其舉之不敢或廢固山川之幸

也而豈其僕佛也有目共覩名垂不朽亦浮屠之德
也而何敢謗佛也因樂得而稱述云
翊明王君林泉高士也樂善不倦雅不市名其所
修功德事在靈巖寺者未易枚舉僅登碑記所及
載餘俟采風者彰隱惡可耳　韓毓桐謹識

詩賦

靈巖賦呈明遠和尚　金完顏禎號伯祥[illegible]人[illegible]
靳[illegible]　潛撰

梵剎雖衆靈巖可推啟禪林之久矣萃海會以興之
地勝三齊獨占方山之秀名馳一絕果爲精舍之奇
原曰佛法自東漢而興[illegible]釋門逮前梁愈闡矣阿育
起清涼之業摩騰立白[illegible]之址蓋如來聖教之光輝
俾歷下招提之華侈[illegible]安之天竺豈可相侔念[illegible]
州之玉泉莫能與比嘗[illegible]一聖出世二虎負經本[illegible]
音之示現記羅漢之儀形青[illegible]此鄣徑今前導白兎[illegible]
草今敢停金玉樓藍壯麗豈勞于人力人天境界[illegible]
營多賴于神靈於是五花發聳也梁棟崢嶸[illegible]
深也薛苔蒼翠壘埃半無俱絕香火四將長[illegible]
樂兮翔鳴靈芝秀兮奇異雲霞縹緲鐵万仞之[illegible]
檜柏陰森隱一壓之金地且夫山峰絕景亭依秀[illegible]
春色偏媚于林麓歲寒不彫于松杉[illegible]則[illegible]之[illegible]
龍名猶在鷄警悟真之盜異跡非凡但見蹌[illegible]入[illegible]
而馴鹿食蔬抱樹攀藤而黠猿[illegible]習[illegible]之[illegible]

慰風月之足可雙清軒外荷荷修竹千竿黙照□□
灼灼奇花百朶既而物我不染名利都忘水共清石
潋潤石山色重而撲肌膚芻薪者迥出于塵境丹青
者可寫于畫圖錫杖決流以長盈且能利物袈裟化
鐵而不朽果善回愚異哉靈雲了悟于桃禪惠遠能
結于蓮社念古之伎倆雖已遠矣覩今之家風復可
繼也且鉢衲足以優游况琴書樂哉清雅輙生他日
了鸞願之功名願陪吾師嘯傲于方山之下

重修千佛殿記并詞　明傅光宅 聊城人萬曆中監察御史

夫金輪御世道化敷於四洲玉曆授時仁風被乎九
月然有功限于齊量勢窮于輿圖未盡人天寧遍沙
界惟夫佛者四生慈父三界明師於微塵中含授十
方世界非少非多以刹那頃過百千萬劫無次無速
來而非來降王宮而離兜率去而非去坐雙樹而入
涅槃修而無修歷三祇而成萬行證而無證空十
而具三身半偈片言照昏途之朗炬千函萬軸超苦
海之迅航此其等世界于鴻毛視功德于滴水不□
□□□豈可思量乃其満節因緣各成劫願于是□□

應世劫分後先說法度生土有淨穢惟華藏世界□
娑層在十三賢劫慈尊釋迦名當第四過去莊嚴未
來星宿俱有千佛圓果十方歷窮三世數等恒沙性
海無邊心光遍攝塵沙剎境不隔毫端十世古今未
移當念是故一即一切一切即一光供千尊已該無
量一聞名號早脫輪迴但睹光明即登極樂信解者
自證無生迷惑者竟沉有漏此諸方耆宿借嚴飭以
啓真緣歷代王臣假檀施以明信力總之然慧燈以
繼日月之光濬靈源以滋江海之潤者也靈巖禪寺

者峰蓮岱嶽岔號金輿朗和尚開山于初則七帝承
風而遙禮定禪師宏法于後則四衆欽德而皈依龍
象經行靈異互顯逮于今日道法陵夷僧廢清規人
罕正信茲藕散于饑饉殿閣圮于風霜靈泉鳴咽而
斷流寶樹蕭疎而失蔭于是德藩先定王以夙世積
緣捐施帑藏世殿下以深心仁孝成就功德先是丁
亥之春有密藏上人結盟于林巒戊子之夏則蓮塘
和尚說法于山巖于時典寶副陳奉者方奉王命督
工寺工受一言于密藏投五體于蓮觀奉戒精嚴□□

工勤慎遂爾山門炳煥殿宇崔嵬千佛殿者面擁羣峰背環萬壑方丈鄰廡懸蒼靄于星羅寶刹浮塔出翠微而雲起玲瓏棟宇映日月而繞煙霞軒豁鈴櫺俯林巒而開紫翠香燈于金碧輝煌梵唄雜風泉上下蓮花座上依然三十二相之莊嚴菩提樹前儼然八萬千門之妙好一投禮而千佛慈光總為攝受一瞻仰而十方覺聖盡屬皈依此衆生成佛之良因諸佛度生之宏願時有待而道法與緣既合而事理會大非偶然之故者矣余幼攻墳典叨列賢科長閱梵

文未究精義天地雷雨半偶才聞燕市香花一言偶契望雲腸斷息聽響以西來跪雪心安値鷲影而東步時復有曹林文上人曇旭曉行者依杖履而參最上之乘新安汪車騎平陰張參軍受經偈而求無生之義余媿非利根幸瞻盛事勒文金石歷萬刼以長存矢志星霜盡羣生而普度爰作頌言用詔來世其詞曰

邈焉無始真妄混淆情塵結集愛流動搖想成國土識作衆生六趣輪迴苦海冥冥爰有覺皇發宏願用作津梁登之彼岸大海無潤至仁無恩恒沙普度誰測弘深大發東流名藍星列金碧香花燃燈長夜泰山之麓是惟靈巖雲霞薈蔚峰巒連綿漢魏晉唐代有龍象禪律相承玄風遠暢正法既邈相教亦微緇流奔散誰復皈依天啓哲王克仁克孝藩屏帝邦金湯聖道內帑既捐寶刹維新哲人振錫重轉法輪永奠皇圖長明正法功德明明中宵則月貞石既刊山泉同久敢曰能文共慈不朽滴水見海昭昭見天一薰一觴成佛因緣如

金在鑛鑛去成金不生不滅諦信惟心此文法[illegible]坡仙造[illegible]三昧故不載于碑記而載于詞賦

藝文志二

唐詩

題贊公房　杜甫（字子美，襄陽人，居京兆杜陵。明皇時待制集賢院，肅宗拜右拾遺，官至工部員外郎）

燈影照無睡心清聞妙香夜深殿突兀風動金琅璫
天黑閉春院地清棲暗芳玉繩迥斷絕鐵鳳森翱翔
梵放時出寺鐘殘仍殷床明朝在沃野苦見塵沙黃

題靈巖寺泉池　李白（字太白，蜀人，明皇時翰林供奉）

遠公愛康樂爲我開禪關蕭然松石下何異清涼山

花將色不染水與心俱閑一坐度小劫觀空天地間

其二

客來花雨際秋水落金池片石含青錦疎松挂綠絲
高僧拂玉柄童子獻雙梨惜去愛佳景煙蘿欲暝時

靈巖寺西入石路　劉長卿（字文房，河間人，開元中進士，至德中監察御史，官至隨州刺史）

山僧候谷口石路拂莓苔深入泉源去遙從樹杪回
香隨青靄散鍾過白雲來野雪空齋掩山風古殿開
桂寒知自發松老問誰栽惆悵甘泉水何人更渡杯

題靈巖諸峰　錢起（字仲文，吳興人，天寶中及第，授秘書郎，官至考功郎中）

向山看霽色步步豁幽性返照亂流明寒空千嶂淨
石棚有餘好霞殘月色映上詰朗公廬孤峰懸一徑
雲裏隔窗火松間下石磬客到兩忘言猿心與禪定

遊靈巖寺　司空曙（字文明，廣平人，貞元初官至水部郎中）

春山古寺遶煙波石磴盤空鳥道過百丈金身開翠
壁萬龕燈焰隔煙蘿雲生客到侵衣濕花落僧禪覆
地多不與方袍同結足下歸塵世竟如何

宋詩

留題靈巖寺　李沆 咸平中入相謚文靖此詩至天聖中始刻于石

靈巖山勢異金地景難窮塔影遮層漢鍾聲落半空
千峰羅雉堞万仞聳屏風飛鶴來清賓刳魚掛古桐
名會參四絕封合亞三公勢徹河壖遠形差嶽鎮雄
仙閣鄰峻極日觀伴穹崇邃洞連蓬島重巒鑿梵宮
望應銷俗慮登喜出塵籠獻壽嵩衡並分茅海岱同
艮方標出震午位對升中嵐滴晴煙碧崖鋪夕照紅
巍峩齊太華奇勝敵崆峒鍊句供詩客摸真愧畫工

天孫分怪狀神化結全功吟賞慵回首雲泉興愈隆

靈巖寺秉興走筆　李冠 景德時歷城人官乾寧主簿

疊翠圍僧國幽棲孰有才名高仍可隱骨俗豈宜來
花發松香沒雲銷石色廻何年脫身去心委象前灰

道出靈巖過題五言排律十韻　滕涉 吳郡人天聖中諫議大夫

山半舊招提門蘿躋石梯佳名標四絕勝境出三齊
殿古煙霞竊庭深檜栢蹊嶽靈分地界雲險按天霓
香篆清風裊松廊翠巘低飛塵無路入幽鳥隔崖啼

破夢泉聲急飄凉竹韻淒微陽生頂上殘月落峰西
暫到猶塵慮長居信覺迷致君功業就向此卜幽棲

憶靈巖絕句　杜堯臣 知鄆州軍事

四絕精藍冠古今千山影裏寺難尋年來蹤跡如萍
梗不得登臨恨更深

寺有四絕一曰靈巖子以赴官獲茲稅鞅因賦
拙句用志其行　祖無擇 范陽人景祐中新通守濟南郡官至知袁州事

常想靈巖得到難因廻征轡此盤桓松風逗磬僧齋

冷石水環堂客夢寒聖作儼同堯典布 原注云寺有太宗御製御
書古碑猶是魏朝刊最憐山色當樓好欲去重來一
凭欄

再遊靈巖絕句

紅塵滿馬三廻到青嶂迎人萬疊開却被野僧相顧
笑區區還是暫時來

留題靈巖　何約 河東人康定中肅政廉訪使

天下名藍稱四絕靈巖雄與岱山連古湍堂上凭欄
處似在棲巖太華邊

題白鶴泉　　用　禎 嘉中澶州人

兩儀始融結中有靈巖川佛現青蓮相山分白鶴泉

澄清通舜井湛潔涚堯天鞠氏留題後非才繼此篇

宿靈巖寺　　張　揆 字貫之歷城人官至龍圖閣學士加翰林侍讀學士出知齊州

再見祇園樹流光二十年依然山水地況是雪霜天

閣影移寒日鐘聲出瞑烟微官苦奔走一宿亦前緣

詩送新靈巖寺主議公上人

張　掞 揆之弟官至戸部侍郎

巍巍日觀出雲層西麓靈庵寄佛乘金地闢人安大

衆王京選士得高僧金刀斷腕碎魔伏鉫軸存心奥

義增顧我舊山泉石美滌除諸惡賴賢能

留題靈巖　　張雅圭 益都人秘書丞

愛山特地上山來俗慮醒如醉眼開舉首但驚雲漢

近直疑平步出塵埃

送靈巖新住持赴寺　　王安石 字介甫臨川人神宗時入相封荊公

靈巖開闢自何年草木神奇鳥獸仙一路紫苔通

徠千崖青靄落潺湲山祇肅聚荒禪室象衆低摧想

洪庭雪足莫辭重跰往東人香火有因緣

贈靈巖元長老　　趙　抃 濟南人資政殿大學士清白名世

教被山東十稔餘人人師爲指迷途仰天峭絕靈巖

峻萬里閑雲一點無

題靈巖方丈　　曾　鞏 字子固南豐人官至知齊州文章政事名于時

法定禪房臨峭谷支辟靈塔冠層巒軒窗勢聳雲林

合鐘磬聲高鳥道盤白鵠已飛泉自漫青龍無迹洞

常寒更聞雷遠相從樂性道塵囂豈可干

遊靈巖寺　　蔡延慶 尚書祠部郎中

靈巖川上白雲深十里青松晝自陰遠寺幽佳傳已

古名山絕勝冠於今羣峰環翠凝秋水危壁飛泉瀉

碎音此景能爲風月主五湖應不起歸心

又　　孔　舜 尚書職方郎中通判齊州

忽從平地出塵籠親到諸天釋梵宮却悟冗官長役

物爭如大士日談空山横青壁千屏合泉迸丹崖一

線通幽鳥靜啼人外境疎鐘不墮世間風目無可欲

猿猱伏心絕微塵氷鑑融自恨無緣陪宴坐他生願

恭謹松翁

靈巖鑒和尚招遊賦贈

宋敏求 與蘇頌李大臨共諫新法[illegible]落職天下謂之熙寧三舍人

暫脫朝衣暫得閑幽尋深入亂山前非關塵俗都無事自是登臨合有緣身健喜行新道路眼明重見舊風煙禪公着意留歸客更許捫蘿到梵天

轍昔在濟南以事至泰山下過靈巖寺爲此詩寺僧不知也其後見轉運使中山鮮于公子南都嘗作此詩并使轍書舊篇以付僧元豐二年五月五日題

蘇　轍 字子由眉山人以諫青苗法出掌齊州書記官至翰林學士

青山何重重行盡土囊底巖高日氣薄秀色如新洗入門塵慮息盥漱得清泚升堂見真人不覺手自稽祖師古禪伯荆棘昔親啓入跡尚蕭條豺狼夜相觝白鶴導清泉甘芳勝醇醴聲鳴青龍口光照白石陛尚可滿畦塍豈惟濯蔬米居僧三百人飲食安四體一念但清凉四方盡兄弟何言庇華屋食苦當如薺

遊靈巖

鮮于頔

松門十里暮山曲宮殿參差倚巖腹盤盤一逕入雲中又登絕頂最高峰石壁蒼然起秋色遠溪深處時聞鐘磴道崎危達巖下幾派清泉在澗瀉月色朦朧出遠山忽驚星斗在簷前勸客遊來不知返清光皎皎巖霜寒一出禪林復回顧白雲已滿山頭路

留題靈巖寺

鮮于侁 字子駿中山人元豐中京東轉運使司馬溫公謂爲一路福星

馬頻策車馳轂終歲塵勞常碌碌喜聞巖寺並山中路轉清溪入幽谷乍行山口疑洞天窮深一上翻

平田千層臺殿隱林木四面石壁生雲煙山僧迎門笑相揖爲語祖師存往迹屈指于今八百年已在西來達磨前鶴鳴飛止黃金地錫杖湧起清凉泉境稱四絕名天下天台石橋乃其亞千峰不改歲寒時一水最憐秋月夜半生遊學頗艱辛且向空山老此身也知方丈安禪處解笑東西南北人

送確公長老住持靈巖

王　臨 直昭文館尚書兵部郎中上柱國

瓶鉢飄然別帝鄉法音從此振東方黃龍山下傳心

印白鶴泉邊起道場甘露無時皆一味旃檀何處不清香煩師更唱宗門曲兎角龜毛任屐張

元祐八年八月二十日余因奉　命下齊州祀東嶽至靈巖

蘇　軾 字子瞻號東坡官至尚書禮部郎端明殿學士

醉中走上黃茅岡滿岡亂石如羣羊岡頭醉倒石作床仰觀白雲天茫茫歌聲落谷秋風長路人舉首東南望拍手大笑使君狂

留題靈巖寺　卞　育 濟陰人元祐中濟南郡從事

屈指數四絕四絕中最幽此景冠天下不獨奇東州夜月透巖白亂雲和雨收甘泉瀉山腹聖日穿巖頭大暑不知夏爽氣常如秋風高松子落天外鐘聲浮祖師生朗石古殿名般舟人巧不可至天意何所留老僧笑相語茲事常窮求移出蓬萊島待吾仙子遊

贈新住靈巖長老　劉　槩 通判鄆州事

岑崟千嶂挿青霄殿閣崢嶸霽靄交已化靈蛇留徑迹雙飛白鶴上雲巢萬家香火春迎社一派泉聲夜落潮一錫此來當有意獨存秘宇在巖坳

題錫杖泉二首　蔡安持 睢陽人

四絕之中處最先山圍宮殿鎖雲烟當年鶴馭歸何處世上猶傳錫杖泉

其二

畏塗暑溽汗揮流暫訖靈巖物外遊山遶禪扃泉漱玉新秋氣候似窮秋

靈巖十二景詩　釋仁欽 福建人建中靖國元年宣選住持靈巖賜號靖照大師

置寺殿

青蛇引路破蕪徑二虎馳經莫厭頻周漢魏時於此住年過八百又重新

般舟殿

般舟古殿最先風運載含靈不可窮生死海中波浪嶮莫教沉溺失前功

鐵袈裟

我佛慈悲鐵作衣誰知方便示禪機昔年庾嶺家風在直至如今識者稀

朗公山

萬象森羅古此峰傳來幾世朗公容知音會遇無先

後今日依前舊日蹤

明孔山

鑿開靈巖玲瓏瓏一竅圓光似月明照古照今傳萬代不知誰向此安名

絕景亭

四顧林巒似列屏一源流水響泠泠遊人到此忘歸去名稱盧堂絕景亭

甘露泉

甘露香泉竟日流有時天旱四方求隨緣赴感無偏黨古往今來不記秋

石龜泉

團團特石鑿靈龜口內噴流世莫疑造化始知心所有幾人到此亂針錐

錫杖泉

歷歷金鐶振一聲滔滔千古迸流清香厨日用無窮竭飲者甘和悅衆情

白鶴泉

雙鶴雙飛去幾年遺蹤依舊涌靈泉澄澄皎潔無邪

試石銚煎茶味更全

鷄鳴山

鷄鳴欲曉驚行路回首思量却再來兩兩三三皆省覺一人獨上妙高臺

證明殿

萬丈巖前作證明十方禮信等空平一針一草無遺漏百刼千生果自成

靈巖道場三首　吳迪　延安人

丹崖翠壁一重重香火因緣古寺逢若有金龍隨玉簡武夷溪上幔亭峰

其二

旌麾遊近得東泰懷別家鄉六度春何意眼看毛竹洞主人仍是故鄉人

其三

大士分身石罅開輕煙微雨證明臺悄然一覺鄉關夢換骨巖高好在哉

遊靈巖寺　宋居卿　東苑人

喬木森森結綠陰翠峰深處隱禪林高僧見鶴坐泉

眠嶂飄闌鷄息盜心春去野花開異品曉來山鳥弄
新音勝遊休便生歸計到此蓬瀛路好尋

次前韻　劉公度 政和中武節大夫康州刺史

十里靈巖翠路陰當時登陟到雲林佛衣化鐵存真
跡錫杖流泉慰渴心山擁精藍多勝槩松含清籟少
繁音歸來每厭紅塵擾夢寐猶能去遠尋

證明龕　張舜 陽美人

不倦千尋謁證明凭欄下瞰白雲生更期進步孤峰
頂要向如來頭上行

鐵袈裟

綫蹊針孔費摻摻鐵作袈裟信不凡大庾嶺頭提不
起豈知千古付靈巖

走筆謝妙空　呂川 長清縣尹

偶因攝吏來茲邑欲到山門未有期慚愧吾師先問
訊方知今日更驅馳

登覽靈巖　宋逸 洛陽人

抖擻塵衣訪古蹤捫蘿涉嶮徹靈峰寒堆泰嶽千巖
雪清逺方山十里松泉頂客回聞法鼓雲堂僧起動

齋鐘如來元現因明處直上人天第一重

別靈巖諸禪衆　釋淨如 號妙空嗣欽公住持靈巖七年辭去

七年林下冷相依自愧鉛刀利用微聚散莫云千里
遠輪天一月共同暉

遊靈巖二首　朱濟道

二年催遣向東州見盡東州水石幽不把尋常費心
眼靈巖消得少遲留

其二

東州山水大堤遊及至靈巖分外幽會有定師來指

示直須行到寶峰頭

留題靈巖　趙邦美 靖康中陳留人

披雲嘉處對青山何必登高縱遠觀巖谷幽深無限
景可憐多是等閑看

金詩

被命按山東路因遊靈巖　張通古（皇統中參知政事）

萬壑千崖裏林開一徑深數年勞想望此日快登臨境勝情難盡途危力不任樓臺相映抱松栢自蕭森花散諸天雨燈傳古佛心鶴泉寒漱玉鬮地舊鋪金石磴崎嶇上桃溪窈窕尋淵明能止酒叔夜況携琴所恨無長假徒勤惜寸陰清宵誰我伴乘興但孤吟

題靈巖寺贈西堂堅公禪師　康　淵（武人）

縈廻綠水遶春山蝶舞鶯啼白晝閑誰似西堂知解脫不教愛色到朱顏

遊靈巖留題　任熊祥（山東路轉運使）

岱嶽看未厭復來遊方山林中路十里乘興一躋攀忽至靈巖寺峰巒四壁環殿閣相掩映絕景非塵寰古佛道場在宛然寺中閒袈裟變爲鐵傳付一何慳錫杖引出泉萬古流潺潺相逢佛日老談道扣玄關揖我石上坐清風爲解顏翻思平生事宦途歷險艱却羨高飛鳥猶能倦知還幾時謝冠蓋來伴白雲閒

贈靈巖法堂長老　李　山（膠西人正隆中來遊）

風埃奔走竟何堪邂逅叢林試一參縱目雲巖行度息肩石榻有餘甘曹溪演秘君應會岳麓題詩我謾慙得到洞天能有幾人間留取助清談

其二

磴石攀蘿鳥道分峰廻寶宇見層門倚巖危構疑無路襯步濃雲恐有根祖佛舊傳遺跡在家風今見宿師存我馳軺傳聊停轡欲火灰寒不復燉

靈巖即事　方山野人（大定時人不留姓氏自稱方山野人其或此處之隱逸者乎）

山僧樂道無拘束破衣壞衲臨溪谷或歌或咏任情足餅愛林泉伴麋鹿水泠泠兮寒漱玉風清清兮動疎竹閑身悅唱無生曲石鼎微烟香馥郁幽居免被繁華逐麤得蕭條與林麓大道無涯光溢目大川無私鬼神伏知音與我同相續免落塵寰受榮辱浮生夢覺黃粱熟何得驅馳重名祿

重過靈巖有感　楊　野（大定中濟南判官）

不到方山寺于今四十年形容空老矣風物尚依然十里穿危磴羣峰簇險巔澗深泉漱玉林古樹參天

階砌封蒼蘚闌門鎖粉璫幽奇言莫盡巧工畫難傳
突兀五花殿泓澄雙鶴泉僧寮依地勢丈室極天玄
樓閣相綿亘齋厨盡潔蠲簷楹煥金碧戶牖晦雲煙
龜吐源流淨鷄鳴淼意悛松杉千古老花卉四時鮮
峻嶺朝陽透陰崖夏雪堅虎行猶棧閣蛇路尚蜿蜒
塔影侵遼漢鐘聲徹廣川園亭隨上下池沼任方圓
勢遠滄溟接形高岱嶽駢秋來涼氣早春至煖風先
四絕名踞首三齊景最偏祖師留鐵衲勝地布金錢
便可名兜率真宜號福田捕蝗同驛使策馬訪民編

旅店難投迹靈巖少息肩上人蒙眷戀信宿得留連
香火朝隨喜龕燈夜問禪挺身如出俗惬意類登仙
擬作歸休計無何公事牽官程嚴有限精舍住無緣
詰且還推枕歸途復着鞭何當罷塵累永結社中蓮

遊靈巖寺　智揖 明昌中山東提刑按察司

偷得工夫半日閑來尋一徑上雲煙巖崖直下臨無
地樓閣從空峻極天雙虎負經初現世衲衣成鐵不
知年此行仰愧埋輪手恥向高人更問禪

題靈巖寺之超然亭頌　王珩 明昌中山東路提刑

鍾山英秀草堂靈林下相逢話愈清聞道謀身宜勇
退得閑何必待功成

和超然亭頌　路伯達 冀州節使

六合空明現此亭本來無垢物華清客來便與團欒
坐萬偈何妨信手成

次蘇頴濱韻　勞堪 紫桑人右布政使

人生不超悟營欲安所底遊步愛雲房煩蹰思一洗
石壁瀉鳴泉繚繞飛靈泚佛刹出高林傾崖首如稽
龕徑生異香曠然孤興啓獨往清涼門炎氛不相舐

雙鶴從空來素書覞丹醴飲此換凡骨御風入仙陛
銘鼎竟何爲富貴藐稊米永抱物外心豈襲區中體
塵境每憂虞幽襟自豈弟終期返巢松松實甘猶薺

次鮮于頡韻

靈巖突兀方山曲古殿般舟枕巖腹石磴層盤林莽
中芙蓉面面羅青峰普提花散諸天雨薝蔔風傳萬
壑鍾玄堙一鶴蹁躚下巖自點頭泉自瀉袈裟金錫
不知年飛錫猶在西來前披襟向月聊放歌聲徹[illegible]
河東壁寨閑雲紛落如相顧我欲乘之入天路

元詩

遊靈巖題壁　　趙文昌字明叔，濟南人。至元初，長清縣尹，官至國子監祭酒。

路入藤陰石徑涼，爲頭遙認贊公房。烟蘿天近雲煙濕，婆律風清草木香。紅鶴飛來山隱隱，玄猿啼罷月蒼蒼。窮探自是平生癖，柱杖直須到上方。

再至靈巖有感

絕頂松風洒醉顏，濟興鶴髮憶平安。十年留得題名在，淚濕秋雲不忍看。

春遊靈巖　　王懋德高唐人，中書左丞。

拂却紅塵上翠微，天風吹瘦入春衣。逢僧欲問西來意，雲滿松巢鶴已歸。

重遊方山　　圓照號復菴，少林僧也。

再到靈巖古道場，儼然喬木蔽雲房。十分山色四時好，一味松風六月涼。老樹掛藤侵石壁，落花隨水入池塘。主人乞我禪牀臥，夢裏猶聞天上香。

游山漫興

年來乘興一閑遊，直擬尋山山盡頭。之字水從斜澗出，羊腸路到斷崖休。古藤依倚巖前樹，老木侵欹澗下流。啼鳥催歸日將暮，林陰撲翠濕衣裘。

遊靈巖寺　　杜仁傑見前

澗冰消盡水聲喧，山杏開時雪滿川。老木嵌空從太古，斷碑留語自前賢。蓬萊不合居平陸，兜率胡爲下半天。金色界中無量在，可能此地了殘年。

遊靈巖寺　　郝經陵川人，至元中，翰林侍讀。

岱宗西北馳，倒卷碧玉環。岳靈秘雄麗，勢欲藏三山。初從谷口入，兩崦爭潺顏。漸疑下地底，細路深屈盤。

仰視覺天窄，石井攢峰巒。陸海沙刼闢，突兀仁王壇。桐鯨吼西風，棟宇橫高寒。石龍噴清泉，洒落几案間。修竹掃山色，瑩綠穿雲根。丹鳳饑不來，寂寞青琅玕。上方在天上，下視無塵寰。空霏鎖霜樹，翠錦蒙朱殷。西日廻清輝，輕金滿煙鬟。何時脫世網，挂席高盤桓。靜竟求初心，滯慮驅萬端。向晚煙霏合，更欲窮躋攀。路斷不可前，矯首重一看。

題靈巖古風　　張鵬霄泰定中，肅政廉訪使。

東南岱岳臨蒼天，大雄寶刹方山前。郁郁祥雲鎖樓

閣消涓甘露滋金田鷄鳴山東玥公嶺雙鶴水貫黃
龍泉香山一帶如畫屏崒嵂寶塔穿雲煙風香祇樹
薝蔔花月白水襯芙蓉蓮敲鐘讚頌振金韻錦幢降
結紅霞懸庭前栢子開天香枝枝葉葉尚榮鮮葛藤
老樹依石壁奇花異草生巖巔山水鋤除名利心溪
聲能洗煩塵煎梵宮勝境知多少筆絕不盡何能宣

詠靈巖方丈竹　　郭　震古豐人

北山堂上竹如椽名榜盧心合自然幻出六根離色
相悟來一點照虛圓披塵高節空生白撼月淸音妙

入玄氷雪相看無一語箇中消息更誰傳

留題靈巖方丈　　劉　賓淄川人

東望蓬萊縹玉霄暫遊此境慰徒勞人天殿閣發兆
卒福地雲烟接奉高石溜供厨來淅瀝山屏障寺矗
周遭老僧自得安禪趣笑我紅塵滿縧袍

其二

煙嵐何處鎖禪關窺管時欣見一斑雖是往來皆道
路不知咫尺隔江山水中現月猶蹉跌火裏生蓮豈
等閑珍重松花湯見寄舌根甜相爲君還

贈堂頭長老　　張　蔚天曆時人

好山卷圖畫流水鳴瑤琴野鶴馴洞曲老猿嘷松陰
中巖隱名寺巍峩雄古今琉璃瑩金碧樓閣突嶔岑
修然佛氏子世事那能侵兀兀有真趣泥絮定禪心
我來從一謁肅爾淸塵襟飄乎欲高舉幻覺極幽尋
目俯三千界超出白雲深寧愧無佳句聊寄遊覩吟

寄讓公長老　　張　淑至順時人

崢嶸樓閣翼飛騫勝槩傳誇衆口喧泉味溢甘雙鶴
瑞山形呈秀二龍蜿

其二

上方境界埃塵遠絕景亭臺竹樹蕃鐵作袈裟深有
義後人於此要淵源

偶題靈巖淸凉境界　　薩都喇號天錫蒙古進士後至元時官京口叅軍

今日淸凉地明朝洙泗心洒堪消客況泉可洗塵衿
佛古荒苔蘚林深緊綠陰樵歌山路晚餘興付歸禽

遊靈巖應夢　　張士明金山人至正初長淸縣尹

淸亭黍民牧倏忽兩月餘懇惻理詞訟倉皇行館書

深秋勸農事東馳岱宗途有山忽北轉宛然梵王居
靈蘿隔煙樹經閣參浮屠林巒類拱抱澗壑如交趨
松風振巖谷石泉流庖厨峭壁龍蛇窟懸崖虎豹區
野猿啼叮嚀海鶴舞庭除僧閑看貝葉客至剪新蔬
勝景躋壽域禪房列周廬山前回首望一夢枕相符

靈巖方丈與僧話舊三首　傅亨　至正中翰林編修

秋晚登臨上岱宗扶笻來此謁崆峒閑雲送雨過深
洞老鶴將雛度遠空白石清泉心未了黃花紅葉思
無窮携書歸隱知何日坐想青山入夢中

其二

慈恩塔上題名後京國分携十四年夢想故人詩句
裏坐看黃菊酒杯邊停雲靄靄秋容淡落葉蕭蕭客
恨偏獨倚禪房重搔首又鞭歸騎過前川

其三係續遊之作

石逕穿雲雨意凉乘軺重過老僧房門前古栢凝新
翠巖畔幽花散異香鶴舞雙泉春水綠龍歸深洞暮
山蒼禪心久矣無拘礙笑我狂遊去遠方

遊靈巖寺　李岳　至正中肅政廉訪使

上方重閣壹登臨山氣霏微向夕陰棲鳥伴雲歸寶
塔落花隨雨散香林清泉脉脉流名古蒼栢森森閱
歲深一扣禪關觀衆妙更須何地豁幽襟

重遊靈巖

望岳巳云遠看山尚相連崎嶇轉谷口井井皆澗田
重來路不迷但覺時易遷夾逕綠陰合垂枝紅果圓
清景罕人到幽禽方自喧上人偶識面問我來何邊
官事豈容話揮漢漱新泉昔行嘗憩息兹遊復周旋
竹風散殘暑幸此中堂眠秖恐明晨去欲住恨無緣

遊靈巖　董搏霄　中書左丞累建平寇功勲

靈巖迥異出塵寰壓盡江南萬萬山自是高人占勝
地閑來無事一參禪

宿靈巖

靈巖古刹舊山場一望令人萬慮忘鐘喚宿僧投客
舍水緣架木到厨房月臨夜榻松庭冷花落春風石
洞香便教來人凡火盛不由心地不清凉

過靈巖寺信宿而歸賦詩以記之

王思誠　魯郡人官禮部尚書

招提幾千載異記凡三遷十方種福地羣生布金田
梵宇架崖側僧舍開淵璠閭闠五花發千佛環周匝
龍藏萬年笈珍襲貝葉緗虔恭叅坤媪棲息供帳鮮
中堂列祖師葉葉燈相傳鐘閣雄踞地寶塔剩高天
供花散香靄秪樹生祥煙一泓匯甘露兩地分鶴泉
昕夕振粥魚比丘指百年炅業朗公嶺仰摩靈巖肩
崔嵬鷄鳴峰高並方山巔玲瓏透月巖白晝光明穿
東北有天門混成開闢先空空石龜잔鑿鑿其捨拆
錚錚鐵袈裟誰披誰弃捐𡚁笄隔籬迸紫藤附枝纏

翼翼絕景亭虛室僧座禪龕中仰明佛石像猶天然
勝槩甲天下風物極幽玄古今富題咏墨跡多才賢
豐碑缺片石長文間斷篇我昔遊五頂稅駕嘗留連
今來得性處更比清凉全偏覽不知返身輕步履儇
主僧頗相愛下榻敷重氈飽我香積飯安我迷軒眠
喬松喚海鶴芳林啼蜀鵑骨冷耿無寐風清窗月娟
便欲留此隱未了塵俗緣信宿下山去再行東海邊

留題靈巖方丈　　張會宗江南人元末官秘書丞

人中令德居高地天下精藍占好山四絕名標清世

上十方僧聚白雲間二龍珠照看經靜雙鶴泉供洗
鉢閑早晚利榮韁鎖脫性通三教扣禪關

靈巖志卷之四

藝文志三

明詩

遊靈巖寺　　胡　濙 字源潔，武進人。永樂中進士，官至尚書。宣德中任用大臣，與三楊、張輔齊名

嵯峩寶刹勢凌雲，天下三巖迥莫論。白玉爲臺無縫罅，黄金布地絶纖塵。春風花草禪林秀，夜月溪山景物新。想到曾遊棲息處，貝多猶能答皇仁。

題靈巖寺　　陳甘雨 福建人，郎中

三年曾欠靈巖債，此日更宜東國遊。世界百年渾是幻，人生何事覓封侯。

又　　朱天倖 河源人，戶部主事

得便觀山便恍神，支離何歎未閑身。捫蘿巳到諸天上，不是山僧也出塵。

方山積翠 共八首　　金　鼎 濟南人，宣德中戶部主事

靈山削出玉芙蓉，絶勝江南天印峰。最是雨餘堪畫處，嵐光秀色自重重。

甘露澄泉

雙鶴飛來地湧泉，名題甘露至今傳。涓涓一脉流無竭，直與滄溟巨派連。

鏡池春曉

堦下方池石甃成，天然古鑑更澄清。林僧照影春初曉，應共禪心一樣明。

明孔雪晴

梵僧昔日憩巖間，靈迹千年尚可攀。雪霽扶筇閑眺望，烟光咫尺見他山。

書樓遠眺

危樓高閣接雲端，此日登臨倚畫欄。四面好山看不厭，詩成與客且盤桓。

默照幽吟

堂開默照幾經春，覺老遺文刻尚新。此地更無塵俗到，都將清興付詩人。

松齋皎月

長松偃蹇似龍蟠，翠色偏宜雨後看。幾度幽齋人不寐，夜深猶上月團團。

竹徑晚風

數筒琅玕布夕陰凉飈拂拂淨塵衿當年蔣詡開三徑何似山家得趣深

遊靈巖寺　　王　允　字執中，歷城人，正統中進士，官至左布政使

靈巖絶頂曉雲開露出仙家勝景來偃蹇蒼松藏殿閣潺湲流水遶樓臺青山隱隱朝還拱朱雀翩翩去復回半點紅塵飛不到登臨恍若在蓬萊

早春過靈巖宿方丈　　顧　巽　寧波府人，正統中左參議

白雲堆裏訪靈巖詩景悠然興所耽濟水遠連天上

下岱山高出嶺東南松聲落枕風生壑竹影廻窗月過簷却喜老禪心似石焚香清夜坐蒲龕

其二

鷄鳴山下靈巖寺丈室虛明絶點塵雲過紺崖龍藏出雪消陰澗鶴泉來樹頭啼鳥春光早竹裏疎鐘曙色催珍重老僧偏愛客謾揮如意說三才

奉和前韻　　張用瀚　古宛人，刑部主事

方山古刹勢巖巖乘興來遊樂且耽看鶴繞方臨殿北觀泉又復過山南煙生石鼎香飄席月轉松齋影到簷自是老僧春睡足坐宜偈語對禪龕

其二

古寺名山實壯哉無邊佳景絶塵埃仙花向日舒還卷野鳥啼春去復來到枕鐘聲風外度侵堦草色雨中催勝遊此際多清趣詩就何慚子建才

遊靈巖寺　　周　鏜　正統中東吳人

路入靈巖一徑通白雲深鎖梵王宮園林搖落秋風裏殿閣參差夕照中塵慮盡消諸品淨禪心初定萬緣空我來願結廬山社走筆題詩寄遠公

留題靈巖　　許　彬　東魯人，正統中翰林院編修

古刹幽深有路通四圍山擁繡芙蓉曇花尚逐馱經虎靈雨常隨聽法龍東澗水流西澗月上方僧定下方鐘五花新殿凌霄漢畫拱雕甍幾百重

其二

面面峰巒紫翠連白雲深處有人煙落花泛泛流雙澗古塔巍巍出半天勝地連山三百里名師卓錫[illegible]千年壯遊不盡登臨興揮筆成詩付太顛

留題靈巖　　范希正　蘇州人

一徑縈迴入薜蘿浮圖梵宇勢巍峩地緣清越塵凢隔境誘遊心車馬多雲斂晚山橫一玉桑月明秋澗漾金波我來爲禮圓通像風景依稀似補陀

靈巖道上　薛瑄字德溫平陽河津人正統二年山東學道景泰中山南侍郎轉北大理卿共忠正剛直方之汲黯謚文清

路入山門景便幽高風不斷石林秋照人霜葉紅於染拂袖嵐光翠欲流幾過野橋橫絕澗幾從古剎見

高樓北峯真與天相接便擬攀蘿到上頭

遊靈巖

靈巖有路入煙霞臺殿高低[illegible][illegible]家風鐸迴廊飄墜葉水流絕澗泛秋花青松閱世風霜古翠石題名歲月賒誰謂無生真可學山中亦自有年華

宿靈巖

梵宇深沉夜景遲僧房禪榻杲幽期竹鳴虛牖風過處霜落寒巖月上時紙帳燭光團白玉石爐香燼畱青絲紅塵馬首明朝別只恐山靈解勒移

靈巖行　徐有貞都御史景泰五年祭泰山過寺所題

靈巖奇絕聞天下我欲遊之久無暇年來治水功已成導山過此聊停駕手托天書登上方上方金碧生輝光回旋彌節祗樹傍問誰建此古道場後踞獅子前象王文殊普賢相頡頏山開由法定松偃自玄奘法定安在哉况彼希有之如來既不見兩虎馱經去又不見雙鶴隨錫回但見白雲千萬堆欲動不動空徘徊金色界中多寶塔青蓮社裏九層臺九層多寶

塔曾經幾塵刧黃龍蟠伏鉢盂水碧苔繡盡袈裟鐵嚶鳴有鳥似頻加步步香生薝蔔花雨紅風翠飛滿路路迷誤入山人家泉斛明月和流霞茶烹蒙頂先春芽中分三十六禪院最好無如五花殿圖畫天開當四面面面奇觀觀不徧屬茲清和節春物方駘蕩復多繡衣人相從共淸賞主僧名至瑄精進如惠朗殷勤供香積招邀到方丈陰陰閣修竹稱我酒酣來此宿西峰夜聽天鷄唱東崦朝窺海烏浴可憐清賞殊未足無奈塵緣苦羈束何當了却公家事來與松

子同翱翔飢食紫玉英渴飲甘露漿後天不老凋
光即此便是無何鄉何必泛海求扶桑

同徐士弘遊靈巖唱和　賈　恪 天順中山東參議

東魯有招提遠在翠微上一旦偶相過肩輿歷草莽
雲外扣玄關隔水緣幽澗萬籟閒無聲時聽松風響
勝境何幽棲虛堂更軒敞燕坐幾高僧聊趺常偃仰
定裏悟禪機歲久絕塵想我輩儒者流而豈虛無尚
但欲濯塵纓故此來同賞興盡聯轡歸雅懷猶怏悵

和前韻古風一篇　徐　毅 字士弘西安人天順山東僉事

招提近泰岱儼在兜率上松濤瀉巖阿僧鐘度林莽
維時屬春深閒花滿幽澗風過草生香雨歇泉流響
既托勝境幽更愛山頭敞而我吏隱人心精恒馳仰
茲晨忽來遊飄然絕塵想慨彼碌碌徒虛名是崇尚
終歲勤于公負此山林賞緬惟林下士臨風倍惆悵

又成絕句十首

羣峰環繞送青來一段天然圖畫開四絕景為天下
冠休論雪竇與天台

其二

山靄霏微石徑斜上方臺殿寂無譁春深尚有殘紅
跡知是優曇第幾華

其三

清絕其如有此山只疑蓬島在人間偶因[illegible]來參
覽偷得浮生半日閒

其四

盤旋曲徑迭羊腸歷盡重岡見上方况是清和三四
月百花開遍滿林芳

其五

登巘層巒路欲迷白雲深處是招提停車日晚忘歸
去坐向林間聽鳥啼

其六

四面山開翡翠屏碧梧修竹兩亭亭老禪定起推窗
坐自啓琅函謾誦經

其七

甘露泉香徹底清濟南郡誌著佳名欲窮派脈來何
處更上蓬萊頂上行

其八

攀蘿躋險上雲梯香霧空濛欲染衣林下晚來堪寄
處方袍錫杖一僧歸

其九

絕景亭荒淹歲月般舟殿古幾春秋老僧指點從容
說索我題詩紀勝遊

其十

一宿山房信有緣塵囂滌盡思飄然却嫌身外牽纓
冕未得頻來試問禪

遊靈巖絕句　郝淵 天順時監察御史

靈巖形勢古來奇秀麗巍峩天下知若得公餘經此
地明朝不必往東西

題靈巖寺　薛希璉 括蒼人成化初巡撫山東僉都御史

齊魯觀風處靈巖景最幽四圍山疊嶂一徑水縈流
宮殿浮蒼翠文章煥斗牛紅塵無半點清趣豁吟眸

和宋僧仁欽靈巖十二景詩　孫瑜 歷城舉人成化中太平府通判

置寺殿

形勝天然遠俗塵[illegible]寧許往來頻已從老衲西歸
後幾度傾頹幾度新

般舟殿

寶殿巍巍振古風般舟誰號意無窮從離苦海登慈
岸普濟群迷膺有功

鐵袈裟

誰將寶鐵鑄僧衣知是禪家寓妙機千古遺來紋已
沒至今人到識應稀

朗公山

挿天崛起一危峰遙望如人整巨容聞道朗公曾此
過至今猶說是遺蹤

明孔山

萬仞巔崖連泰岱中間一竅自光明誰能悟得圓圓
意不惹塵寰利與名

絕景亭

四面雲山列畫屏泉通竹底水清泠遊觀曾費騷人
詠謾道乾坤一草亭

甘露泉

巖畔涓涓徹夜流爲霖曾應下方求澆來新笋烹新茗清沁詩脾沆瀣秋

石龜泉

巖石磐來作巨龜不將靈應兆稽疑春泉噴向蒼筠苑入貢先滋笋似錐

錫杖泉

泉響猶疑卓錫聲法流不斷湧來清滔滔自向厨中去沃意分明似有情

白鶴泉

白鶴飛來不計年却將遺跡號嘉泉清風兩腋依飛去汲煑香茶味更全

鷄鳴山

業障偷兒心性乖貪求不解禮如來山頭半夜鷄聲唱喚醒翻登般若臺

證明殿

證明殿宇向離明山勢崔嵬似掌平自是上人功德勝金仙有感鑒修成

靈巖道上

司馬垔 紹興人成化中巡按御史

山擁溪迴露氣凉使軺深入白雲鄉未容癖性如靈運已覺奇蹤似子長苔徑飈風松子落石田秋雨荳花香迂疎本是林泉客到此都令萬慮忘

宿靈巖

旌節侵晨出泰安琪園日暮得盤桓切雲危磴捫蘿上嵌壁殘碑秉燭看野性自宜僧榻靜緇衣偏怯亂峰寒明朝且莫匆匆去絕頂從容一縱觀

覽勝

靈巖初有寺歷世幾千年殿宇迴崝嶂樓臺擁碧天

塔高偏得月碑古欲生煙駐節幽深處應知是宿緣

留題

成化天王紀皇明戊戌年偶携清勝友同訪泬寥天几席涵山月軒窗鎖澗煙蒼生候霖雨棲息定無緣

遊靈巖寺

傅鎮 福建人成化中巡按御史

丹壑開靈宇紅塵隔上方撞鐘因客至披衲見僧忙緣假花宮榻吟分寶殿香環坡金作嵌轉徑玉爲梁蘿洞秋能碧松崖晚更蒼泉甘真比露樹雜半垂楊塔倚鵬霄外池深錫杖傍穿雲尋古蹟看碣立斜陽

磬盡僧歸寂星臨佛借光所欣瞻仰近不爲禮空王

遊靈巖倣古五篇　陳　鎬 金陵人成化中提學副使

靈巖久入夢道遠不可躋巡行忽停轡引道雲霄開
層臺竦孤塔四面羅烟霧指點壁上題今古半苔斑
斯人竟安在一往歲月間此意當語誰松風瀉潺湲

其二

予豈丘壑士每有烟霞想况茲佳勝處與到成獨往
振衣一舒嘯千古發幽賞竹泉遶青壁霧雨翳林莽
不聞鷄犬鳴時發鐘磬響超然會夙心覊墟信爲爽

其三

捫蘿上東巖石磴羊腸曲鐵古袈裟冷苔蝕龜趺没
漱齒甘露泉傍有萬竿綠小憩神魂清寒翠雜鳴玉
安知古高人此境不適軸精爽逈難招題詩寄幽獨

其四

茲遊亦稱快天寒春未深不見桃李花但見松檜林
桃李改顔色松檜常陰森山靈若予契清風散遥岑

其五

箕踞坐盤石一笑千載心寄謝後來士山川無古今

客眠借禪榻隔窗風雨聲江南讀書處感我當年情
雲霄彼路多歲月波浪驚睽離傷骨肉泥蟠嗟交生
廼知皓首心靜極更分明中宵始成寐幽夢到江城

再遊靈巖五言律共賦四首

摩心吾亦淺勝地此頻遊詩記舊題處山登最上頭
椒林寒帶雨琪樹晚驚秋作伴青雲客鐘聲語未休

題摩頂松

西巖禪宇肅嘉樹翠當門杪影虧仍蔽濤聲靜亦諠
風霜披萬葉鐵石擁孤根老衲摩挲久唐僧典故存

獅巖登眺

佶曲東峰路山坳忽有臺盡頭青樹遶當面白雲堆
濃淡良工筆荒涼濁酒杯清緣如來到皓首約重來

默照堂聽笛

不愛人間曲禪堂一笛清落梅頻入調折柳更含情
夜罷諸山梵秋分萬籟聲地幽潭窟靜莫遣老龍驚

靈巖行　王　越 濬縣人山東按察使成化中官至掌院都御史武功封威寧伯

前山俯伏如象卧後山蹲踞如獅坐東南朝拱則公

山路接鷄鳴山下過中間掩映梵王宮五花寶殿高
玲瓏石門深鎖觀音洞峭壁斜生摩頂松松枝遥指
天門樹老僧始創開山處面前湧出甘露泉流將香
積厨中去香積厨中錫杖泉黃龍白鶴相通連又添
平岸池頭水淨洗菩提種福田一重流水一重竹竹
邊盡是山僧屋上方下界知幾重銀杏紅椒滿空谷
山僧汲水煮新茶茶罷焚香看佛牙莫言此事若虛
誕請君更看鐵袈裟袈裟不染世間塵花落花開春
復春長碑短碣題名處半是唐人半宋人感慨我與

觀風客輿闌舉盞燈前説今來古往自興亡依舊靈
巖稱四絕曉來紅日照簷楹明孔光分曙色晴千尺
浮圖清有彩半空類鼓寂無聲連朝看盡山如畫爲
問山靈多少價明春借我山上雲散作甘霖濟天下

留題靈巖　張惠 太原人監察御史

亂石斜橫曲徑幽綠雲飛繞寺前樓巉巖松老洞門
掩竹院泉香水自流千古名山容我到百年清興許
誰收歸鞭又促行春馬孤負禪僧善意留

兩至靈巖　蔡晟 睢陽人

遠費丹誠拯亢焚暫投名刹息塵紛巉巖雨過苔生
碧曲徑風來草欲熏甘露有泉龍漱玉老松摩頂鶴
巢雲煩襟滌盡天光發爲寫新詩紀所云

其二

一抹嵐光翠鬱紆靈巖深處隱浮圖路盤蛇徑入林
莽松偃虬龍飲澗鬚寂寂僧房登彼岸茫茫慧海隔
迷塗重來獨覺心神爽悟得菩提與道俱

宿吞竹堂　謝題 會稽人監察御史

空廊月轉蕩晴輝鷄犬無聞更漏遲清氣逼人眠不

任呼童燒燭漫敲詩

其二

禪房不植奇草木惟有蕭蕭數竿竹江南無處無此
君此地見君殊不俗

題靈巖方丈　葉冕 會稽人成化中右布政使

招提一望入青冥到此方知地有靈佛瓜流輝驚鶴
夢山泉吐氣帶龍腥松根據石陰垂地竹影當窗翠
滿庭况是高僧能愛客蓮花座底作文星

其二

萬山深隱梵王家，白象逢秋又着花。露柱幡輕飛鵓雀，貝多文古動龍蛇。林間法座飄香雨，竹裏僧房掩落霞。自愧聖恩難補報，何年來此候南華。

靈巖紀遊　徐源 成化中都御史

黃昏驕馬入山來，侵曉登臨景色開。島嶼迴還樓閣聳，秖疑人世有蓬萊。

登臨漫興　王玹 鹽山人，成化中巡按御史

靈巖大寺古來幽，瑞鴿紛紜舞翠樓。山嶺巍巍環殿閣，露泉滚滚繞松流。森森青竹猶堪愛，淡淡祥雲却

自由。到此忽觀僚輩□，强成詩句為僧留。

和王繡衣韻　朱羲和 仁和人，長清縣令

驄馬頻嘶野徑幽，祇園駐節上層樓。威搖山嶽豺無跡，氣肅江河水不流。天樣吟懷星斗布，海般德量派濤收。登臨未盡觀風興，更和新詩石壁留。

奉詔祭闕里過宿靈巖　李傑 東吳人，弘治初翰林學士

東魯人傳有洞天，峰巒入望已巍然。雲迷谷口蹤無地，路轉山頭忽有川。幾道泉源分綠淨，滿園椒顆綻紅圓。梵王宮殿雲霄裏，隔嶺鐘聲出暮烟。

其二

石徑盤迴澗谷深，倦遊吾愛此登臨。靈巖秀拔天排戟，色界宏開地布金。僧舍真從方外住，詩人如在畫中吟。名高四絕應無忝，直上雲梯一賞心。

其三

山僧導我陟岩嶤，勝景無窮應接勞。深澗千尋衝地裂，層崖萬仞插天高。修篁叢傍泉源茂，老樹根蟠石罅牢。幽僻似與人間隔，晚來空翠濕征袍。

其四

重巒絕壑路欹危，薄暮追遊趣更奇。窣堵建來經幾刦，袈裟鑄就是何師。古墳幽隧如蹲獸，慶殿遺基只伏龜。雙鶴亭前泉最冽，下山一酌洗詩脾。

和李太史韻　邵賢 宜興人，山東提學僉憲

重來又值菊花天，約伴登臨意豁然。殿簇五花高插漢，泉名雙鶴瀉成川。靈巖上聳千尋翠，明孔山虛一鏡圓。試問谽谺山下洞，何年鬼斧鑿蒼烟。

其二

登嶂層崖窈更深，扃輿日暮上方臨。僧留聖跡衣傳

鐵佛勝莊嚴像鑄金山入紫霄飛鳥避雲生古鉢伏
龍吟我來聽說三生龍頓覺浮名已息心

其三

盡道茲山景最饒躋攀穿借片時勞風傳鈴鐸僧寮
迴雲擁香燈佛塔高竹蔭石牀臨澗靜蘿絲草閣倚
崖牢巖深日暮嵐霏重頓覺寒威襲布袍

其四

上方臺殿勢傾危霜染顏林峰更奇掬水聞香知勝
地開山卓錫有名師龕前實篆浮金鴨樹底流泉出

石龜試取清冷淪佳茗會須七椀滌吾脾

登覽靈巖　俞諫 桐江人弘治中長清尹官至掌院都御史

浮蹤漫點白雲堆一段幽奇取次裁石立層崖獅吼
伏池分雙露鶴飛迴松壇夜靜僧敲月竹榻庭空風
掃埃勝日徘徊不知去恍疑身世是蓬萊

其二

山僧迓我上方遊萬壑松風滿院秋清挹石泉塵[illegible]
闢味餐雨蕨客情幽也知勝覽非常事須信靈巖[illegible]

久留明日公庭謾回首數重青嶂月華浮

登泰山至靈巖　戴珊 字廷珍浮梁人官至尚書

泰山登罷憩禪林稾草斜陽一徑深玉樹障樓栽近
塔青幢環洞引遙岑甘泉細竹無炎燠妙翰雄詞有
古今我亦虎溪尋舊社江湖廊廟正關心

弘治癸亥二月宿靈巖寺有懷平軒兄不同茲
遊之勝因次蘇潁濱先生韻以識歲月且以寄
平軒兄　李貢 字惟正號舫齋西平人副使

嶒峰經頗多奇秀未有底徑轉峰巒合巖幽煙霧洗

樹古盤長虬泉流滙清泚虛竅似鑽鑿仆石若拜稽
龍唇源莫窮鶴背旌先啓暮作下界遊晨期上方觝
曹溪豈天竺鍾乳卽甘醴浮屠據形勝闍道峻堂陛
巳分謝簿書猶復給傳米蕭蕭風竹聲兀兀塵埃體
緬懷平軒兄不共舫齋弟安得縮地來同食春油薺

靈巖之勝甲于齊魯蘇潁濱先生舊題石刻尚
存余弟憲副惟正公巡過之因和其韻錄以寄
余余恨不得同斯遊也乃亦和其韻復之俾惟
正刻諸石與他日尚償此願云

李　贊（字惟誠，號平軒，貢之兄，陝西布政使）

我生好幽尋幾敝青鞋底傳聞靈巖勝未到胸已洗萬疊羅晴峰一泓溜寒泚山孫杜陵咏石丈米翁稽松深鶴巢固日出林扉啓雲間梵鐘落海外慈航舣鷲峰何盤旋天竺此堂陛禪厨引溪潤齋供謝牲醴居僧獲地利終歲足薪米粗知奉三乘詎解勤四體詩來忽技癢欲往借吾弟擾擾名利場閑心帖如薺

靈巖行

沈　鍾（金陵人）

靈巖蒼翠莽相連秀結鴻濛未判先寺閣峰巒樓草

樹搭撐霄漢倚雲烟暫離塵網心夷曠徧踏廻廊步折旋景屬品題非孟浪人兼吏隱是神仙會看色相諸天近却愛松筠晚節堅醉輒卧當龍洞底笑應忘過虎溪邊豈緣往乞齋時飯詎看來參定裏禪倭佛試將梁武闘好遊誓與子長肩馬蹄蹀躞行偏穩口吻推敲句轉妍巖也有靈垂不朽乾坤幾度歲遒千

和沈金陵韻

趙鶴齡（瀘陽人，副使）

寺置古山泰嶽連古稱四絕此居先丹崖赤壁凌雲漢飛閣層樓帶雨烟明光恍如暘谷見轉輪疑是浮

天旋鷄鳴嶺上循行獅卧巖頭拜隱仙竹挺萬竿君子直松盤千歲大夫堅甘泉不飲持風度寶塔頻登望日邊椒摘東園堪助鉢禾收南畝足安禪金人固不三緘口鐵袖曉能一舉肩經歲杳無炎伏至遇春偏覺物華妍題詩獨記登臨興未論浮屠說大千

遊靈巖

章　忱（會稽人，弘治中太僕寺丞）

泰嶽信綿邈茲山亦盤結何年抗層構翬飛鎮巖穴啓扉面重巒開軒望雲闕混混甘露泉皎皎水玉潔回瞻極迢遞夌步多曲折周覽盡靈秀久矣稱四絕

性靜形神舒景勝氣垢滅高懷自夷曠對此方洞徹

次蘇頴濱韻

王守仁（號陽明，餘姚人，弘治中典山東鄉試，正德中官至南贛巡撫，以武功封新建伯）

客途亦幽尋窅窱穿谷底塵土填胸臆到此乃一洗仰視劍戟峰嶔岏類如此俯窺蛟龍窟匍伏首若稽異境固靈秘茲遊實天啓梵宇過巖埜簷牙相角觝山僧出延客經營設酒醴導引人雲霧峻陟歷堂陛石田惟種椒晚炊仍有米臨燈坐小軒矮榻便倦體

清幽感嘆昔陳李兩兄弟侵晨訪遺跡碑碣多荒蕪

詩寄靈巖聰上人　尹　旻字同仁歷城人官至吏部尚書

遠公厭塵世棄我歸天台險韻誰人和幽懷何處開
獨憐千里月空照一庭梅幸有聰師在時常問信來

留題靈巖　許　逵固陵人正德中山東參憲陞江西副使同孫撫院罵逆濠忠臣

日久兵家事禪林倍覺清有興尋勝跡古壁看詩英
山水乾坤別雲花眼界明靜中仙樂細飄忽到蓬瀛

宿靈巖五言一律　柴　奇崑山人

夜宿山中寺超然思脫塵坐來常似蟄浴龍緩如春
石炬光微滿村酤味更醇欲舒三過約及早乞閒身

別靈巖七言一律

十年心賞靈巖寺匹馬西風此度來幽鳥有情鳴翠
嶂斷碑無字沒蒼苔泉聲細與松聲合雲影遙連樹
影開不盡登臨無限興匆匆又下上方臺

遊靈巖寺得詩二首　李遜學號偏菴上蔡人正德中山東提學道副使

萬山回曲控招提古木高撐碧漢齊助籟有聲松鶴
唳聽經無恙嶺猿啼禪叅老衲心如悟夢落浮榮境
尚迷試向空王聊借問有誰會到竺天西

其二

亂流激石響潺潺一路花香草色斑碎剪黃雲人刈
麥橫分青嶂客登山鳥啼芳樹撩詩急鶴伴高僧盡
日閒遊騁不知天已暮滿空明月落溪灣

靈巖道上之作　秦　金號鳳山錫山人正德中山東布政使

寺古山偏靜林深徑自賒半空衡殿閣萬壑漲煙霞

翠篠含風細寒流抱澗斜短吟成獨賞清絕與無涯

遊靈巖寺留題

何處招提景最多萬峰如畫鬱嵯峨雲移塔影摩霄
漢風送鐘聲出薜蘿面壁幾年僧入定振衣千仞客
登歌星軺曉發匆怱去塵海茫茫奈爾何

行靈巖道上　喬　宇正德中兵部尚書武宗幸南京扈從之功與梁內閣齊名

石徑依山轉招提出半空茂林銷春氣靈草度香風
丘壑三生外烟嵐萬象中幽懷與景會得句不須工

靈巖次蘇韻寄李𦳝誠兄弟

鷲峰遙㞫巒路入從澗底時當新雨霽炎熱去如洗叢花發幽香鳴溜濯寒泚𧜟裟迎我前羅拜首先稽茲山古名勝巖扃為予啓岩㟥肆躋攀幽險亦探觝飲以甘露泉渴肺勝酌醴夜尋前代刻左右雜堂陛偶言半隋唐題詠有蘇米忽覩故人篇亦復妙衆體渺然江南思如見兩兄弟詩成還寄渠世味忘荼薺

題觀音洞

路入巖坳片石蹲突開三洞引重門雲深合有窮篷頂天巧原無斧鑿痕鹿澗水聲流夜響螺山霞彩映朝暾旋披苔蘚題名字勝蹟重來許細論

中秋夜行至靈巖即事　陳鳳梧號靜齋，廬陵人。正德中巡撫山東右僉都御史

百里山程徹夜行天宮助我月華明穿林燈影星河動鳴谷鉦聲野店驚齒石粼粼𡸣涉澗懸崖截截欲題名靈巖鐘鼓三更寺老衲倉皇出道迎

登靈巖有作

高巖虛靜透天光萬籟無聲月影凉千佛閣危凭翠巘五花殿古識明堂泉流石竇真甘露雲鎖煙蘿小洞房境勝坐來塵慮遣欲將心性問西方

其二

玉符千載記方山傳得圖澄卓錫緣佛日巖光初霽雨辟支塔勢欲參天繁松十里風濤靜立鶴孤泉月影妍北望少林全寶地滿山空翠鎖雲煙

十八日再至靈巖紀事

戀戀靈巖不能舍肩輿枉道更重來山崖踞齒有時見野徑黃花無數開明孔横通天一竅則公遙接斗

三台老僧指點還親切緩步微吟踏翠苔

其二

隔斷紅塵第幾重翠微深處杳無鐘凌空梵宇飛丹碧依壑僧房列蟻封壁上珠璣多石刻泉邊龜鶴半仙踪吾心本是山林客添得煙霞興更濃

宿杏竹堂次秦鳳山韻

四面峰巒紫翠多半空臺殿出嵯峨黃龍池杳藏雷雨獅子巖高翳女蘿古塔清風雙鶴唳空山明月幾樵歌禪牀一宿成清夢明發東山奈別何

南征凱旋三登靈巖紀遊

仙境何期隔歲登上方臺殿碧層層春深翠竹開慈鳥夜靜虛巖見佛燈千里凱旋人似馬四旬清淨我如僧禪房經宿難成夢臥聽松風響塔鈴

其二

羈懷何處濯塵纓走到名山思便清鍾磬恍疑空外落石泉長向雨中鳴懸崖麗日千重秀古栢參天十丈横壁上舊詩慙再刻漫將游覽記平生

將遊靈巖聞聖母南至雨夜趨長清宿故山舘

王應鵬 寧波府人嘉靖初巡按山東監察御史

信息相將動朗公豈知歸發又廻驂秋風絕頂何人據宵雨長清且道窮雙節也應隨地止一尊聊與故山同太平天子慈恩重敢歎浮踪類轉蓬

遊靈巖寺次鮮于侁韻

東方使者乘朱轂使事不理胡祿碌憶昔靑山臥已堅誰遣鳴騶出空谷封書曾達九重天巨浸滿眄無秋田假令詠求猶未已不如短褐還淸烟靈巖老僧訴且揖雲遊法子俱無迹自今生長八十年今年飢饉亢非前椒田千畝亦不熟唯飲一泓甘露泉聞之惕悵雙淚下古人惠政誰其亞悠然獨上兩高峰但敞巖扉坐淸夜茲遊本欲恬苦辛寧知逸樂乃關身峰頭白鶴有高志不肯來依巖下人

別靈巖寺

落日靑天逈登樓面碧峰片雲翻絕壁疏雨過深松塔自空中突泉於樹杪重吾師如惠遠脫屣即相從

其二

木葉蕭蕭下鍾聲發翠微公車從此逝野鶴向誰依

風草開山徑霜花拂繡衣獨憐今夜月猶照竹間扉

祀岱宗過靈巖

張鵬 沁陽人嘉靖初巡按山東監察御史

古寺依名嶽幽奇絕世紛僧歸巖洞月龍入石堂雲塔影空中見鍾聲樹杪聞諸天近高閣香氣裊氤氳

其二

岱嶽方將畢靈巖此又來千林珠樹翠萬色雨花開曝背龜初出耘田鳥却廻浮生真幻夢且盡法門杯

題甘露泉

李學詩 號方泉平度州人

鬼斧何年鑿石根漱玉泉一瓢聊自飲甘冽最堪憐

遊靈巖寺　楊宗氣　鄒人參政

翠巘崔巍萬木稠，珠宮貝闕在高頭。長松蔭只諸天靜，古塔凌霄石徑幽。世代文章留斷碣，乾坤名勝即丹丘。却憐塵鞅違僧定，空對烟霞起暮愁。

靈巖次蘇穎濱韻　顧應祥　吳興人山東布政使

平生愛看山，探奇每窮底。胜兹靈巖勝，雙目更一洗。危橋跨幽壑，新雨添清泚。綳流出相迓，當門首頻稽。偏覶諸色相，扃鑰漸次啓。老松不知年，形若虯龍觝。飛磴躡層雲，靈泉酌甘醴。直上證明巖，如登玉皇陛。

俯仰宇宙寬，兹山亦稊米。渺餘麋鹿資，兒復豕豨抵。胡爲日皇皇，遠父母兄弟。故山豈不佳，吳莼兒如薺。

再過靈巖

紅塵擾擾客途長，乘興尋幽到上方。曲徑穿雲僧引路，虛窗卧月石爲牀。拂開蒼蘚看碑碣，酌取清泉洗肺腸。欲借僧房眠幾日，可堪浮宦逐人忙。

遊靈巖次蘇穎濱韻　鄭芸　莆田人監察御史

靈境迴通天，禪心清徹底。法經蛇虎馴，身世雲霞［illegible］。雙鶴錫隨飛，萬古泉自泚。［illegible］召自晉唐，遂［illegible］

香閣藏御書，神龍護珍啓。獅子橫空眠，石羊如群觝。歷代爲租稅，禱祀足齋醴。金燈照日巖，鐵袈鎮山陛。六月餘雪冰，四時有菰米。僧誦梵王經，室坦梵王體。記蓋張尉君，詩稱蘇兄弟。安得從斯遊，採藥辯茶薺。

陪侍御君登覽靈巖　王世貞　字元美，號鳳洲，太倉州人，官至尚書

翠峰抱蘭若，孤塔界晴空。未沐菩提雨，時聞薝蔔風。使星聊一駐，佛日暫相同。倘借支公馬，長陪鮑氏驄。

其二

徑折全疑盡，峰迴陡自開。蒼然萬山色，忽擁岱宗來。碧澗傳僧梵，青天落酒杯。雄風別有賦，不羨楚蘭臺。

遊靈巖寺十二韻

兒語靈巖勝，還驚忽道傍。天垂孤刹出，地轉萬峰藏。橋石鯨飛動，烟嵐鷲渺茫。山形界齊魯，榜字接隋唐。虎坐俄拏攫，虬潛欲奮揚。胸留祇樹色，春勒寶花香。伏水侵禪座，歸雲護講堂。慈篁深歲月，忍草足冰霜。飽進菌陳飯，酣薜荔房。微吟和清磬，步屧信迴廊。許掾談誰解，尚公醉不妨。莫疑車馬客，爾亦困津梁。

再遊靈巖十二韻

為捨祇園竹名山結願偏登臨怳初地徙倚更諸天
不改芙蓉色微添薜荔烟松雲移叠嶂花語助鳴泉
芒屩青從引苔衣碧任穿井猶雙鶴落瀑似片虹懸
磬發僧歸定燈餘客借傳新茶收月供淨氎割霞眠
未可無生理聊追有漏緣空聞飛錫杖不見布金田
盡刼終成幻降心適離禪衹應何所往一鉢付流年

遊靈巖次鮮于侁韻　吳伯明 古豫人嘉靖中巡按御史

東巡千里驅車轂康濟何能成虛碌我聞古寺名絕
勝乘興杳然入幽谷洞口窅窱別有天懸崖倚石俯
畇田禪房深深依花木鐘磬泠泠度雲烟呼取老僧
來相揖爲問茲山開闢迹指點殘碑空記年往事都
付春風前洞天雙鶴歸何處獨上山頭試甘泉凭高
暫憩松陰下未數東山相匹亞怳來衹得今日閑且
對明月坐清夜問君何事底艱辛只爲浮名紆此身
明朝攬轡又南去應被青山笑殺人

宿靈巖　李中 字谷平吉水人嘉靖中巡撫山東右僉都御史

夕陽臨古寺下馬宿禪堂老衲談甘露僧童捧炷香
山靈知說命由豫問羲皇坐待鷄鳴曉驅馳世路長

遊靈巖喜雨

三過靈巖不問禪長途暫憩枕雲眠靜觀塵外青天
月笑酌山間白鶴泉欲食飛蝗憐赤子喜傾霖雨候
豐年清宵野興渾無際一箇生生未盡前

祀岱嶽徑過靈巖　孫應奎 號盤峰嘉靖中山東布政使

鳥道通禪深更幽綠蘿香徑上方遊霞峰出樹雲間
與岱嶽中天望外收燈塔星辰光避斗杖泉風雨夜
潛虬 是夜雨達旦 明禋正切同趨拜未許山靈信宿留

次鮮于子駿韻

仰看羲馭飛朱轂感歎浮生何碌碌寺外青山世外
心却絲公事來空谷松風洒洒淨塵夫碧水漣漪滿
石田疊嶂青圍幾十里斜照草樹浮蒼烟峰頭有僧
如拱揖苔蘚袈裟多鳥迹形枯石老不知年廓然空
記月明前禪心一片巖雲白佛性常通澗泉曾聞
說法使樹下遠公大從訊當亞開關借榻憑竹房寒
燈在戶鳴長夜靜憐衣鉢自酸辛香火千年亦化刼

高閣鐘聲深送曉覺來猶恍蚤醒人

陪祀岱宗憇靈巖寺用盤峰韻

魏良貴 號杉谷新建人山東布政使

石磴盤空地轉幽花隨放鳥恣清遊峰頭嵐翠從天落谷口鐘聲到海收露浥金莖翔白鶴風含珠樹舞蒼虯道人餘力能通佛揮麈談空竟日留

登靈巖寺 裴紳 蒲州人巡鹽御史陞提學副使

千佛古寺環山碧此日登臨愜所聞瑞鶴千年巢寶樹靈泉一派洗塵氛達磨泛海袈裟在支遁開山世界分遙望翠微僧舍遍鐘聲朝暮下白雲

重過靈巖二首

再度菩提境於時春又深衆峰攢寶剎一徑步雲林坐愛松蘿色時欣鐘磬音上乘如可得早晚欲相尋

其二

林靄山門合峰迴徑路分岩嶤連岱麓清淨出人羣法雨來空界是日微雨天花散貝文時方憂旱切鉢底望風雲

夏登靈巖 徐紳 五台人監察御史

五月靈巖寺霏微對雨看濕雲封石斷流翠落峰寒孤塔明金藏諸溪淨涅槃百年雙慧眼空色竟誰安

其二

飛錫自何年相傳晉宋前藍輿今至我風雨下諸天聽壑泉聲壯看山石榻懸遙公知姓字邀和白雲篇

遊靈巖寺 周滿 廣漢人

松寺看山興有餘靈巖秀色上文裾芙蓉面面開青玉蓬水迢迢繫白駒露井泉香雙鶴舞虹橋春淨一鷗孤留雲高處凭欄久紫極飄飄天路紆

陪侍御遊靈巖寺 楊時秀 鳳陽人號禹峰嘉靖中山東僉事

春滿郊垧花滿程鸞旌續續曉風輕千山突兀排雲立萬壑迴旋映日明曲澗碧苔連野色幽林青鳥尋春聲倩誰去取梁園竹爲作靈巖賦上呈

其二

芳樹林泉照夕陽花間相對酒杯長芊芊瑤草侵斜徑點點銀河落上方鶴下蒼厓依石立龍迴金鉢共雲翔呼僧詭語無生訣閒與神仙漫抑揚

遊靈巖寺 劉隅 東阿人嘉慶初都御史

掛冠久絶諸緣累柱杖來遊祇樹園剩有雲烟留客
住專尋經義借僧翻重圍翠巘蟠獅象千載名泉自
鶴猿何必高峰出天外好從初地問真源

劉趨靈巖　　李　松 長洲人隆慶初巡按山東監察御史

夏日公餘此暫休天開圖畫為君留千巖雨過青猶
滴萬木風生翠欲流更喜晚晴添野趣還臨高阜造
更籌三生石上真奇遇莫羨金閶有虎丘

寺遇故人雨中話舊

南北相逢若有神靈巖聊慰宦官身山神預喜三仙

至故酒甘霖洗俗塵

宿靈巖寺與普香談禪坐久因考聲韻為一鼓
琴　　劉應時 洪洞人隆慶中山東副使

七日馳驅千里餘浮生擾擾欲何如到來玉宇逢真
果盡覺紅塵是畏途

其二

飛錫當年羡遠公何緣此日得相從憑君話我真如
在誤指青山問老松

其三

細搜奇字探元聲直入無生悟有生萬劫總教歸一
盡却將片紙作前程

其四

袖拂白雲彈素琴幾回塵世遇知音試聽今日陽春
曲何似當年梁父吟

其五

偃息禪牀夜氣清月明僧定寂無聲鷄鳴日出還生
事悵望雲林隔翠屏

書靈巖方丈一絕　　李復初 號對霍洪洞人隆慶中巡按山東監察御史

好向山中靜練神練神先要練吾身處身一落迷途
裏那得靈根脫世塵

次前韻　　党承賜 太原人監察御史

名山登眺豁心神暫向禪關憩此身王事驅馳催促
吏天涯蹤跡又紅塵

又次前韻　　喬　端 唐谷人

宦遊千里倦精神牢落棲遲笑此身夜來偶爾尋禪
榻便欲飄然遠世塵

秋日偕呂以道方伯遊靈巖長淸道中作

吳維嶽 浙西人提學副使

共向名山訪赤文莫言吏道遠仙羣豈無刼服投玆豹先把狂歌寄白雲石髓遇人秋未化桂枝爲賦古會聞前旌漸入煙霞色回首塵途隔暮曛

將至靈巖喜霽東同遊

天敎好雨濯塵涘百叠巖巒曉霧開谷口馬蹄泉響亂峰前雁影日光迴澗添三秀邀仙杖香散千花現佛臺試問同心纓冕客攀躋可是證盟來

月下聞笙　　傅棨 淸苑人禮部主事

自古東齊地名山第一川雲峰成象巧石洞隔雲烟色韻飄深月淸光響遠天臨風試一聽人坐綠溪邊

山前覽勝

臥象山頭一脉泉眠獅頂上老僧禪山環峰嶺如城郭莫道桃源別有天

靈巖方丈留題　　陶欽臯 號吾廬子彭澤人萬曆中山東巡按御史

暮入靈巖寺高林帶月華不堪歌四牡聊得問三車塔影秋山靜泉聲石徑斜上方人不到留燭照袈裟

其二仍用前韻

結塔依禪定開函轉法華山中遺佛土天上遂經書苔徑靑鞋滑雲軿白日斜不逢金地藏空鑄鐵袈裟

登證明龕

靈巖之巔石佛龕證明功德作麽參石頭路滑向誰道踏遍天峰興正酣

次鮮于子駿韻

東行齊魯無停轂敢以王程歎勞碌新秋何處開心顏古寺尋幽到林谷側望懸崖俱插天有如錦幛張

靑田石室雲屯朝映日松門月出寒生煙入門禮佛仍長揖却問開山已陳迹磨崖斷碣大唐年那知卓錫西來前靈巖眼底無雙境甘露山中第一泉會心不在山之下雲端海上何相亞且判一榻對殘更莫惜孤燈過半夜客子由來多苦辛微官縛我兀然身東西南北亦何有明月靑山爲故人

遊靈巖寺六言二首　　邊貢 號華泉歷城人戶部尚書

鳥鳴千樹萬樹雲起前山後山門外靑山向晚雨中遊客西還鳥去鳥來盡樹屋前屋後皆山此地公然

絕勝而我樂矣忘還

靈巖行　段顧言 燕山人山東巡按御史

朱光焰焰燒晴午長途畏炎如畏虎大呼吳伯送南薰倏如兩腋生翰羽乘風一息來洞天洞門隱隱橫碧烟詎云出塵學吏隱也應採藥尋仙緣有美二三客酌我以斗酒彈鋏歌明月月出東山口醉來欲吞明月液團團萬斛吞無隙我扳北斗問太虛太虛不語心茫如望望泰嶽巘遙遙思玉女鸞駕盍歸來授我九玹緒九天無路思轉狂半天俄聽聲琳琅何處

玉簫叫清夜縹緲不見愁人腸回首月殘人世悄白雲滿谷靜啼鳥偷得浮生若箇閑海日飛空天地曉

遊靈巖行　張一桂 祥符人翰林院編修

野服尋幽興不違珠宮石室轉霏微雲間樹色千巖出洞口泉聲萬壑飛勝境恍疑金作地空堂猶見鐵為衣捫蘿欲到諸天外無那前山已夕曛

萬曆元年正月十有三日遊靈巖寺賦詩二首

徐中行 吳興人進士

息駕遙初地捫毫及早春鐵圍藏委折銀壁削嶙峋秀自分東岱開應得化人蓮奇仍類岳松古似經秦豎悟移丹異泉知卓錫神笑恭金粟佛敢謂是前身

其二

列岫圍丹壑諸天出翠微雲霞明客路薜荔暗禪扉御墨金爲榜神僧鐵作衣塔窺青漢上鍾裊白雲飛揮麈深玄理忘筌子息機作如繼慧遠日暮憺忘歸

遊靈巖寺　楊巍 海豐人萬曆初吏部尚書

八十二翁長閑闢爲尋知已到名山巖頭雲走如迎客谷口花開似解顏鍾磬聲來天地外樓臺色入有

無間老僧欲我留詩句松月滿空鶴未還

乙未十有一月將有中州之任再來靈巖輿長清王明府敘別賦此　徐榜 涇縣人濟南知府陞河南廉憲

雅愛靈巖勝三年兩度過逢僧識面少對景別思多絕巘連霄漢禪林映薜蘿留題詩興溢呵凍強吟哦

賦靈巖二十四景排律一首

寺創南齊久山兜岱嶽遙巉巖高擬日明孔遠窺天法涌金盤露神開錫杖泉袈裟遺此地衣鉢去何年竹飾千竿影松餘十里烟窮探般子洞長眺朗公巘

貝葉藏千卷雲根隱小禪寶鷄三喔喔瑞鶴兩翩翩
置寺高僧定般舟古佛艤白雲飛野洞翠栢覆崖懸
龜噴靈源水蝸涎斷石鐫菩提無色相盟證有真詮
絕巘巒林逸浮屠星斗聯轉輪千劫盡摩頂一枝旋
騷客增吟興沙門雜管絃勝遊可再續俚句强成篇

送太府徐公中州秉憲憶別靈巖賦此

王烈 長清知縣

百里驅車盤谷中山靈感德倍龍從惟思閬道携琴
鶴未許黔黎挽玉驄絕巘固能留翰墨清泉無復煮

蕪菘堪歎人世如萍梗願學遊仙夜夜通

奉和太府徐公賦靈巖二十四景排律

梵刹遊來舊芳名今古連鷄鳴天上曉猨嘯洞中天
鉢洗黃龍水杖穿甘露泉魏朝猶立石唐宋亦題年
一榻邀新月半窗籠瑞煙手攀明孔頂足躡證明巔
拂日窺星斗披雲悟隱禪辟支常兀兀仙鶴自翩翩
輪刼泉無盡慈航自有舷五花浮棟宇千佛滿檐椽
翠栢依岩谷蒼苔護斷鐫袈裟能擺脫極樂得靈詮
鳥鵲飛還息山嵐斷復聯豪吟忘却返暢飲不知旋

松韻調絲竹鶯簧奏管絃臨行重戀戀回首寫詩篇

偕徐華陽劉梅沙遊靈巖寺寺有靈泉碑記先
太傅襄毅公撰者讀之墮淚

楊俊民 蒲州人巡撫山東右僉都御史

訪禪日午過林丘松桂陰森入望幽璇塔孤懸青嶂
外梵宮深鎖碧山頭雲垂岱嶽裊裊散水接滄溟曲
曲流聞道靈泉碑尚在風光蕭瑟不堪愁

其二

禪林開闢自何年高閣朱欄拂遠天雙樹影搖星斗

近上方月轉薜蘿偏山分石洞層雲暮風落松聲萬
壑妍况是登臨同二妙採芝相傍夜深旋

遊靈巖寺

丁一中 丹陽人

石徑依微轉翠陰亂碑高下徧璘岑摩掌尚有梁唐
蹟瀟灑都無塵世心萬壑松聲空外響半窗竹色雨
中深山僧况復逢支遁却悔名巖未早臨

其二

寶地遥連海岱陰繞巖笙磬入雲岑青蛇已沒迷初
路白鶴猶來證舊心卓錫湧泉穿竹遠翻經飛雨落

花深虛堂未盡歸依願他日雙旌擬再臨

萬曆甲午仲夏駐靈巖遇雨　　連標 潁川人巡按山東監察御史

省方策馬過梵宮禾黍油油萬畝同地毓物華堪待雨天舒膏澤慰思虹瑤臺一洗苔偏嫩禹甸均霑稼可種祗爲歲荒頻蹙額喜逢今日卜年豐

遊靈巖寺二絕　　彭夢祖 淮南人

四面岩嶤鎖上方飄來黃葉繞衣裳空山擊鼓鶴飛去惟有泉聲到竹房

其二

野草西風石徑幽半巖紅樹與雲浮偶來繫馬招提境花裏經聲何處樓

遊靈巖寺覩先人詩有感　　徐琳 華亭人運同

朗公飛錫處雙鶴尚回還十里松聲遠三生塔影圓簷牙攢碧嶂洞口瀉寒泉手澤靈碑古相看涕泗漣

留題靈巖方丈　　光盧 歷城人太康知縣

杖屨逢花落招提已暮春王孫來避俗芳草自憐人飛雪泉光白斜陽山色新遠公吾所好結社願相親

重遊靈巖十韻　　李化龍 大名府人山東督學副使

攬秀山全勝探奇客再尋慈雲開覺路佛日上初林淨域三天曉空門十里陰忘機僧化石種福地生金高閣看人代方池閱古今鐵衣留幻相巖寶見禪心峰合窺天小臺高貯月深清泉雙鶴舞老檜萬龍吟闃寂消塵慮清虛愜素襟皈依欣有地慚愧未抽簪

萬曆乙未孟冬偶遊靈巖賦此　　王禧 濟陰人

萬山叢裏簇烟霞別有人間度歲華雲護洞巖浮貝葉泉流甘露沁心花袈裟已脫塵凡外功德應超上乘家清夜得騎雙鶴去西方境路不爲賒

王登俊 濟陰人

盡說靈巖勝槩多我來探隱一經過梵宮不讓棲霞景泉石尤超瀑布何無色相中藏色相不笙歌處列笙歌恍然忘却浮生事惹起詩龍與酒魔

馬泰 濟陰人

精藍始自佛圖澄唐宋相傳已有名地湧鐵衣真住世巖垂古栢實長生千年坐對堪無肉一派常流可

自醒何日頓抛塵俗事與僧重訂此宵盟

戴　熺 閩南人 參政

上方臺榭半山岑色界蕭蕭自古今樹密鳥啼青嶂曉塔高鍾和白雲深閑看貝葉通禪意靜聽靈泉不醉心片石令人忘去住千峰萬壑鎖秋陰

遊靈巖寺四首　　王弘誨 廣東人萬曆中翰林掌院學士

白鶴聽泉遠青蛇指路危亂峰攢佛刹深樹隱禪居教衍正光派燈傳法定遺香烟消幾刦寂歷古今碑

其二

徙倚山門晚攀緣石磴斜龍宮飛卓錫鷲嶺鑄袈裟白日還千佛青蓮散五花山僧時隱見寥寂語河沙

其三

芒屩窮登覽松關事事幽空山懸鳥道伏水出龍湫說法疑馴虎觀心欲定猴朗公如可作遙現石闌頭

其四

一榻翠圍竹半軒閑對雲幽棲隨客到靜景與僧分梵語含空落天香隔院聞何當論出世聊此滌塵氛

遊靈巖八絕　　龔　體 武安人監城知縣

十年夢想太山遊若箇靈巖境更幽滿眼松楸迷去路幾聲清磬下山頭

其二

古栢枯檀護法臺千巖雲淨雨初開黃昏未許傳燈火月印空林照客來

其三

雲戶松扉靠石欄雨餘光景畫中看泉頭雙鶴今何在剩得清風六月寒

其四

泛海達摩去已賒深山龕護鐵袈裟分明留下真衣

鉢誰向迷川渡法槎

其五

高僧何處問三車卓錫池邊坐落霞說破如來真色相尋常不語自飛花

其六

抱甕臺畔勝遊壺眼底塵囂半點無摩詰當年若到此應知不畫輞川圖

其七

[illegible]徑空門欲問禪芒鞋踏破白雲巔老僧獻罷松花餅指點闍黎酌慧泉

其八

通靈別是一諸天殿宇人傳自晉年怪得夜來渾未寐松風不斷水涓涓

遊靈巖詩 有序　滕季達 吳郡人

宋天聖中有上世祖仕諫議大夫游靈巖詩十韻後茲四百餘載余小子亦遊斯寺瞻禮五花殿于壁間復讀之因感賦排律仍遵原

韻命工刻石紀焉

四瑞黃金地下盤白玉梯靈峰操泰岱梵宇擅青齊甃率花爲殿祇園樹滿蹊湖音懸澗瀑津筏跨虹霓籟發鍾聲應潭深塔影低月明松鶴舞林曙竹鷄啼榻迥霜初薄檀寒夜亦淒傳燈因證後法履尚歸西始悟浮生偶從茲路不迷欲循先世躅擬向此巖棲

遊靈巖雙鶴泉有作　甘　雨 盧陵人監察御史

泰山之高高掉天靈巖繞之屹然突兀枕其後乃與泰山之山互蜿蜒排宮棆比自何年鐵衣猶存石偈殘老僧問之不記年但見于峰萬峰并相經峰頭怪石勢攢屼上有青獅下鶴泉老鶴于秋去無還徒聞石竇之底鳴鑾佩玉聲珊珊清凉徹骨鑑毛纖貞雲覆之虬龍眠獅子一吼龍漿寒我思真人不可攀臨流趺坐躡雲烟半杓和烟輕鳳團心魂初泌塵襟滌淹留竟日意綿綿無奈斜陽掛松尖舍利毫光塔影圓振衣起走步層巔四野蒼茫宇宙寬凝眸西極路漫漫安得縞衣來翩翩鶴兮鶴兮幾時乎縞衣來翩翩共我遨遊挾飛仙

遊靈巖山寺　劉　敕 歷城人富平知縣

喬木森森查自陰四圍山色隱禪林朗公西去衣成鐵佛殿弘開地布金野鳥欲迷青嶂合巖花半落白雲深談經不覺僧齋晚風送鍾聲下碧岑

靈巖禮達觀禪師　傅光宅 字廣居東昌人監察御史

巒麓西盤寶地開高僧結夏此徘徊爲愁金錫飛空去遙望珠林觸暑來定裏苦痕侵草座經殘月色滿香臺誰堪入室傳心印流水巖中問渡杯

同前題　汪　鈦 新都人都指揮使

炎蒸何處覓清凉爲有生公坐道場滿月未瞻金色
相晴雲先識玉毫光風波未謂迷山遠塵世應知覺
路長曾向靑山持半偈老依雙樹禮空王

鐵袈裟解　譚耀 嶺南人監察御史

繡旛爭要竪談鋒佛敎由來萬刦空紅紫纈鶉鵲色
相自家搖動法輪風

遊靈巖寺 有序　陳文燭 沔陽人布政使

寺蓋在泰岳西北麓羣山擁奧棟宇連雲學
空于霄莫可名狀唐人纂寸道圖乃以此與

棲霞國淸玉泉爲宇內四絕余得遊焉眞一
適也

名刹高巖裏遺碑古道傍岱宗看未了寶塔見還藏
白兎驚神異靑蛇事渺茫朗公曾過晉初祖盛于唐
錫杖泉留月袈裟鐵白霜潛龍應解脫幽鶴任飛揚
取水眞甘露尋溪得異香茶椒供佛座梧竹滿僧房
海日懸精舍慈雲護法堂鵲巢千樹頂鶴遶五花[illegible]
牽木遊偏好披衣臥不妨偶來依淨土倏爾又河[illegible]

遊靈巖寺二首　王之綱 荊南人[illegible]中翰[illegible]

每依岱嶽瞻靈局今日衝風始縱顏虬幹幾年巢三
鶴瓊漿此處透三關碑傳頡籀蝌文舊洞鎖煙霞石
鼎寒漫向老僧詢出處夜深一榻白雲間

其二

寶刹名山萬戶開五花飛閣聳崔嵬鐵衣應有神僧
護石井空勞野鶴迴紫氣蒸騰分岱岳白雲翔繞[illegible]
蓬萊幾從仙客憑虛賞誰拾崖椒泛玉杯

禮惠崇塔詩　釋眞可 賜號達觀大師東吳人

龍盂處得玉泉流法雨慈雲處處周岩樹猶含天寶

色西風落葉不勝秋

遊靈巖寺留題　石九奏 字四如信都人兗州知府

委蛇一磴切懸流歷亂芙蓉逐遠收爲是名山欣獨
往到來初地醒雙眸乍窺猿鳥烟中沒纔認巒嵐翠
盡浮雲滿諸天時作霰樹排絕巠但成籌交交蒼碧
俱傾佛冉冉金銀故射樓泉名卓錫仍留鶴石立朗
公不點頭鐘磬他山聞懸續香燈古殿老淸幽入天
不必隋唐刦世代何勞隷篆求暫榻僧房眠未穩[illegible]
傳官舍去還留簿書有分人從得山水無情我自[illegible]

欲問岱宗從茲始興将失路好重遊

萬曆甲辰仲冬余齎捧事竣來遊茲巖奇峰四合如化城瑤島令人應接不暇讀石四如年丈壁間長句聊爲次韻　施浚明 字仲宣 西吳人

靈巖奇閟如黃流我來正値嵐烟收虔囷巇嵲貯萬斛屏嶂森巋明雙眸鐘聲遙向翠微出石勢盡與青霞浮方知創成護經匭矗若亂豎量沙籌景物畢呈羣玉府風雲間繞御書樓聖泉瀺灂堪洗耳僧屋婆娑似點頭呆思不礙天牖月筇杖正叩禪扉幽鐵衣

湧地露袿褶金函天錫羅琳球縈紆磴道蛇蜿屈攀躋蘚蔦猿猱懸山中老衲貴指點石上新題漫唱酬何時重取東華路一共風流太守遊

題甘露泉亭　張繼業 平陰人

誰向山中闢草萊傍泉臨石結亭臺看雲日喜烟霞聚俯景春饒桃李開笑傲還凭天地濶從容不計歲時催人生高致悉如意未肯紅塵喚肯回

題靈巖寺　周應治 鄞縣人萬曆中山東提學副使

千盤積氣啓靈巖貝闕風高脫俗摻金布地宮元上

乘鐵成衣鉢迴超凡世尊隱隱留雙樹火宅輝輝熱一綫匹練繞流天作穴奔崖無雨亦雰雰

登靈巖有感　曹一蘭 衛輝府人長清知縣

窈窕禪林一徑通停車縱步萬松中靈蛇留跡深窩古瑞鶴高飛玉宇雄入定老僧還出定歸空衲子不談空無緣解得三生話林木悠悠動晚風

同登靈巖　李先菲 膠西人長清訓導

一扣禪關色相空無譁境界鬱蘢葱羣峰突兀雲霄外寶刹輝煌金碧中晝靜客遊鐘引徑夜深僧誦鶴

驚叢靡風握手同登眺遍覽蓬瀛興未窮

宿玉光上人蘭若　劉亮采 號公巖歷城人戶部主事

客身應不住何地更言歸帶月沿溪路披雲叩洞扉懸燈瞻古像敷座擁緇衣問徧微心處無如但息機

甘露泉獨酌

甘露泉頭石偏宜月下憑雲歸山一色水落澗多聲幽堅樓靈物長林散佛燈吾生有習氣每欲作詩僧

詠甘露泉　王克謹 號春臺長清人東萊教授

竹杖芒鞋石徑行白雲堆裏覓山僧爲求幾滴甘泉

水一灑塵襟萬慮清

靈巖過公嚴面壁齋公嚴遣人供酒壁挂素琴
為一再鼓爰賦三律寄興

張鶴鳴 號平輿潁川人萬曆中歷城知縣天啟中官至兵部尚書

面壁齋頭峰影高山中卜宅遠塵囂丹禽自逐千株
樹碧澗遥分幾石橋洞裏清泉堪煮茗松間明月待
吹簫主人不到空乘興一曲瀟湘酒一瓢

其二

壁上瑶琴牀上書對郎真箇愛仙居紙窗迸竹雲初

碎石壁鳴泉玉不如為羨靈巖擅勝地願分甘露結
吾廬隨君也着登臨屐千樹梅花十月舖

過宿靈巖空乘興二首 王元翰

益信茲山果不儔巨靈分劈自春秋雲歸絕壁巖飛
動鶴去雙泉水咽流草木渾無塵俗氣碣碑多自晉
唐留朗公說法千年後怪石差峩尚點頭

初夏東巡與同程太叅李大叅梅學憲丁都閫

遊靈巖二首 王在晉 濬縣人萬曆巡撫山東崇禎初官至兵部尚書

節旄東指海天分我服雄麾虎豹羣世上百年添俗

事山中一騎撤塵紛香鐘初動消長日草篆纔揮掃
暮雲為憶春光行路盡殘花粘絮欲隨君

其二

陰壑深林築地偏離奇松石幾千年孤雲獨鎮靈巖
塔雙鶴迴翔卓錫泉白象青獅開大藏金輪華蓋擁
諸天謾將勝賞銷公事山谷排衙吏亦仙

宿問竹亭二首

絢宮高起鎖煙霞石鉢引泉雨後茶蒼玉點成青竹
杖黃金塗就鐵袈裟聽殘鐘鼓僧初定臥閉禪關月

未斜人到春風還來去滿林新笋已抽芽

其二

峭壁檀欒路轉深參天松栢女蘿陰山頭塔湧鏡光
合窗外月明花影侵賦就禪房時刻燭烟消香鴨獨
調琴通宵欹枕聽清梵聊寄翛然出世心

靈巖行 畢懋康 號孟侯歙縣人萬曆末巡按監察御史

危峰直削五千尺中有一人當洞立青苔作衣雲作
笠今古不愁風雨濕千巖萬壑曠中藏訶說險奧安
可詳出穴蟲蛇蟠白鹿登山魍魎騎青羊我有防身

一寶劍欲往斬之俱不見仰天慷慨發高歌不覺[illegible]
空起雷電

題靈巖寺　邢雲路安肅人陞清兵備道

窈窕入深林幽巖薜蘿侵草香馴鹿下洞古老龍吟
鷲嶺天開畫蓮花地湧金朗公不可作空對碧山岑

宿靈巖寺

古寺僧房寂名香永夜焚佛光七寶現塔影九華分
雙樹留明月高山宿白雲虛堂清不寐天外梵音聞

詠鐵袈裟

歷霞深處見靈山佛祖千秋去不還鳥鵲蘆芽成往
事空留衣鉢在人間

題靈巖寺十二景詩　胡一龍永城人崇禎初督糧參議

開山何用布黃金座下天花祇樹林萬億化來歸自
在隨緣便振海潮音　置寺殿
懸崖石寶老龍窩龍去僧來古犨舉無上高頭作證
明塵寰俯視無窮究　證明殿
仙禽濯羽玉層層相映寒泉水欲冰新響忽聞如乳
裂還疑猶是九皐聲　雙鶴泉

千山猶自月熒熒飛錫何年問地靈道是虎溪今已
爾今人却憶可中庭　朗公山
本無聲裏若聞聲聲在覺根不在聽無數關津名利
客可能喚回幾人惺　鷄鳴山
九環卓處玉波泛彼岸遙連若有情瑜伽池中分一
脈漫勞雷雨戰龍兵　錫杖泉
晚霞射出燦琉璃彷彿金城看欲癡天地遷盧那是
住好將真息仰慈師　絕景亭
多寶如來現世緣莫須磨洗認方田塵根已斷還常

住不作人間忍辱穿　鐵袈裟
山精若箇運玲瓏空裏生明明裏空參到白毫光滿
處閻浮大地此些同　明孔山
流澌甘液響涓涓鶴去雲留不記年成壑成渠都不
管隨緣便種往生蓮　甘露泉
石龜大物有神憑會供法筵作水丞今在空空物壞
後還疑敗殼卜衰興　石龜泉
迷津慈大須回頭爭奈凡夫不肯休賓詩但憑詩一
盡將大地作慈舟　般舟殿

賦甘露泉　　王重儒南燕人原賦十首僅見其三

巔許平分捫薜蘿飛懸碧漢瀉銀河瓊珠萬顆漣衣溅不用金盤玉露多

賦鐵袈裟

大地靈光滿法華何緣此地拋袈裟西來䖏是寬流水金鎖毒龍鎮海涯

登塔賦

寶塔巍峩振地靈摩雲劍閣映高峰應經煉石神媧手玉柱擎天碧海青

護德藩登靈巖山一首　沈正宗吳江人清軍道僉事

奉駕來遊絕勝緣卯屏蒼璧隱諸天摸糊馴虎馱經谷寂寞開山雨洪筵剩有鶴泉隨杖錫空餘班洞鎖雲煙朗公石在頭應點爲問袈裟鐵可穿

登靈巖寺　　孫振圖字龍友平陰縣舉人贈兵部侍郎

方從名嶽轉特地叩禪扉寶刹形雲擁寒泉玉屑飛松峰如列嶂翠色欲沾衣到此諸緣絕尋仙願不違

遊靈巖寺詩　　魏士章江陵人

環谷千峰秀尋溪萬慮清幾番㢙落後迭見翠微迎古木雲虬矗殘碑雨漏傾翻經談虎伏訪道問鷄鳴灰刦催輪轉馭飛幻孔明卭支森佛骨光滿現塔檠百鍊餘衣在重關賴巧成亭虛龍抱楯壁削石爲棚泉冽鶴雙迴洞幽雲自橫琅玕垂个个薜荔掛聲聲晝永吏無促山空鳥不驚祇園坐一日忽悟話三生獨爽證明約登高展未平

[illegible]志卷之五

藝文志

國朝詩

從來文風之盛無過熙朝何靈巖題咏不多覯也蓋巖志闕將六十年矣即學士大夫素愛名山大川無所考證亦不無歷宕之失志成而後稽圖覽勝未至者勤遊觀之興已至者發吟咏之思從此當無既也故特為一[illegible]以俟緒登

順治己丑仲春出郊勸農至靈巖夜坐僧廬[illegible]見慈舟古賢二長老再晤而有感因占紀之

呂朝輔 遼陽人 長清令

靈巖駐馬近斜暉怪石蒼松蔽四圍正愛荒山岑寂甚穿林喜見二僧歸

重陽日經過靈巖

張晉彥 號坦公河南人 山東右布政

幾度重陽客未還秋風吹我肯尋閒靈巖寺上無黃菊猶自登高望遠山

同諸社友遊靈巖寺賦此

[illegible]國男人[illegible]長清總戎

朗公開此地斧走滿江湖滴歷存顏色空青積翠[illegible]閣雲幻蒼狗響鐸亂歸鳥共結登臨伴相[illegible]馬行孤川擁烏度落霞呼赤棒尊金[illegible]青藤[illegible]玉[illegible]到山原無拜放屐欲看吳磐礴緣非易烏蘚[illegible]不[illegible]亭臺餘碑[illegible]碣石隱榛蕪栢古驪龍臥泉[illegible]金盤甘露溢紺塔翠微孤一[illegible]不[illegible]千[illegible]殘生麋鹿具萬事鶴猿須爽過天門近煙深[illegible]僧衣苔蘚合霧髻美破徂海[illegible]

靈巖行　施閏章

靈巖開鑿巨靈苦萬仞丹梯作環堵已留天穴明星夏遺甘露瀉石乳重林深翠來風雨鐵崖[illegible]裂衆古土花錯落鏤金斑水田細繡天為補丹壑[illegible]層巖[illegible]成百屋居無椽杖藜直上八千尺手[illegible]白鶴[illegible]紫帽朗公卓錫呼不應厖眉石丈拱我前佛視人間悲浩刦誰知梵宇亦桑田般舟寶藏金銀摧尊座埃龍象哀碑碣紛斷折存者欹側埋荒苔[illegible]摩挲悵未了倦遊一宿艮草草安能高枕臥[illegible]

山餉飲青精顏色好

順治己亥仲秋重登靈巖　顧炎武（東吳人）

重來絕蹬更攀躋壞閣崔嵬起暮烟山靜鷹歸樹杪
地堂空龍象散諸天荌林果熟紅椒夜入定僧歸白
鶴前莫問江南身世事殘疆兵火一淒然

遊靈巖寺次朱轉運鮮于公韻　王紀

為探靈巖暫停轂扶杖登臨肯碌碌千崖萬壑果奇
絕無怪名稱金輿谷巢鶴巖頭別有天鶴來鶴去雲

田田聞說東山能仙嘯一眺青齊萬井烟石丈眉身
似拱揖聽法頭點已陳迹剏寺開山幾許年殿宇參
差羅目前松風閣中消俗况滴水崖邊勝六泉歷歷
滴水涓涓下東海漏天何其巫宛然造脉與相連古
今幾會含晝夜樂此渾忘素艱辛壺天境界淸凉身
有心借爾為霖雨遍濟堯天禹甸人

宿靈巖寺祖居上人禪院偶成俚言　閻廷謨（河南孟津人山東參政陞湖北按察使）

新秋偶過朗公廬為愛名山一駐車風引泉聲丹嶂

晚松篩月影碧窗虛聽經有意憐般若臨政無能
簿書莫向迷途爭幻妄好從此地覓真如

遊靈巖題壁　徐沁（號埜公會稽人）

十年夢想靈巖寺到得靈巖分外奇妙不容言真絕
境淸泉白石總相宜

靈巖山道　史國珍（字元明遼陽人）

山深莫道僻難得告人知入路尋幽徑登橋拂亂枝
雲峰聯古刹烟樹度新詩淸覽看無盡徘徊去欲遲

宿靈巖寺

律演靈巖開大乘梵王有寺隱高僧般舟普渡人先
上流水齊驚岸早登殘碣蕭條風雨待喬松寥落漢
霄憑欲來破夢尋新夢一枕幽香繞慧燈

題御書閣

書閣深心今已遙靈巖寺並閣冲霄鶴發晴光
在昔鶯登臨聖迹昭明月崖前懸寶鏡白雲天外走
仙蹤高懷曾繫春風去依舊江山又四朝

其二

有懷也得覓封侯登故唐天子閣幽飛燕朱欄牢

月卧龍碧尾𥻘新秋鳥啼花外知興國雲起山頭紀舊遊滿目苔痕生輦道上林春色幾人收

康熙己未初冬遊靈巖寺　孚建極 字皇有 東明人

霜染林稍樹葉丹馬行盤路遶沙灘霧開方見靈巖秀地僻始知老衲閑寺湧袈裟鐵像古澗噴甘露玉泉寒解鞍爛酌僧家酒醉後登臨仔細看

宴集甘露泉望功德頂　韓毓桐 字元卿號琴巷歷城人

爲愛名山結伴遊狂來呼酒枕清流泉通佛座蓮花冷雲暗禪房栢子幽仙嶼遙開天際外人蹤遠落樹

稍頭莫言勝槩憑僧占還任詞人筆底收

咏鐵袈裟三首　楊涵 青州人 貢生

何人曾製此袈裟拋向空門歷歲華自是爭端應棄却單傳人已去天涯

其二

紅鑪不記是何晨長短誰能量此身莫怪至今披不起祗求堅得脊梁人

其三

襄襄香烟曉夕薰依稀猶辨水田紋回頭笑問同遊

容且道由來重幾斤

禮甘露泉大士殿　董發祥 青城人 舉人

古殿崔巍鳥雀稀法幢清磬遠霏微座中甘露銜巖出戸外鳴泉鬧石飛妙相莊嚴獅子踞圓通密諦白蓮圍慈悲遍滿諸方界稽首靈山志不違

靈巖結夏五夜初雨　房愷 字子黎齊河縣人

危坐深山雨逐風隔窗時見電光紅遶峰叠翠雲中接近樹迷離霧外通多少琪枝承紫露幾重石壁繞蒼虹連牀急就快心賦待曉乘槎謁朗公

甘泉亭觀雨

閑坐禪亭趁曉凉一天霪雨過池塘霧中煙樹閃蒼翠石上雲花起渺茫萬壑齊鳴山澗落千崖難覓漢雯藏老僧若有無生訣流水何緣下帝鄉

飲甘泉亭

甘泉冷氣浮方暑入深秋亭接蓮壺近山分石室幽危崖環嶂去高樹蔭潭流玉露千甌少羲皇一夢收

登松風閣

谷深通野寺斜轉上岑樓身下石崖危眼前松色澗

碑陰留妙諦簷影掛禪鈎鉢穩龍方靜瓢然物外遊

由靈巖寺過甘露泉登功德頂

李廷臣 字艮弼遼陽人長清令

于齊于魯此山通瞻得天孫嶺過東石雨滴香樵子徑松風吹老梵王宮字痕搜古苔衣碧人跡凌高荔宇紅欲想棲霞較諸勝玉符縹緲白雲籠

獅山

于紹舜 字克承長清人內閣中書

獅峰雄踞出崔嵬烏弋誰將縮地來怒吼松濤驅虎豹鬧排雲陣鼓風雷西歸欲逼星河去東望擬從泰

岱廻聞説空王降惟獸猙獰亦上雨花臺

象嶺

尋幽已遍朗公山禮罷諸天欲破顏誰逐青蛇登彼岸還留法象鎮禪關嵯峨疊背連雲碧寂寞灰心盡日閑待得前灘新漲後依稀鼓鼻弄潺湲

巢鶴巖

塵踪長是羨飛鴻巢鶴巖巔恰御風十里松陰晴亦雨千重烟靄色還空列屏山似居連舍放眼人如鳥脫籠不用憑虛更搔首恐躭詩句負青葱

滴水崖

懸崖滴漏絕喧塵杖履何辭遠問津石竇飛泉寒潄玉谿花落水淡含春斜攀曲徑松爲蓋倦枕清流草作茵自是桃源仙隱地可憐身世日因循

鐵袈裟

幾年面壁着袈裟拋向深山閱歲華縱使龎眉絕塵垢可憐衣鉢老烟霞空餘色相驚聾俗誰演宗乘落寶花西去不携東土物何須隻履走天涯

出靈巖遇雨得望朗公山雲

靈巖西出雨濛濛誰散陰雲護法壇洞爲人歸掩簾幕山因客去着衣冠重巒積翠濃於酒遠樹含青秀可飡回首朗公呼不應只今擬作畫圖看

坐甘泉亭分韻即書贈高僧

喻成龍 號正菴金州人鹽法道坐轉臬藩擢京卿

逕曲緣溪入亭開坐日邊數峰低萬嶺一塔障諸天秋亂雲中樹寒侵屋裏泉看來幽意愜永矣竟忘旋

靈巖寺

李興祖 字廣寧號與齋銀城人鹽法道

川澤注會出宗是以崇四瀆丘陵培塿卑是以尊嶽麓

山稟天之靈惟泰岱稱獨水鍾地之秀東溟波洄瀫
臨臯隰沃流北瀆黃琫球鳥道尋岱陰梟梟雲填谷
澗溪任釣網岸草憑樵牧緣溪疑路窮一虹縞若碣
逶迤入徑深蔓蘿延松竹當徑石鱗鱗鐵皴虬理蔟
嶔崟含宮宇森翠護神扆松栢綴莓蘚草木飄馥郁
懷坐抱山隈揖拱儼星宿僧舍擬閬閣石梁如蓋幅
周匝騰氣靈宛轉山水滌古與冲霄漢寶柱搖金燭
棼楣接日光棟樑皆雲木剏自正光年法定卓錫築
鶴溪與杖泉清澈類施鼓湍聲咽松濤乎佛法髻壓

朱龕盡頹靡像設皆傾覆人事有變遷陀伽亦遭數
古栢大十圍高隱扶桑彀石贊魯班名門扃擬壓櫝
忽爾聳飛閣層疊韞秘籙孳生蕪大爐煆煉脫塵俗
平地起浮圖隔天尺五六萬千鈴鐸聲振天撼地軸
鹿脊峙香山淨室鑰折足服食劚朱苓黃精啖避穀
松魄養靈真天麻成質毒臥佛合雙尤欹枕嵩山嶫
入定辨切灰千年芝馥馥左右二洞嵌黑白雲相逐
陰晴無定期滃翳潤黝黷幸此息攀躋當暑滌炎燠
仰眺貞觀書歷落晃琳玉斷碣捫苔蘚唐宋碑[illegible]
剝蝕已千年迄今猶遺躅[illegible]禮遊莊蘇[illegible]清東
木末洄迤登羊腸徑愈曲祇林草蒲茵幻鐵水田洛
渡海彼岸登一葦相質贖貝葉寒爲火喻法捐毀藹
再躋頓汲引側傍步踏敢山巘峙孤亭歷歷皆可讀
曲徑蜿蜒橫絕頂遶天窿陽穴羲和通陰壑氣肅肅
[illegible]障穹窿通明啓日匿爾嶺勢斜紛山形類獸屬
峰岫幻無窮銜森商發伏厥中日則公化身遺體獨
怪石多異態拏拏蹲舉複向如拳野禪側如問丹錄
躋如揭道宗背郭了物戀蟻緣躋靈巖恍然驚悟服

嘆地白雲中巖壁垂箹穀樹桀勾漏砂峰滴雲母綠
提封刻萬億不啻變陵谷汶洸如線環丘壑迴合蓄
頤眺僧指頻雲波作桌碁殘身窺山河移步驚[illegible]
泰岱獨前峙羣峭陪扆濮乾坤無盡時晨昏休[illegible]

遊甘露泉和正菴喻親察壁間韻

策杖尋幽境清流繞樹邊靈泉飛近雨古木障遙天
石怪多奇岫亭孤獨湧泉坐觀興倍發留戀莫言旋

題靈巖寺　　張格端　益都人內閣學士

首夏紆遊屐靈巖幽趣秀殊破冠山曲折一望樹模糊

負笈如屏幛前溪儼畫圖所睎年戊久名利半[illegible]

遊靈巖寺　徐亭 字卓嵓嘉興人

岱嶽亘曾封造遻忽中截劃爲東西支元氣此蘊[illegible]
征車日紛逐不曉藏奥折我昨登日觀足力未云劣
策蹇鼓遊伴攬勝何勇決入谷兩山翼四望天陡絕
豁然開空蒼嵐翠滴可啜石梁通寺門寒流細幽咽
殿旁漢栢二輪囷腹半裂散爲千萬株儼若爪爭嚙
浮圖矗玲瓏勢敵山巘嵲下有卧佛堂楹砌敝[illegible]
披榛陟荒塗雙屐險蹉跌頹垣留袈裟紫繡剝積[illegible]

龜趺何代遺雨潤土花凸徑仄石齒齒崖危樹傑[illegible]
稍憩甘泉亭香乳瀉不竭一掬心神清兌使腸內[illegible]
白雲蔽峰腰冉冉洞門滅高攀猿猱枝幽探豹虎穴
摩挲開老眼捫蘚讀斷碣乃知歷漢唐締構本前哲
茲寺有興廢茲山無磨滅踏月休松寮相對泯言說

靈巖寺　李楫 字平澗大嵩衛人長清教諭

獨上山頭坐晚霞靈巖夕氣亂歸鴉龍宮高逼諸天
近鳥道還鶯客路賒月過石林千嶂雪溪迴烟井萬
人家到來寒谷羞微祿不謂清秋更有花

靈巖寺　李汝瑛 字白華掛之子太學生

花宮仙梵靜鬧氣露井銀床座上分澗水遠從天外
落風琴遥向月中聞鶴巢頂上千年樹獅子峰頭萬
里雲共道山巖多爽氣於今秋色正氤氳

陪喻道臺遊靈巖憩甘露泉分韻　范敢 字西漢江南安慶人

半日尋幽倦因泉憩此亭是僧都似石無客不皆萍
塔影林端白天光澗底青使君詩最好留却贈山靈

陪喻道臺憩甘泉亭分韻　僧超格 閩人

朗公說法地冠蓋屢經過簇馬入林鬧靈禽向客歌
殘碑依殿古怪石傍僧多不朽驕人事甘泉賦薜蘿

遊甘露泉和友人范西漢韻　韓毓桐

廿年曾信宿今復到泉亭既以山爲友何妨蹤是萍
水流鶴羽白峰點佛頭青及見高人句靈山覺更靈

賦靈巖十二景

置寺殿 殿久廢　韓章 字天章歷城縣人

原始無形入有形輝煌置寺勝金庭千年底事終歸
盡水自泠泠山自青

鐵袈裟

欲從堅固說根芽指點因緣托物華不是錚錚鐵漢
子焉能披得此袈裟

朗公山

朗公化石不可考石似僧形永不老豈是朗公真化
石僧能似石無煩惱

明孔山

何年鑿闢見神工嘉兆分明應朗公寶刹既成人已
去猶留滿月照山中

證明殿

洞幽當陽護翠松許人攀仰縱高蹤證明得至無無
盡即是千巖最上峰

雙鶴泉

雙鶴何年飲此泉泉名得與鶴相傳而今不作長空
唳只在涓涓石竇邊

石龜泉

人巧從來可勝天石龜竅裏瀉清泉土居定有人多
壽松老茯苓玉液鮮

鷄鳴山

松梢未暗亂鷄鳴保衛祇園功力宏以自山靈遥異
後林無犬吠寺無驚

甘露泉

誰將楊柳撫中水移向蓮臺座下生天上有源來地
窟須從滋味辨分明

錫杖泉

禪機慢道總空虛吸盡西江水有餘願與衆生清俗
垢錫環一卓便成渠

絕景亭　久廢

一亭孤峙衆峰東絕景尤從此地看最是斜陽松嶺
裏雕甍錦樹五雲攢

般舟殿

平地築齋名畫舫山頭起殿號般舟僧儒同一提撕
意莫教機生覓後頭

遊靈巖寺　　巴柱朝　號素菴奉天乙卯舉人長清令

石塋嶙峋秀果真幽樓曲隱大乘身梵宮風送鐘聲
晚竹院香浮祇樹新道貌祇留雲作伴禪心直[illegible]

爲賓清泉極目遊魚沓笑到巖花別有春

登靈巖頂

泰岱靈巖接極巔更異哉危峰鷲石座佳樹結樓臺佇望游龍遠行瞻舞鶴廻名山多勝槩何必到蓬萊

遊靈巖寺　王弘任 字雲亭濟寧人本縣教諭

入塵無意出塵難半在山林半在官兩袖清風登峻嶺冰心一片對甘澗

又成

立志欲乘獅象去骨堅可被鐵袈裟吾心尤愛朗公月此地何妨便是家

題靈巖寺　馬大相 字左丞長清訓導定陶人

來遊名勝地古跡喜重蒞翰墨前人字御書唐帝蹤南瞻臥象嶺北望行獅峰磊落千秋石虬龍百代松黑雲洞靄靄白鶴泉淙淙明孔旭嵐繞袈裟衰草封花宮聽梵偈竹屋聞晨鐘借問何時至是年丙子冬

題靈巖寺　徐惟岱 字泰嶽邑庠生

兢道方山好靈巖界莫儔翠屏連泰岱蒼柏隱書堂寶塔千雲峙甘泉傍澗流何年出塵世此地任[illegible]

住靈巖寺呈王旦明護法　釋成楚稿

跡托靈巖下閒情與石論何年名勝地今日泛常村佛殿殘雲護僧寮碧草屯敢期蘇子帶萬古鎮山門

遊靈巖寺　張應祥 字望將國學長清人

一抹明霞映晚豁馬蹄香踏落花泥爲尋方外蓬壺勝來到佛天極樂西獅象峰高雲靉靆鶺鴒尾碧樹低迷僧房許下逃禪榻出世何妨支遁棲

甘露泉步前韻　袁之璽 號爾玉長清人

源出蓮花座一清匝草亭禪機識湛水化理見浮萍環顧山容翠頻教韓子青年來空碌碌殊覺負山靈

陪長清李明府登靈巖功德頂　劉璠 號卞公慈谿人

冠蓋相邀勝剎遊前旌隱見共雲旐高僧指引山中路直到千巖大上頭

經泰山路偶憶靈巖甘露泉　曾振基 號育菴國易弟長清人

宦海萍踪二十春家山猶識浪遊人何時得遂幽棲約一掬全清滿面塵

遊靈巖寺宴集甘露泉　張　秀號泗水 歷城人

夙慕名山勝槩川沿途花柳蕩春煙暫抛歷下車中
水來看靈巖甘露泉亭上追歡幾老友林間顧曲半
青年家園吐潄清流慣到處偏成雲水緣

遊靈巖寺宿潛溪禪房　盧永久號禎宇 長清人

塵踪何處問西天說偈談空總杳然象嶺摩雲禪味
近獅峰得月慧光懸松堂香滿偎花坐竹院風清傍
鶴眠終歲瀟灑成底事非好此地學長年

遊靈巖寺過寶光禪院　盧治已號德馨 邑庠生

蠟屐重遊到上方春光極目意偏長雲峰還似菩提
旁瀑水依然甘露香僧破禪關歸淨域我來梵宇見
毫光鐘聲夜半醒塵夢頓悟色空心地凉

登靈巖寺　胡　又德州人 字理之

寶刹珠宮縹緲間雨餘乘興共躋攀天連西北影雲
合地盡東南岱色環紫石有岩惟碧蘚唐釋無迹自
青山勞勞塵事知何補徙倚峰頭一破顏

靈巖志卷之六

雜述志

惟志之末例紀雜述然而災祥近怪辯疑近妬紀
變近亂述聞近危志亦贅也除邑乘已載者無庸
再紀惟邇來耳聞眼見者聊載數事以志其異爲
清夜鐘聲使僧俗發深省可耳

災祥

康熙六年秋水暴漲鐵裂裂南崖下石窟前石猪現
寺僧爭相往觀以爲祥瑞因名其窟曰猪拱洞識

者曰寺淨土也猪穢物也以淨土中而出穢物非
祥瑞也而靈巖衰敗實始于此邇來石猪已淤過
半寺亦漸蕭想石猪沒而寺亦復興乎
康熙二十五年三月十九日癸酉大殿前白果樹高
可五六丈被火焚當頂大枝餘枝無恙亦異事也

辯疑

俗傳竺僧朗法定俱爲佛圖澄弟子按朗公高僧傳
內并無一字及澄非其弟子也明矣按張縣尉碑
記法定建寺在後魏正光年按北史澄寂在石虎

墓趙時相隔百年安得謂其爲師徒乎聊爲辨析以俟折衷

寺有魯班洞者視其規模以神僧傳參之乃開山僧朗公墓也俗傳寺之五花殿爲班所造故後葬班于此而邑乘竟著爲五花殿公輸子所造魯班洞爲公輸子墓按公輸子生黃帝時佛法尚未入中國安得造佛殿乎大率寺院橋梁多有傳爲魯班造者不過羨其盡造之奇成工之速若有神助耳豈真爲班造者耶

宋嘉祐中秘書省著作郎原任長清尉張公亮靈巖記內有神宗皇帝嘗錫御書今上復降御篆之句按宋帝系太祖太宗真宗仁宗英宗神宗哲宗徽宗欽宗是爲北宋嘉祐時所謂今上者仁宗也章聖者乃真宗章聖皇帝也神宗在英宗之後安得居真宗之上乎必傳寫之訛也景祐中會有御注擇詩石見在注云寺有太宗御製御書以此證之其爲太宗也無疑矣故特爲改正之

五花殿按宋嘉祐中張縣尉文內以爲宋景祐中創建明正統中王副使文內以爲宋太平興國中創建二說互異但王之耳聞不若張之目覩當以王文爲訛張文爲確

按仁欽和尚十二景詩內舊有置寺殿說者以爲獻殿是也而獻殿不過爲瞻禮處五花殿之前殿耳建自宋時去置寺甚遠安得稱置寺殿乎以理度之必定公初置之殿在甘露泉西崖上者殿雖荒廢而形勝頗佳其即此乎

般舟殿般字音博梵語般若即漢語智慧言佛法如

智慧之舟而能令人離迷途登彼岸也

詩盛于唐茲寺亦莫盛于唐想唐人題咏必多今覓其遺蹟僅存御書閣三字或世遠人湮亦如今日之堆垣壘砌毀壞殆盡耶抑記載乏人如我

朝五十餘年之題咏僅存一二耶

鐵袈裟有云法定禪師創寺時自地涌出者想彼時興工於此地中所得猶郡庠之鐵牛山耶

紀變

明崇禎十三年荒旱土寇蜂起孫化亭嘯聚萬人踞

青崖山寨以靈巖爲屬寇巢穴寺僧有被害者亦有爲賊所屈者惟慈舟古賢二僧不屈賊亦素知其行而重之聽其看守香火殿宇保全佛像無恙皆二僧之力至我

朝順治六年正月內邑侯呂公力請滿漢官兵合攻青崖山寨風雪中圍三日夜破焉靈巖餘寇悉平之

述聞

明王鳳洲先生嘗語人曰靈巖是泰山背最幽勝處我輩登泰山而不至靈巖者不成遊也

靈巖古栢瀰山歷代俱有嚴禁自明崇禎十三年土寇大亂爲盜樹之始至今不息禁愈嚴而盜欲甚近來古栢殆盡其樹將伐倒時鳥鳥之聲聞十餘里古人云木千年者其靈爲青羊萬年者爲青牛信然矣樹既有靈可輕伐哉但人不知警覺耳

明末有盜靈巖藏經者邑侯訪知立斃杖下暴尸郭外至今藏經無恙

王沁水先生曰大都泉石之勝多得趣于天成而致損于人力俗子緇流妄與土木之飾敗天成韻致兼之借言修造斫伐古栢以致靈山失秀可慨也夫

名山勝水菩薩道場宇內甚多至若文殊之五臺普賢之峩眉觀音之靈巖焚修祝釐皆最顯著但偷伐樹木以致林巒蕭條他不及知若靈巖寺者不無今昔之感矣

附莿山勝境遲賢亭說

靈巖西北去寺十八里靳莊遲賢亭者歷代公卿使客來往之行臺也世傳爲宋時仙人靳八公故里八公父官尚書避賢樂聖林下優游好施予於官道傍置圃種瓜濟渴者冬月設肆釀酒沽不計值常有黃冠與公來往仙風可掬瓜熟食瓜酒熟飲酒久之八公敬禮弗懈一日道者抱病臥其家思食麪湯公家偶乏麪道者於葫蘆中出麪令作湯食未盡公之妻嫌穢汚欲傾以喂犬公急奪而食

之日勿路暴殄之念心頓開悟道者起而喜曰子可教矣肯隨我十洲三島遊乎公欣諾即棄家隨道者行其妻哭而追之遺以號咷歸別去幾彩變飛雲十字乃飛昇去始知道者即純陽仙也其字蜿蜒離奇細辨乃識土人奇之刻字於石明成化丙申邑侯朱公義移嵌於遲賢亭照壁間後落乙丑年三月二十八日熙慶留題十三字僉元初國制以甲子紀年金主貞祐南遷之後山東路已屬元有自是遵其制度南宋雖在非所屬也爲金末元初之乙丑年無疑矣所謂熙慶者必靳之名也且玩其詩意頗於靳合爲靳八公所書亦無疑矣道家或有解作二十字讀者曰天地道於斯無爲可是盧鉛汞三昧藥造化并玄機咸謂純陽所書但真仙遺蹟世不多覯學士大夫多題咏刻石列兩階鐵鉤銀畫敲金戛玉騷人翰墨林立一時雖屢經兵火未甚殘闕十年之前猶及見之比年來毀壞一空揆之東閣馬魔尤加慘焉今僅存者十仙字耳乙亥之春幸逢方伯張公諱劬者雅慕泰

山名勝公餘遊覽道經靳八公故里乃停驂訪求遺蹤而泥汚苔蘚碑石斷缺文蝌蚪之章無從寓目不勝悼歎流連者久之遂命邑侯巴公鳩工豎石仍其舊制又碑旁建立香火院數椽以供洞仙志是碑之所由來使後之遊人知所考證而靳八公之遺事歌詠長留千古矣邑侯承命趨事礱嵌石砌堅築而更新之勝蹟得借以不朽何莫非方伯之雅志也歟又何莫非邑侯之承其志而譜以成之者歟噫亦仙蹟之幸也夫其題咏仙蹟之

詩石刻無存而從前所見錄藏篋笥者並附刻於
後存古蹟也

題遲賢亭　周應治（四明人提學道副使）

勞勞客舍紀遲賢會此籃輿一息肩座上仙蹤疑說
法（堂壁有靳公仙字刻石）入壁間鳥篆自龍煙騎龍別去荒林暮
跨鶴歸來古道偏矯首紅塵真異境不妨獨坐逈超
然

遲賢亭仙蹟次韵　張嘉會（涿鹿人嘉靖間長清令）

筆戲仙人結搆盤誰尋斷碣表荒殘縱橫體製龍蛇
動雋咏詩章氣烈寒號兆同人能用易飛騰碧漢可
追韓遲賢亭下餘芳在千古幽懷總得安

書遲賢亭壁　楊本臯（嘉靖中巡按御史）

古碣荒村合羣山泰嶽鄰仙人乘鶴杳玄畫落筆新
丹竈浮嵐氣青春空鳥音嗔余聽馬客攀跡恐傷神

靳莊道中　畢懋康（萬曆末巡按御史）

翠落羣峰鳥道盤靳莊深處有仙家雲扶竹杖虬爲
馭風急芒鞋鶴是車羽客分餐黄白石騷人結佩琯
青霞側身不覺乾坤小安得棲真度歲華

題仙字　魏光緒（新鄉人天啓初巡按御史）

鳥爪龜紋自一家長留石上說丹砂誰能悟得無生
理井駕著虬夌紫霞

婁景洞說

靳莊北行十二里至丁善人茶棚折而東上里許爲
丁家莊東北六里至張山下洞虛觀名地也台元
杜徵君有記邇東李封君祠堂有董太史碑記南
行三十步蓬萊觀東上一里雲台觀又東上百步
許有八寶玲瓏樹一株又東可十餘步白鶴泉稍

上又有二無名小泉泉傍磨崖大書仙台二字南
行三十步聚仙塔又南七八步青龍洞再南四五
步王母洞洞上下兩層險而幽邃可潛修逐仙台
東北百餘步陡絕處疊石磴架木欄猶兢兢恐墜
者乃婁景洞之路也近洞處有草名王爪菜葉類
野芹冬夏長青雪中更茂採食之味類王爪異產
也洞居三峰山之半東西透徹濶可一二丈高可
十餘丈穿洞約行里許至東洞門口有范鑿張艮
婁敬三像前一石香臺刻有大金國泰和四年造

八字石發淡青色光耀潤澤傍塑一少年短褐趺坐者由博士也南壁有金人磨崖紀畧曰濟南府長清縣天花南管隴山其山有洞名曰白鶴靈芝洞下有靈泉上有三峰漢朝婁景先生號草衣子住洞迄今千三百有餘年矣洞有古塑范蠡張艮及先生之像今者住洞道人徐真道及禹城縣善人張彦等虔心重塑所修功德善利上祝　皇王萬壽戚臣千秋福願功德早生清信之心同繼仙蹤之果皇統九年十月記雖文不雅馴但幽境古

蹟不可不錄洞前古槐朽根依稀可辨大可數圍槐東則萬仞澗也是人跡罕至者蓋周季范蠡用計然術滅吳興越功成勇退扁舟五湖變名易姓適齊爲鴟彝子皮之陶爲朱公用計然未盡之術而貨殖焉十九年之中三致千金之產皆分散與貧交昆弟後年衰老而聽子孫修其業遂隱此終餘年漢初婁敬說高帝都長安羣臣願都洛陽而共非婁敬張艮亦謂都長安便帝從之賜姓劉氏以功封侯後艮辭帝去從赤松子遊敬安能孤立

於朝耶亦棄爵而隱于此艮隱歷城縣治之南扶山洞距此二十餘里相往來以共優游扶山之洞曰子房此洞曰婁景景者敬字之訛也董太史直書爲婁敬山者有所本也遙想當年越之文種漢之韓彭以貪痴而成鴻罹烏若范蠡張婁輩棄功名而鳳翔千仞乎明哲保身三公有焉晉有油博士王質者經油房崖損其車脚來此山伐木見洞口槐樹下二叟圍棋與質一物如棗核令含之不覺飢看棋未終視其斧柯已爛急歸油房崖無復

故人詢其世代已百有餘年始知爲仙人復往求之惟寂寂空山與洞槐在耳甚追悔後終於此化爲鳥名油葫蘆巢洞槐上啼則自呼其名聲頗憐然他處無之殆杜宇精衛之儔乎明儒張公以寧詩曰聞說仙家日月遲仙家日月轉堪悲誰將百歲人間事只換山中一局棋至理名言足破古今之惑返洞西下石磴行二十餘步三清洞洞中有天生寶蓋又十餘步天臺觀六七步八卦洞再北十餘步火龍洞高而不深洞中架閣祀玉帝亦名

玉皇洞再北僅三四步則仙姑洞也而東山之洞盡矣返雲臺觀望北山萬仞峭壁之中朝陽洞也宛在雲端由東北行三十餘步折而西上石磴木欄蟻緣峭壁而登棧婁景洞更險洞口祀鎮武神面南太乙真人面東非禮也由真人像後燃燭北行四五十步寬濶類衡宇燭其石紋有如蓮花者如靈芝者如雲如蓋即良工巧繪弗能狀焉洞之絕勝處盡此矣尚有聚風凝難二洞不必觀矣

婁景洞完虛先生祠堂碑記　董訥（平原人康熙總漕部院）

完虛先生者先外會祖李封公也公諱暉光字望瀛恩縣人愛婁敬山林壑之美來隱於此二十餘年自號完虛子後人奉之為完虛先生云而祠堂之設於何始乎乃土人追慕其風鑿石闢地構室以祀四時蘋蘩不衰也夫公歿將五十年矣公之隱于此山也不過羽中道服結廬山隅戢影藏形與麋鹿為羣白雲為友木石為侶初非有職守臨蒞斯土而號令及之且有善政德施使人咏甘棠懷遺愛也亦非有詭言奇行自耀于衆而人不忘也而況乎年遠時久傳聞日湮何土人追慕之誠竟若此歟曰公好神仙之術當時有碧玄先生者不知來自何所與公周旋相終始焉公歿有野樵遇一採藥叟形類公忽不見因神異其事而祀之或曰仙未可學而至也漢武親論海上信用方士甘泉九莖之芝大旱乾封之說種種迂怪莫可殫述後猶自悔為人所欺又曰天下豈有仙人節食服藥少病而已即子房隨赤松遊為求仙者借口不知功臣退步豪傑深心未必實有其事觀史書所載壬子六年夏留侯張良卒不益信耶余曰

公之感動土人而思公不朽者以公超出於塵俗之表使人於聖賢之域實有其可法可傳而不在仙與不仙也公有丈夫子六人長諱應辰官鴻臚仲諱應午官太守季諱應薦癸丑進士擢侍御累遷卿貳為時名臣四諱應臨官郡丞五諱應觀亦官鴻臚六諱應兌讀書太學諸生炳炳麟麟盛極一時公復屢遇封典晉秩如子官旣榮且安無踰此矣以恒人之情論之享富貴席華膴受子之榮往往尊其體貌美其車服壯其宅室山簡海錯列于前妙舞清歌陳於側

曳裾之人伺候于門爭妍之女充滿於內高居深處而鄉里不敢望顏色間一出遊通賓客亦筆輪耀日僕從如雲爲党埜光寵且復矜名譽怏恩讐營營不已求其淡然無爲退焉自守豈多得哉矧于棄富貴而走世外舍華膴而入窮谷尤必不得之數也而公獨不然公以爲富貴華膴草頭露耳一杖一鶴之隻敬山隱焉去之日不謀親友不告妻子薰沐拜先廟飄然而往諸先外祖哀號牽衣走數十餘里不能留遂登山覔洞嘯傲于淸泉白石朝霞暮靄間冬一裘

夏一葛飯一盂日執周易一卷理亂不聞歲時俱化優焉游焉萬象包藏其胸襟學問與造物遊與日月永矣即古之隱君子行修而名立者歟范文正公爲嚴先生記云聞其風者使貪夫廉懦夫立大有功於名敎若我公者其有功於名敎更當何如淸之邑侯淳而尚義亦何能已於追慕也耶余夙承母訓故知公德甚詳數年以來羈跡　金門有諫享祀迺因奉
命遠歸
聖天子憫其勞瘁恩暫假調攝將登公之祠而奠焉舅氏諱珝者重新之使余爲文立石以告後世余曰此舅氏之孝思而余之夙志也且邑有賢大夫岳侯政尚名節百廢俱舉允千載一時因勉其興作而書此爲記

康熙乙卯十月朔日記

隻景洞洞虛觀碑記　附　杜仁傑見可

山至於岱宗天下無山矣其尊雄渾厚固應爲羣
之長然面向陽則嶢崅若無生意凡物之在陰便覺
深且秀泉則甘冽土則膏潤木苗而拱然黎聚實而
夆許是豈人力所能成地勢使然也有洞號隻景者
蓋耳之熟矣獨以不到爲恨先無居民室於其間是
以人罕至焉壬辰後有道士曹志冲自燕薊來直抵
所謂隻景洞者至則以日爲歲朝畚莫勞鍤芟除剪
經理不出者餘三十年其徒稍稍來集于是有殿有

廊有廚有齋有庫有廄志冲恭肯師掌教李真常得
以額請因揭爲洞虛觀誠者曰境如是其匹人如是
其堅締構如是其美不以文石壽之所傳恐難久曰
曹致寧者貳于曹志冲者也致寧性絕巧鑒斧斤鋸
日不去手前規後模左布右置率皆致寧所爲訖矣
哉一日走東平欵予以文志其顛末予辭之曰頃嘗
躬詣其所必周覽勝槩盡得之然後援筆庶幾無滲
漏在如斯而可也致寧諾而去余歲以結夏泰安爲
例因取道由吾積亭行不五十里居民指以謂此走

洞虛踞也少北而東分叢薄欲仄以上陟而望之花
山巉絕如立屏諸峰迤邐如擁抱前有太嶺横截如
平雲騎以樹林蓊然如比櫛若無間之入一門徘徊欲
返嚮者數四從者曰業已來此今舊蒼蔣安所稅駕
至則窅然無所見明旦輙淨晴無纖雲方丈瀟洒徒
聞海上閬風玄圃秪在目前信奇觀也若夫洞之名
不一大者以間架計厥其有三棱桷之相鉤連柱礎
之相負戴甚類匠手設繩墨而爲之者也舊有玉皇
殿不知何代所作繪塑猶有存者小者曰懸鐘僅容

三四人傍有玉柱峰高數百尺攀援來牟又得若龕
若塢者捫之凝滑可愛主者以上聖像實之應[illegible]能
不見夫他山之爲物也頑礦殆不可以力穿而穴鑿
政使强之能深得幾許抑亦勞哉豈若茲山[illegible][illegible]
潄其與佻逸接境誠不遠矣此豈非萬古煙霞之儔
合四時風月之遊廬者耶其名曰洞虛固宜遂記之

佛公店靈巖下院說

靈巖下院者古炒米店泰山行宮也其宮中住僧代係靈巖寺法眷遊人至止借此息輿馬每以無水為苦前人卜地鑿井終弗及泉此炒米店所由名也壬申之秋巡撫

佛公視工闕里旋省時問及此大疾苦住僧方侍茶道左即以無水對復問地名即以炒米店對公曰何謂也曰無水故耳公曰吾與汝鑿井及泉可易舊名矣遂委邑宰□巴公董其事未竣輒陞川陝總督去佛

公去而桑公來復繼善以成其美冒暑同司道府官親詣井所令 巴公精選工匠務期及泉以遂佛公愛民之志答住僧仰望之心善念篤而天意從人力至而泉源出俾焦土乾谷頓成清涼世界人定勝天於斯益信矣因謂其井曰佛公井其店曰佛公店凡遊人借此以息輿馬不以無水為苦即佛公之膏澤下于民也載之巖志之後誠欲使海內人知佛公能創古今所未有而桑公又克成其志也均足傳矣佛公諱倫桑公諱格俱滿洲人巴公諱柱觀奉天人住

僧諱永泰

進賢亭與佛公井俱應表識以資遊覽猶屬人蹤可到之處至于婁敬山雖無精藍錦樹而嶰峰峭壁洞幽天成華戸草庵自成幽折較靈巖風物別是乾坤作志者附載巖志之末不使桃源勝槩終與外人隔絕而好遊君子可借此以問津也矣